粮田流转价格补贴测度与分析研究

——基于国家粮食安全战略的视角

刘吉双 等 著

中国农业出版社
北 京

本书作者名单

刘吉双（盐城师范学院）
韩　越（哈尔滨工业大学）
王善高（南京农业大学）
刘子洋（长春大学）
吴怀军（盐城师范学院）
张晓燕（盐城师范学院）
雷权勇（盐城师范学院）
张跃敏（盐城师范学院）

PREFACE ONE
序　一

扩大国内需求是形成新发展格局的战略支点。农村需求是国内需求的重要组成部分，是拉动内需的最大潜力所在，因此要提高农民收入，努力扩大农村有效需求。刘吉双教授通过《粮田流转价格补贴测度与分析研究》一书，探讨了通过土地流转价格补贴提高农民收入的问题。从世界农业发展看，农业补贴是农民收入的重要来源。农业的自然风险性和市场风险性决定了必须加大对农业的补贴，农民只有通过补贴才能稳定农业收入、保持生产粮食积极性，这对于我国 14 亿人口来说至关重要。受到农地流转“非农化”和“非粮化”影响，农地流转价格逐年上涨，已经达到单产利润的 80%，严重侵蚀了农民的经济效益，影响了农民的收入。对于这个突出问题必须关注。刘吉双教授在书中提出了粮田流转标准价格的概念，从农地经济属性出发，利用收益还原法测算出农地流转的真实经济价格。现实中，由于受到土地保障功能、财产功能、发展功能等许多非经济因素影响，粮田流转实际价格偏高。因此可以对农地流转实际价格和粮田流转标准价格之差进行财政补贴，以降低新型农业经营主体的总成本，提高种粮农民收益，维护国家粮食安全。刘吉双教授还在书中提出了建立粮田流转价格调节基金的设想：当实际流转价格高于标准流转价格时，对流入方进行补贴，降低流入方种植成本，调动生产粮食积极性；当实际流转价格低于标准流转价格时，对流出方进行补贴，激励流转土地经营权，发展农业适度规模经营；当实际流转价格与标准价格基本一致时，可以不启动补贴程序。同时，对东北地区、东部地区、中西部地区补贴的空间差异进行了分析。在粮食适度规模经营主体正在成为我国粮食生产生力军的新形势下，研究降低粮食适度规模经营主体的农地流转成本，支持粮食适度规模经营主体发展壮大，具有重要的理论和现实意义。补贴可以采取现金形式，也可以采取财政贴息、财政支持粮田基础设施建设、银行优惠利率以及农业保险费补贴等多种形式，为粮食适度规模经营主体提供安全、可靠的资金保障。长期以来，对于农地流转，各地采取的是市场化方式，农地流转价格形成完全由市场决定。但是刘吉双教授通过研究发现，农地流转价格的形成不符合收敛式蛛网分布，而是一个发散式蛛网分布。为了保持农地流转价格稳定均衡，政府需要围绕粮田流转标准价格进行宏观调控。由于粮田承担了国家粮食安全和社会稳定的重要职责，因此其具有公共品的性质，粮田流转价格完全由市场调节是不科学的。在坚定推进农村土地市场化改革的进程中，要对粮田流转价格进行精准调控，让粮田流转价格在一个合理区间进行波动。这对于提高农民收入、扩大农村内需和维护国家粮食安全，意义十分重大。

吉林大学教授　博士生导师　衣保中

2021年1月29日

PREFACE TWO

序　二

稳定粮食生产是推动新发展格局形成的重要基础。目前新型农业经营主体正成为粮食生产的生力军和骨干力量，在我国粮食生产中的作用越来越重要、地位越来越突出，成为农业农村现代化的一个重要表征。从世界发达国家的农业农村现代化经验看，农业适度规模经营是必要条件，农地集中是一个必然趋势。我国户均农地面积与欧美发达国家相比差距较大，即便是与同在亚洲的日本和韩国相比，也处于较小规模状态，属于超小规模小农经济，户均8亩地左右。在与欧盟、美国、日本等的国际市场竞争中，我国农业处于不利状态，农产品进出口多年为逆差，农业国际竞争力较低。形成新发展格局，要补上“农业国际竞争力较低”这块短板。为此，需要大力发展新型农业经营主体，带动农业新经济、新产业、新技术、新产品和新流通模式的全面发展。一家一户的小农经济是实现不了农业现代化的，小农经济只是农业生产经营的简单再重复，没有创新、没有利润，也就没有扩大再生产。唯有建立在农地适度规模经营基础上的新型农业经营主体，才代表了农业现代化的方向，是传统农业改造后新的农业市场主体，为农业农村现代化构筑了新的微观经济基石。粮食适度规模经营是新型农业经营主体的一个重要生产经营方向。鼓励新型农业经营主体发展，主要是鼓励粮食适度规模经营。在扶持新型农业经营主体生产经营的过程中，要坚决禁止农地“非农化”和防止粮田“非粮化”。从各地发展现代农业的实践看，各地比较热衷粮田“非粮化”。“非粮化”式农业经济结构的调整，能够为当地农业带来巨额产值、促进农业工业化和使农民增收，是一个微观多方博弈共赢的结果。但是从宏观上看，国家的粮食安全势必受到威胁，特别是在统筹疫情防控和安全发展的新形势下，这种“非粮化”新型农业经营主体发展趋势值得高度重视。粮食适度规模经营主体的有效供给不足，关键是粮食规模经营主体的经济效益较低，核心问题是农地流转成本较高。刘吉双教授的研究结论表明，2008年以来农地流转价格呈现上扬态势，虽然个别年份有波动情况，但流转价格上涨是10年来的总体趋势，北方每亩800元左右，南方达到每亩1 200元左右。长期居高不下的农地流转成本，影响了新型农业经营主体种植粮食的生产经营积极性，是造成粮食规模经营主体有效供给不足的最重要的原因。为此，在我国粮价不可能大幅度上涨的情况下，降低农地流转成本是推进农业供给侧结构性改革的有效途径，是防止粮田“非粮化”的关键之一。要重视农地流转价格补贴理论和实践的研究，通过财政、金融、保险等多种手段，降低农地流转价格，保证粮食适度规模经营主体获得较高利润。降低农地流转费用、稳定农地流转价格势在必行。

东北农业大学教授　博士生导师　马增林

2021年1月28日

FOREWORD

前　言

当前，大量粮田正向种粮大户、家庭农场、农民专业合作社和农业企业等新型农业经营主体集中，粮食适度规模经营主体承担了向社会提供粮食半公共品的重要责任。不能由私人完全承担土地流转成本，正如不能让他们完全承担种子成本、农资综合成本、农机具购置成本那样，应该由国家对粮田流转成本进行部分财政补贴，帮助粮食适度规模经营者降低生产成本、提高经济效益，调动他们生产粮食的积极性。对粮食生产者进行补贴是世界各国通用的做法。在粮田流转价格不断上升和粮价低迷的当下，研究粮田流转价格补贴问题，对于降低粮田流转价格、注入农业经济发展新动能、激活农业经济发展新活力、推进农业供给侧结构性改革以及开拓农业补贴新领域、提高粮食综合生产能力和维护国家粮食安全，都具有重要的理论和现实意义。理论上，可以进一步丰富农业补贴理论，开拓农业补贴理论新视角；实践上，可为全国各地开展粮田流转补贴提供科学测量根据，优化粮食适度规模经营主体的政策扶持体系。本书的研究目的是科学测算全国粮田流转价格补贴幅度问题。对于粮食适度规模经营主体而言，保持粮田流转价格处于合理区间，是提高粮食种植经济效益和稳定粮食生产的必要前置条件。

本书在维护国家粮食安全战略思想指导下，以粮田流转价格为研究逻辑起点，以确定粮田流转合理价格为重点，以评价粮田流转实际成交价格与合理价格差距为核心，以测量全国各地区粮田流转补贴幅度为最终目的，运用土地估价学理论、收益还原法模型、成本逼近分析法和典型案例试验法，因地制宜、分类指导，测度出东北部、东部、中部及西部地区的粮田流转补贴幅度，并借鉴国际、国内经验，对流转补贴部门的决策、流转补贴重点、流转补贴范围、流转补贴形式以及粮食适度规模经营主体的补贴政策优化等提出对策建议。

从我国农村土地流转的历史中可以发现，粮田流转价格始终处于一种无序、非理性状态。早期粮田流转价格过于低廉，损害了流出方利益；目前粮田流转价格进入过快上涨通道，损害了流入方的利益。粮田流转价格快速上升造成土地流转后“非农化”和“非粮化”问题。本书研究的主要内容是农村耕地流转后仍然种植粮食的“粮田”流转价格补贴问题。对于粮田流转价格，政府要给予一定的补偿，补偿因粮田流转而形成的粮食适度规模经营外溢效应。

粮田流转标准价格又可称为标准地租，是指在综合考虑粮田土壤、区位和水利等主要因素基础上，经过土地评估部门测算的粮田流转基准价格或指导价。粮田流转实际成交价格，是指受供求关系、通货膨胀、其他土地价格、社会保障作用以及议价能力等多重因素影响的粮田流转现实价格。粮田流转实际成交价格有时低于粮田流转标准价格，有时高于粮田流转标准价格，有时两者趋于一致。一个合理、稳定的粮田流转标准价格是开展粮田流转价格补贴的重要理论根据。因此，要测度出粮田流转价格补贴的幅度，首先要测量出粮田流转标准价格是多少，为此需要构建粮田流转标准价格模型。如果实际成交价格高于标准价格，对粮田流入方面启动补助程序；如果实际成交价格低于标准价格，对粮田流出方启动补助程序；如果实际成交价格等于标准价格，则不启动补助程序。

在我国粮田流转改革实践中，不能缺少政府的宏观调控作用。从我国2008—2018年粮田流转实际成交价格与粮田流转标准价格的关系看，粮田流转实际成交价格的形成不是一个收敛型蛛网，也不是一个封闭型蛛网，而是一个发散型蛛网，需要政府通过财政手段和扶持政策，使粮田流转实际成交价格趋向粮田流转标准价格。我国农村地域辽阔，农产品纯收益、土地还原率等千差万别，应当根据东北部、东部、中部和西部地区的粮田流转价格实际情况，区别对待、分类指导，增强流转价格补贴的精准性。以江苏省盐城市为例。为实际测量粮田流转价格补贴幅度，并征求基层意见，课题组于2017年7—10月对江苏省产粮大市盐城市9个县（市、区）进行了全面实地调查。调查采取问卷发放、专家咨询、召开座谈会、村民访谈和实地观测等方式，了解了粮食生产基层对粮田流转价格补贴的意向和幅度，为本书研究提供了实践数据支撑。

本书通过对粮田适度规模经营标准价格影响因素评价、粮田流转实际成交价格与标准价格差异分析以及粮田适度规模经营补贴理论体系等主要内容的研究，根据其实证研究结论，总体上提出了七个方面的政策建议：一是，政府要树立新发展理念，正确处理好粮田流转价格形成中的市场与政府关系。一方面，要树立粮田流转价格主要由市场决定的理念；另一方面，要树立在不成熟粮田流转市场下也需要发挥政府作用的理念。要发挥好政府管控粮田流转价格作用。二是，农业农村部门要明确调控重点，以稳定家庭农场粮田流转价格作为降低粮食适度规模经营地租成本的突破口和着力点。三是，财政和物价部门要设立粮田流转价格调节基金，充分发挥好财政补助资金对粮田流转价格的调节作用。四是，金融部门要探索成立农村土地银行，为粮田流转费用提供低息、足额银行贷款。五是，保险部门要开发粮田流转价格险新品种，推进政府强制性保险和商业保险协调发展。六是，交通、水利等部门要促进政府与社会资本有机结合，大力建设农业农村基础设施，间接降低粮田流转成本。七是，自然资源部门要加强粮田流转后的用途管制，坚决遏制粮田“非农化”。在国家加大对粮食适度规模经营者补贴的基础上，自然资源部门要加强对基本农田的规划和保护，加强粮田流转后的用途监督检查。

本书的学术价值主要体现在两个方面：一方面，首次系统研究了粮田流转价格补贴问题，为相关学术研究和政策制定提供借鉴；另一方面，借助收益还原法、成本逼近法、市场比较法等土地估价学定量研究方法，推进了粮食规模经营补贴研究的理论深度和科学发展，改变了目前粮食规模经营主体补贴研究局限于定性研究的现状。具体而言，首先，进一步丰富社会主义粮田流转地租地价理论。西方学者的地租地价理论是建立在土地私有的基础上的，虽然分析方法和分析工具有一定的科学性、定量性和可操作性，但由于国情不同，我们绝不能照搬。本书在马克思主义地租论指导下，借鉴西方土地经济学的定量化方法，结合中国农村土地经济的实际，特别是国家粮食安全战略的要求，构建了粮田流转标准价格的模型，并以此为基础对我国粮田流转补贴进行实证分析。其次，对国内粮田流转价格形成机制进行修正。国内学者根据中国国情对粮田流转价格进行了探讨，取得了一些成果，但有些模型由于影响因素设置过于简单而具有局限性，个别模型还出现技术性的错误。至于如何基于国家粮食安全的视角对粮田流转价格补贴进行测度和分析，还没有见诸文献。本书想从国家粮食安全战略的视角，对粮田流转价格补贴测度和分析理论做一点新的尝试。

本书的应用价值在于，基于东北部、东部、中部和西部地区的粮田流转实际展开全面研究，为全国各地分区域制定标准流转价格、提供流转补贴、形成各具特色的流转模式以及进一步优化粮食适度规模经营主体的政策扶持体系提供了应用指导意义。本书提出的对粮田流转价格实行国家补贴的观点，对于稳定粮田流转价格过快上涨、促进土地适度规模经营以及确保国家粮食安全具有较强的应用价值，探索了具有中国农业特点的补贴新领域（2015 年提出这个观点，2018 年国家正式实施了对粮食适度规模经营主体的补贴）。从发达国家的相关经验看，种粮农民收入主要靠财政补贴。目前我国农业财政补贴水平与发达国家相比还有不小的距离，还需要进一步加大农业保护力度，创新农业补贴方式，提高农业补贴水平，注重农业补贴向专业大户、农民合作社、家庭农场和农业龙头企业等生产领域倾斜，让粮食适度规模经营主体有社会平均利润可赚，确保国家粮食战略安全，筑牢国家社会稳定的“压舱石”。这在中美贸易摩擦的新背景下，更具有特殊的重大意义。

本书的社会价值体现如下：2015—2020 年，以课题名义发表中文核心期刊论文 12 篇，其中“中国社会科学引文索引”（CSSCI）收录 5 篇，CSSCI（扩）收录 3 篇，其他中文核心期刊收录 4 篇，核心内容登载在《价格理论与实践》上；由中国经济出版社出版学术专著 2 部；获得江苏省哲学社会科学学术大会一等奖 1 项、三等奖 1 项，另外还获得江苏省物价局三等奖 2 项；培养研究生两名；一个研究土地规划和农村土地流转的本科生团队两次获得江苏省省级表彰；两个围绕农村土地的社会调查，在 2018 年全国大中专学生暑期“三下乡”志愿者活动中获得团中央四次表彰，团队学生被团中央、人民网、中国青年网、全国学联评为强国一代新青年；本书作者刘吉双在 2017 年全国空间经济学学术大会上就粮田流转价格管控问题做了主题发言，主要观点受到与会专家的肯定。

CONTENTS

目 录

1 粮田流转价格补贴测度与分析的理论基础

1.1 问题的提出

“洪范八政，食为政首。”农业是国民经济和社会发展的基础，粮食则是经济社会发展中基础的基础。无论国内还是国外，古往今来，粮食安全问题都是关系到国计民生和社会稳定全局的头等问题。中国是一个拥有 14 亿人口的大国，粮食安全更是一个重大问题。如果中国的粮食自给率大幅度下滑，不但会引起国内经济、社会乃至政治波动，而且会给国际经济社会带来巨大冲击。2019 年7 月，袁隆平接受中央电视台记者采访时再次强调粮食的重要性，“一粒粮食能救一个国家，也可以绊倒一个国家”。

粮食富足是全面建成小康社会的重要“压舱石”。2004—2020 年，中国粮食产量出现了“十七连丰”，2015—2020 年连续 6 年稳定在 6 500 亿千克以上，满足了人们对粮食的基本需求。但是要看到，我国粮食生产正面临价格“天花板”、生产成本“地板”以及资源环境“硬约束”三座大山的压力，影响了农民种粮的积极性。历史的经验多次昭示，粮食安全的问题，恰恰潜藏在粮食多的时候。粮食多了，就会高枕无忧，就会淡化对粮食生产的投入，就会产生对粮农利益的忽视。由于粮食生产连续丰收，加上库存高企，在这种形势下很容易出现忽视粮食生产的倾向。必须看到，我国毕竟是世界第一人口大国，还处于人均粮食生产资源最紧缺的国家之列，粮食生产不允许有丝毫松懈。从国家战略全局出发，制定长远的国家粮食安全战略，建立保障农民种粮积极性的政策体系，是我国农业现代化进程中要高度关注的问题[1]。2014—2016 年，每年粮食进口量已经连续超过 1 亿吨，粮食对外依存度一路攀升到 18%[2]。根据中华粮网和海关数据，2017 年，中国进口大豆 9 553 万吨，进口量排世界第一；进口稻米 399 万吨，创稻米进口纪录；进口小麦 430 万吨，较 2016 年增加 27.33%；进口高粱 506 万吨，进口量排世界第一；进口大麦 886.35 万吨，较 2016 年增加 77.1%，进口量排世界第二；进口油菜籽 475 万吨，进口量排世界第一；进口玉米 283 万吨。2020 年，我国进口大豆达 10 033 万吨。伴随我国工业化、城镇化进程加快和中美贸易摩擦加剧，粮食安全问题从来没有像现在这样紧迫。2013 年 12 月召开的中央经济工作会议将粮食安全问题列为2014年经济工作六大任务之首。2012年，国务院发展研究中心农村经济研究部课题组在《中国特色农业现代化道路研究》一书中指出，到2020年，14亿人口需要7 000亿千克粮食，人均消费要达到409～414千克。农业农村部原副部长韩俊在其2012年出版的《14亿人的粮食安全战略》一书中也指出，未来25年中国粮食需求增长将显著高于国内生产增加，自给率有可能降低。国家粮食和物资储备局局长张务峰认为，粮食安全是战略问题，中国作为负责任大国，依靠进口保吃饭，既不现实也不可能。党的十八大以来，以习近平同志为核心的党中央高度重视粮食安全问题。习近平总书记强调，要确保“中国人的饭碗任何时候都要牢牢端在自己手上。我们的饭碗应该主要装中国粮”，要“确保谷物基本自给、口粮绝对安全。要发挥市场机制作用，加强政府支持保护，让农民种粮有利可图、让主产区抓粮有积极性”[3]。他还强调，保障国家粮食安全是一个永恒的课题，任何时候这根弦都不能松，我国是个人口众多的大国，解决好吃饭问题始终是治国理政的头等大事[4]。党的十九大又再次强调国家粮食安全问题。

粮食安全是我国经济社会稳定的基础，土地则是基础中的根本。习近平总书记指出，“耕地是粮食生产的命根子”，要守住18亿亩①耕地红线，要“像保护大熊猫一样保护耕地”[3]。工业化、城镇化和农业现代化的协调发展促使耕地制度发生变迁，农村土地流转和适度规模经营是一个大方向。农村土地流转和适度规模经营是农业现代化的必由之路，也是世界农业现代化的普遍规律。在农村土地流转基础上开展农业适度规模经营，有利于从农业领域中解放大量劳动力，为工业化和城镇化进程提供可靠的人力资源保证，推进农民向市民转化。同时，农村土地适度规模集中，有利于人力、资金、土地重新优化配置，推进农业机械化、水利化、标准化，提高农业粮食综合生产能力和产业竞争力。要切实提高耕地集约化经营、规模化经营和社会化服务水平，巩固粮食产量和增加农民收入。要让农民种粮有利可图，让多生产粮食者多得补贴，通过富裕农民、提高农民、扶持农民，让农业经营有效益，让农业产业有奔头，让农民成为体面的职业。通过农村土地流转和适度规模经营，使农业土地利用效率、资源效率、粮食产量和农民收入得到较大幅度的增加，从而进一步缩小城乡居民收入差距，加快城乡一体化进程，使城乡现代化水平趋向一致。

农村土地流转后出现的“非农化”和“非粮化”问题亟待重视。土地流转和规模经营推进在全国呈现加快态势，但在探索中也出现了一些新的问题。党的十七届三中全会以来，我国农村土地流转速度在加快，流转面积在增多，流转范围在扩大。土地流转正在成为农业农村现代化的重要路径，新型农业经营

① 亩为非法定计量单位，1亩≈666.67米^2。

主体加速形成。在农村土地流转加速进程中，一个值得人们关注的问题显现，那就是土地流转后的“非农化”和“非粮化”问题。“非农化”是指土地流转后用于非农业用途，如建商品房、酒店，变成垃圾场等，这是国家法律法规明令禁止的。“非粮化”则是指土地流转后仍然用于农业用途，但不再种植粮食，而是转为种植经济作物如种植蔬菜、花卉和中药材等，或者发展畜牧业和养殖业等，还有不少农村土地流转后用于休闲农业和观光农业，而不再用于粮食生产。目前国家对这种农村土地流转后用途的改变没有严格规定。从局部和地区看，农村土地流转后的用途调整，有利于当地农村的经济结构调整，有助于提升当地的农业经济效益和农民收入，有利于当地农业现代化；但是从全局和全国看，这种“非粮化”发展趋势势必减少全国粮食产量，从而给国家粮食安全带来隐患。农村土地流转后“非粮化”的主要原因，从根本上讲就是种粮成本近几年上涨较快和粮价低迷。我国粮食单产的平均收益较低，迫使种粮经营主体改种经济作物或者发展养殖业、休闲观光农业等。《全国农产品成本收益资料汇编 2012》显示，流转后，种植花生的每亩净利润要比种植水稻的每亩净利润高出 34%。

农村土地流转费用正成为粮食适度规模经营者最重要的生产成本。农村土地流转费用过高会影响粮食生产积极性，这一点在新型农业经营主体中表现特别明显。以种粮大户、家庭农场、农民合作社和农业企业为代表的新型农业经营主体正成为我国粮食生产的重要力量，在现代农业发展中发挥出越来越重要的作用。据新华社的数据，截至 2016 年底，经营规模 50 亩以上的种植大户有 350 万家，全国依法登记的农民合作社达到 177.4 万家，实有入社农户约占全国农户总数的 44%，新型农业经营主体已成为发展现代农业的骨干力量[5]。农业农村部政策与改革司司长赵阳 2019 年在《农村经营管理》上撰文指出，2018 年，纳入名录管理的家庭农场已近 60 万家，依法登记农民合作社 217.3 万家，新型经营主体已经成为现代农业建设的引领力量，其粮食产量已经占我国全部粮食产量的 40%[6]。粮食适度规模经营在保障国家粮食安全方面的作用越来越重要。但是粮食适度规模经营与农户分散经营相比，多出一个土地流转费用，导致新型农业经营主体的种粮成本增加，而且土地流转费用近年来有不断上升的趋势，粮食适度规模种植效益因此呈不断下降态势。例如，徐州市铜山区近郊每亩每年的土地流转费用普遍超过 1 000 元，对于种粮农民来说，这个价格偏高了。该区张集镇种粮大户王世涛种了 800 亩田，每亩每年的流转费用超过 1 000 元，由于流转费用偏高，种粮效益已经十分微薄。他表示，如果流转费用继续提高，他只能选择不种粮食。粮食是国家的战略物资，具有半公共品的性质。当前，大量粮田正向种粮大户、家庭农场、农民专业合作社和农业企业等新型经营主体集中。这些新型经营主体承担了向社会提供半公共品的重要责任，不能由其完全独自承担土地流转成本，正如不能让他们完全独自承担种子成本、农资综合成本、农机具购置成本。应该由国家对土地流转成本进行财政补贴，帮助粮食适度规模经营者降低生产成本，提高经济效益，调动他们生产粮食的积极性。对粮食生产者进行补贴是世界通用的做法。在土地流转价格不断上涨和粮价低迷的当下，研究对土地流转费用进行补贴的问题，对于降低粮田流转价格、推进农业供给侧结构性改革、开拓农业补贴新领域以及维护国家粮食安全，都具有重要的理论和现实意义。

1.2 理论基础与文献述评

1.2.1 研究的理论基础

只有依靠科学的理论指导，才能发现农村土地流转的真实价格，防止土地流转价格补贴的随意性，切实保证流转双方的利益。马克思主义地租理论、土地估价学理论、现代产权理论、农业补贴理论和国家粮食安全战略理论是我国农村土地流转价格补贴的理论基础。其中，由于我国是社会主义市场经济，马克思主义地租理论是理论基础分析的核心，在农村土地流转价格补贴研究中起着重要指导作用。

1.2.1.1 马克思主义地租理论

马克思主义的地租概念有广义和狭义之分。广义的地租是指工资、利息、超额利润以及利用各种生产要素所获得的超额报酬或收益。狭义的地租是指使用土地所获得的收益或超额报酬，其中农业地租通常是指土地所有者凭借土地所有权而获得的收入，是土地所有者让渡土地使用权所获得的收入，是土地所有权借以实现的经济形式。马克思主义地租理论具有科学性，在指导我国农村土地流转合理价格形成中，不但具有重要的理论意义，而且具有十分重要的实践意义。马克思（1818—1883）的绝对地租理论赋予了地租理论以崭新的内容，是对古典经济学地租理论的批判和继承，马克思的绝对地租理论主要包括如下内容：

（1）土地所有权的垄断是绝对地租产生的原因。“土地所有权本身已经产生地租”[7]。农业资本家购买生产资料，雇用农业工人，从大土地所有者那里租来土地经营农业，把农业工人创造的剩余价值，一部分作为地租交给大土地所有者，另一部分作为平均利润据为己有。“在任何情况下，这个由价值超过生产价格的余额产生的绝对地租，都只是农业剩余价值的一部分，都只是这个剩余价值到地租的转化，都只是土地所有者对这个剩余价值的攫取”[7]。

（2）农用地所有者得到的地租是超额利润，也就是超额剩余价值。农业资本家所获得的利润应该高于社会平均利润，因为他要以地租形式上交一部分利润给农村土地所有者。如果农村土地所有者得不到地租，他就宁可让土地荒芜，也不会让农业资本家投资。同样的道理，如果农业资本家得不到社会平均利润，就不会投资农业，转而投向其他行业。这一点，对于粮田流转价格补贴研究具有重要启示意义，要加强对新型经营主体的政策支持力度，确保粮食适度规模经营主体取得超过社会平均利润的利润，这是维持粮食生产可持续发展的重要经济保证。

（3）所谓级差地租，就是利用较好生产条件土地的超额利润，也就是农业资本家用较优土地所获得的归土地所有者的超额利润。马克思说，级差地租“总是产生于支配着一种被垄断的自然力的个别资本的个别生产价格和投入该生产部门的一般资本的一般生产价格之间的差额”[8]。农村土地自然基础不同、地理区位各异、投资量大小有区别，进而导致土地收益存在显著差距。马克思把这种因自然因素、区位因素以及投资不同产生的地租称为级差地租，是农村土地总地租的重要组成部分。实践中，级差地租与土地等级相联系，在等量投入的情况下，土地等级不同，土地收益便不同，因此地租额不同。我国农村土地不仅存在农业投资量大小的不同，还存在土地肥沃程度和地理位置的差异，所以级差地租存在也是客观的现象，在确定农村土地流转价格时，流转双方要考虑土地等级，在基准流转价格基础上乘以土地等级系数。

马克思主义地租理论深入揭示了地租形成的前提、条件和原因等。主要思想是：土地所有权是地租产生的前提，土地所有权和使用权的分离是地租产生的条件；绝对地租和级差地租共同存在于资本主义和社会主义。该理论揭示的是市场经济条件下地租的一般规律。地价是地租的资本化，或者是资本化的地租，是预买一定年数的地租。地价等于地租除以平均利息率。对于长久租期土地，地价是每年的地租折现到初期之和。马克思主义地租和地价理论对于我国农村土地资源的综合评价和合理开发利用，以及制定土地流转价格政策具有重要的指导作用。通过合理地组织土地利用，不断地提高土地肥力和改善土地质量状况，修筑交通运输网络，改变农村土地的经济地理位置和交通运输条件，追加活劳动和物化劳动的投入，实行农业土地集约化经营，必将促进农村土地流转价格的合理变化和土地的优化配置。

1.2.1.2 土地估价学理论

土地估价学基本的理论形成体现在估价思路、评估方法和实践研究三个方面[9]。土地估价学中的地价是指经济学中通常意义上的价值，是一种“交换价值”，不同于马克思价值理论中的“价值”和“使用价值”。从评估意义上说，土地估价的意义就是尽可能地反映这种价值，使“估算价值”与“交换价值”尽可能地缩小差距。因此，地价的本质是土地权利在市场中的交换价值，土地评估价格的实质是模拟市场价格，而不是替代市场价格，如图1-1所示。估价得出的结果不作为价格的保证，应作为价值意见的参考值。而与一般估价相比，土地估价具有一定的特殊性：①土地估价必须依据土地估价特定的原则；②土地估价要根据不同的对象选择特定的方法；③特别注重针对估价对象的市场环境分析；④必须考虑政府土地政策的影响；⑤充分了解评估对象地块的各种权利状况。

从土地估价的功能上看，土地估价有两大功能：①价值信息披露。价值信息披露功能是满足社会对土地价值状况的了解。正式的和非正式的土地估价都需要这种价值信息披露。②价值鉴证。价值鉴证功能是满足在建立社会和经济秩序的过程中对土地价值状况进行鉴证的需求，包括土地利益关系界定、土地经济责任确定、土地价值争议协调等，是对土地估价的法定需求。土地估价作为土地价值鉴证的方式，已经是一种社会制度建设的需要。很多市场经济体制国家早已将土地估价作为一种法定要求，并建立了土地估价制度。

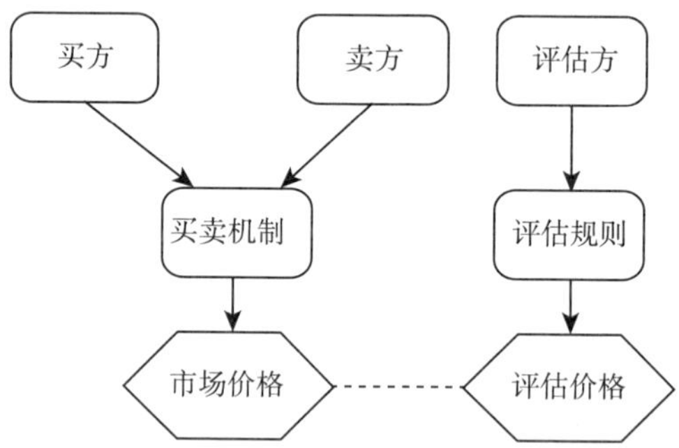

图 1-1　市场价格与评估价格形成示意

在土地估价理论体系中，有许多价格概念需要厘清，这对我们制定农村土地流转的合理价格模型具有重要意义。与一般估价相比，土地估价实践具有一定的特殊性：①土地估价必须依据土地估价特定的原则。这些原则中，有一类原则反映土地市场特征与价值之间的关系，如需求与供给原则、竞争原则、变动原则、替代原则；还有一类原则反映土地收益特征和利用特征，如预期收益原则、最有效使用原则、贡献原则、报酬递增（递减）原则。②土地估价要根据不同的对象选择特定的方法，如市场比较法，收益还原法、成本逼近法和假设开发法。③特别注重针对估价对象的市场环境分析。④必须考虑政府土地政策的影响。⑤充分了解评估对象地块的各种权利状况。

土地估价实务围绕不同需求展开，因此土地估价的类型也“因的设价”，即区别于不同的估价目的而有不同的土地估价类型。常见的土地估价需求包括：交易活动中的使用权出让需要、转让需要、出租需要、作价出资（入股）需要，政府进行的征收活动中的补偿需要、收购需要或者税收活动中的鉴证成本或纳税需要，担保抵押活动中的价值鉴证性需要，审计活动中的价值鉴证性需要，政府部门建立指导性地价的行政需要等。现阶段我国的土地估价体系覆盖了城镇土地和农用地。农用地评估中涉及集体权利性质的土地评估还处于探索中。目前，有三类地的地价评估无论在理论界或是在实践研究中都值得关注：①农村集体农用地征收价格的评估；②集体经营性建设用地的价格评估；③集体耕地承包经营权的流转价格评估。其中，集体耕地承包经营权的流转价格评估是研究的重点与难点。

我国农村土地流转价格确定存在的问题是：现实中有些流转价格的确定缺乏科学性和合理性，随意性很强，往往是供求双方协商或在村级组织干预下形成。因此，需要运用土地经济学中的土地估价理论，通过收益还原法和成本逼近法等科学评估方法，由专业评估机构介入农村土地流转过程，正确评估出农村土地价值，作为农村土地流转价格形成的理论根据，也作为粮田流转价格补贴的重要理论根据。这一点对于农村土地流入方至关重要，它可以减少农村土地流转过程中的缔约交易成本，也可以防止在农村土地供方垄断下"虚高"价格的发生，有利于减少种植业生产成本，促进粮食适度规模经营的开展。在现实中，由于农村土地中介市场的不完善，导致农村土地评估机构不健全、专业人才队伍缺乏，因此，农村土地价值评估面临困难和挑战。农村土地流转价格的确定仅靠流转双方协商，不仅缺少科学根据，容易引起种植业成本的上升，还是造成农村土地流转纠纷的重要原因之一。

1.2.1.3　现代产权理论

罗纳德·科斯（Ronald Coase，1910—2013）最早提出了交易成本理论。交易成本是围绕交易契约所产生的成本。威廉姆森（O. Williamson）进一步指出，交易费用的发生、影响和扩展已经在新制度经济学中先声夺人，组织经济活动而不计交易费用显然是不合理的，因为一种组织形式较之另一种组织形式的任何优势都会因不计成本的制度缔约活动而消失殆尽，交易成本成为经济学研究中心议题的现实性与日俱增。巴泽尔（Y. Barzel，1997）、埃格特森（T. Eggertsson，2004）认为，产权是一种权利，完整的产权应该包括资源的排他性所有权、通过使用资源而获取租金的收益权以及通过出售或其他办法转让资源给他人的转让权。诺斯（D. North）认为有效率的产权对经济增长起着十分重要的作用，"增长比停滞或萧条更为罕见这一事实表明，'有效率的'产权在历史中并不常见"。有效率的产权之所以对经济增长有促进作用，是因为产权的基本功能与资源的配置效率有关，有效率的产权使经济系统具有激励机制。美国经济学家埃莉诺·奥斯特罗姆（Elino Ostrom，1990）提出了产权的多层次分析方法，在其著作《公共事物的治理之道：集体行动制度的演进》中，引入多层次方法，制定了决定产权的三个层次的规则。澳大利亚经济学家查林（Challen，2000）在此基础上提出了制度科层概念模型，他认为产权具有多层次性，所有的产权层次构成了一个产权科层，所有产权层次的叠加就构成了一个科层系统，这是一个“嵌套性规则体系”，各个层次的决策实体有不同的决策内容，下一层的行为受制于上一层确立的规则[10]。现实中，市场经济有外部性特征，市场机制是有欠缺的。现代产权理论认为，市场的外部性特征是源于私人成本与社会成本不相等，某一经济主体的经济行为对社会上其他人的福利造成了影响，却并没有承担后果，例如，个人经济行为给社会带来了好处，他却没有得到补偿，导致私人利益少于社会利益，资源配置将偏离帕累托最优状态。产权理论认为能够有效实现外部性内部化的产权制度安排是有效率的产权形式，如果产权清晰、交易费用为零，资源的支配、保有与转让以及收入取得是无约束的，市场主体就可以自由支配使用或者转让这些资源，产权排他性与可让渡性、收益权与控制权相结合就能产生有效的制度激励机制。现代产权理论对于我国农村土地流转合理价格的形成，具有以下重要的启示意义：

首先，深化农村土地产权制度改革，促进农村土地资源优化配置。根据现代产权理论，产权制度是市场制度的基础。产权不清楚、规则不明确，难以依靠市场进行交易，即使可以进行，其交易成本也较高。我国传统的农村土地产权制度是有欠缺的，主要表现为：①农村土地集体所有权“虚置”，集体所有权主体究竟是村级组织，还是农民集体，或者是村民小组，没有确切的规定，最后形成村干部对农村集体土地说了算的局面，造成“一言堂”，侵害农民承包权利的事情时有发生；②就农民土地承包权而言，权利不完整，缺乏转让权和自由处置权，不具备完全的物权属性，农民在流转土地过程中受到的行政干预较多，难以达到利益最大化的目标；③从土地经营权看，土地经营权准确含义是什么？它与土地承包权的权利边界在哪里？这些问题还没有从法律层面给予规制。这些产权问题的存在对流转农村土地、发现真实农村土地流转价格以及优化农村土地资源的配置构成了制约因素。因此，必须深化农村土地产权制度改革，进一步明确各方权利边界，减少交易成本，提高农村土地利用效率、农业劳动生产效率和农业综合竞争力。

其次，构建多元化产权主体，规范农村土地所有权、承包权和经营权的权利边界。根据科层理论，产权是可以分层的，分层的权利能够调动各方面市场主体的积极性，有助于提高生产效率。农村土地集体所有是社会主义市场经济的必然要求，不论如何改革，都不能突破这个底线。只有坚持农村土地集体所有，才能防止农村土地私有化，避免农村重新陷入新的两极分化之中。当然，就农村土地集体所有权的实现形式而言，应该不断创新，要寻找能真正代表农村集体所有权的主体，进一步明晰农村土地集体所有的权利和义务关系。要切实落实农村土地承包权的物权属性。2002年制定的《中华人民共和国农村土地承包法》（以下简称《农村土地承包法》）和2007年出台的《中华人民共和国物权法》（以下简称《物权法》）都进一步强化了农村土地承包权的物权属性，但在实际运作中，农民对所承包土地的支配还不是完全自由的，往往受到村集体组织的干预，导致其承包权益受到侵害。同时，必须加大土地经营权保护力度。新型农业经营主体是粮食规模经营的生力军，在维护我国粮食安全战略中发挥着越来越重要的作用。因此，必须重视土地经营权的保护，完善农村土地经营权制度，充分调动农业生产者种粮积极性。

最后，正确处理好政府与市场在农村土地流转市场中的关系。发挥好市场在农村土地流转中的决定性作用，农民是否流转土地、以什么样的价格流转土地、流转期限是多少年等，应该由农民自己做主。要相信农民是理性的经济人，赋予农民更多农村土地权利，以优化土地资源配置。同时，要更好发挥政府的宏观调控作用。农村土地制度改革导致了制度的变迁，制度的变化带来了诸多的矛盾，此时需要有力的政府介入，以保证改革有序进行，政府在制度变迁进程中的宏观调控作用不可或缺。政府在农村土地流转市场中的作用主要有组织作用、规划作用、引导作用和监督作用。其中，政府补贴的引导作用非常重要，通过补贴引导土地资源向粮食生产者流转，以维护国家粮食安全。

1.2.1.4 农业补贴理论

补贴理论来源于产业保护理论[11]。农业是国民经济的基础产业，粮食是国家战略物资。农业补贴是财政对农业生产、流通和贸易的转移支付，它是一国政府对本国农业的支持与保护政策中最主要、最常用的政策[12]。补贴农业是巩固产业基础、维护全社会稳定的重要保证。随着国民经济的快速增长和工业化进程的推进，农林牧渔业总产值在国内生产总值（GDP）中所占的比重呈不断下降的态势，但这并不等于农业地位在下降，相反，在国家实现现代化的过程中，农业的重要性更加凸显。农业要为日益增多的城镇人口提供大量的绿色安全食品，农业的休闲功能、生态功能、文化功能也在不断拓展以适应市场消费者的要求，美丽乡村正在成为人们放松压力、亲近自然和记住乡愁的“心灵故乡”。重视农业发展、加强农村建设、富裕农民成为当今中国时代的最强音。我国农业补贴经历了从无到有、从单一到综合、从普惠制到精准制的历史变迁过程。

农业本身的弱质性决定了国家必须对农业进行补贴。农业生产过程依赖自然条件，农民不能控制天气等自然因素，全球气候变暖和酸雨给粮食生产带来较大自然风险。农业生产是一个生命再生产的过程，不论是种植业产品还是养殖业产品，都需要一个较长的生命周期。而市场需求是快速变化的，今年消费者需要低档次水果，明年口味可能就升级了，需要高档次新品种，所以农产品的供给很难与市场需求相一致，其结果是农产品容易大量过剩。同时，就经济领域而言，分散的小农户缺乏谈判能力，难以维持农产品的合理价格，致使农产品的市场价格往往低于均衡价格。农业生产经营的自然风险和经济风险，决定了农业先天不足、弱质性突出。而农业又是国民经济基础产业，动摇不得，粮食又是国家安全的战略物资，缺少不得。农业本质是公共产品，保罗·安东尼·萨缪尔森（Pau Anthony Samuelson，1915—2009）认为，粮食具有收益的非排他性和消费的非竞争性，农业具有公共产品属性，单靠市场无法提供有效供给，所以政府应当适当补贴农业。政府要介入农业经济领域，发挥政府“有形之手”的宏观调控作用，通过财政转移支付手段扶持农业，以支持农业生产。政府补贴农业是世界各国通用的做法。

1.2.1.5 国家粮食安全战略理论

粮食是一个国家最重要、最基础的战略资源。粮食安全既涉及人民的基本生存问题，也关系到国家全局性、长期性的战略问题。粮食安全问题会影响一个国家的经济建设、政治建设、文化建设、社会建设和生态文明建设，甚至影响到社会稳定和长治久安。中国是世界上人口最多的国家，粮食安全问题更是重大问题。从历史上看，只要粮食稳住了，中国社会就会保持安定和谐的局面；一旦粮食出现了问题，就会由经济领域传导到社会领域、政治领域，引发社会政治动荡。中国的粮食安全问题必须由中国人自己解决，依赖国际市场解决 14 亿中国人的吃饭问题是不现实的，中国人要让自家碗里主要装着自家粮。这就需要国家在现代化进程中更加重视粮食安全问题，加大粮食生产精准补贴力度，充分调动粮食生产者生产粮食的积极性，不断提高粮食生产综合能力。

党的十八大以来，以习近平同志为核心的党中央始终把粮食安全作为头等大事，针对国家粮食安全的新情况、新问题，提出了国家粮食安全新战略，形成了一系列具有重要意义的粮食安全理论创新与实践创新，并带领全国人民走出了一条中国特色的粮食安全之路，为国家长治久安奠定了重要的物质基础，并且为维护世界粮食安全做出了重要贡献[13]。2013 年中央经济工作会议把“切实保障国家粮食安全”放在了首要位置，提出实施以我为主、立足国内、确保产能、适度进口、科技支撑的国家粮食安全战略。“要依靠自己保口粮，集中国内资源保重点，做到谷物基本自给、口粮绝对安全。坚持数量质量并重，更加注重农产品质量和食品安全，……转变农业发展方式，……抓好粮食安全保障能力建设”。耕地资源保护对粮食安全具有重要的作用，要从耕地保护制度、经济约束机制、粮食核心生产区建设等方面确保粮食安全的耕地资源保护策略[14]。牢牢把握“坚持数量质量并重”的战略要求，应该重视流转土地“非粮化”的现象，要统筹规划、科学划定土地功能，并严格实行土地用途管制[15]。国家粮食安全新战略的提出，为农村土地改革指明了方向：①强农惠农政策要进一步向粮食生产领域中倾斜，要进一步明确粮食的公共物品属性和社会属性。国家要加大对粮食主产区的支持力度，增强粮食主产区发展经济和增加财政收入能力，实现粮食主产区经济实力的增强。②继续加大投入力度，建立农业投入稳定增长机制，引导社会力量投入农业。坚持和完善农业补贴政策，平衡主产区和主销区利益关系，建立完善农业生产奖补制度。③强化对新型农业经营主体的支持保护。新型农业经营主体将是我国未来粮食生产的主力军，在维护国家粮食安全战略方面的地位越来越重要。因此，要培养高素质农民，培育好粮食生产经营的微观市场经济主体，充分调动经济主体生产粮食的积极性。④全面落实耕地和基本农田保护责任追究制度，把耕地保护、粮食生产、农民增收作为领导班子绩效评估的重要内容，进一步完善考评机制。

1.2.2 国内外相关研究梳理

2014 年 11 月，中共中央办公厅和国务院办公厅联合下发《关于引导农村土地经营权有序流转 发展农业适度规模经营的意见》，其中明确提出要“合理引导粮田流转价格，降低粮食生产成本，稳定粮食种植面积”。2014 年 12 月 5 日，在国务院新闻办公室举行的发布会上，农业部总经济师、新闻发言人毕美家提出：要通过新增补贴向粮食生产规模经营主体倾斜，重点扶持粮食规模化生产。2017 年 6 月，中共中央办公厅、国务院办公厅印发《关于加快构建政策体系 培育新型农业经营主体的意见》，其中提出要“加大新型农业经营主体发展支持力度，针对不同主体，综合采用直接补贴、政府购买服务、定向委托、以奖代补等方式，增强补贴政策的针对性实效性”。通过补贴稳定农村土地流转价格，对于降低农业生产成本、加快农业供给侧结构性改革、维护国家粮食安全，确实是一个非常有意义的实践和理论探索，有利于开创农业补贴新领域。

1.2.2.1 国外相关研究梳理

国外最早提出地租理论的是英国古典政治经济学的创始人威廉·配第（William Petty，1623—1687）。他在著名的《赋税论》中首次提出地租是土地上生产农作物所得的剩余收入，“是土地耕种者的收获除去成本之后的剩余”，但并没有系统地去挖掘地租的本质。亚当·斯密（Adam Smith，1723—1790）系统研究了地租，把地租看成是一种“垄断价格”。即地租形成的前提是土地所有权的垄断。李嘉图（D. Ricardo）和屠能（Thünen）是继亚当·斯密后古典经济学地租论的重要代表人物，两个人都主张差额地租论，从而为级差地租论的形成奠定了初步基础[16]。

进入 20 世纪后，新古典经济学地租论逐步成为西方土地经济学的核心。

阿尔弗雷德·马歇尔（Alfred Marshall，1842—1924）认为，地租只受到土地需求影响，土地需求价格决定于土地的边际收益产量。马歇尔运用边际理论对地租问题进行了深入分析，他认为“用在耕作边际上的这块土地所产生的报酬，既然是仅可抵偿耕作者的费用，那么，他使用各块土地的总数所产生的各种边际报酬的总和，也仅可抵偿他的全部资本和劳动”[17]。美国经济学家萨缪尔森提出了影子价格理论，他认为影子价格以边际生产力为基础，是一种机会成本，资源的拥有者在完全市场经济条件下，可以通过比较资源的影子价格与市场价格的大小关系决定买进或卖出该种资源[18]。美国著名经济地理学家阿隆索（W. Alonso）将空间关系和距离因素作为地租的核心进行研究，创建了新古典地租模型中最杰出的模型——“阿隆索地租模型”[19]。罗纳德·科斯在1960年对农村土地市场进行了研究，他认为，如果交易费用等于零，则不管农用地产权制度如何，市场交易均能实现资源的有效配置。科斯（1994）在《社会成本问题》一文中，以牧民与农民的权利冲突为例指出，只要最初对产权明确界定，如果存在市场交易，则对谷物的损害超过土地租金的情况不会持久；而且在市场交易的成本为零时，法院有关损害责任的判决对资源的配置毫无影响[20]。科斯的论述表明农村土地产权清晰是农村土地交易的前提条件。

Feder & Feeney（1994）也阐释了产权清晰的土地资源对提高农业投资和农业生产力有重要作用。明确土地产权还会降低交易成本，通过把生产要素配置给最有效率的农户，形成规模经营，最终提高农业生产力[21]。而且，诺思（D. C. North）在1994年提出，农村土地私人交易和私人产权安排能够实现帕累托最优[22]。Pwnder & Kerr（1999）根据对印度两个村庄的调查，分析了限制土地流转对土地投资、耕种抉择及农业贷款的影响[23]。Macmillan（2000）从经济学的角度分析土地市场，认为土地在交易过程中会发生市场失效，因此支持政府干预农村土地流转市场以弥补市场缺陷[24]。Greasley & Oxley（2009）分析了发展中国家土地所有权和人力资本形成的内在联系，发现重新分配土地可以让受益者子女受到更好教育，成功的土地改革能让一个社会从贫穷的农业国向以人力资本为基础的发达经济体转变[25]。Brown & Ganguly-Scrase（2016）指出，农村人口向城市迁移的加速导致了城镇发生重大变化，土地问题是造成城镇一系列问题的主要根源[26]。因此，人口迁移和农村发展社会空间需要重组规划，以解决城市、城市周边和农村地区的重组问题（Kassiola，2017）[27]。要实现可持续的发展，需要从国家级别考虑农村土地改革（Yuan et al.，2018）[28]。

西方地租理论存在对宏观经济环境考虑不够等问题，但古典经济学的地租理论、新古典经济学的地租理论以及21世纪出现的关于地租的最新研究成果，都对当今我国农村土地流转如何合理定价有重要的参考与借鉴意义。马克思在批判古典政治经济学地租理论的基础上创新了地租理论，马克思的地租理论具有科学性，与古典政治经济学的地租理论相比，是经济学史上一大进步。马克思通过对资本主义土地私有制下的土地交易进行研究，认为地租产生的根源在于资本主义土地所有权和经营权的私人垄断，而地租的高低又影响着农村土地交易。马克思认为，在土地等基本生产资料仍然是公有制的前提下，私有家庭对土地具有实际上的占有权和使用权。马克思在《资本论》第三卷中，系统地研究了绝对地租、级差地租，以及地租形成的本质原因和变动的一般规律。马克思的地租理论是以土地所有权的存在为前置条件，认为地租是土地所有权利在经济上的实现，是土地所有者能因此获得的剩余价值。马克思分析了地租形成的本质和变动的规律，研究了级差地租、绝对地租的产生。认为地租由绝对地租和级差地租两部分构成，是土地使用者按契约规定支付给土地所有者的土地使用补偿。实际上，马克思认为一种产权制度是否有效率，在具体的生产过程中主要看对劳动者是否有较强的激励作用。马克思的地租理论体系是指导我国制定农村土地流转合理价格及补贴的根本理论。

1.2.2.2 国内相关研究梳理

国内学界主要从以下几个方面对中国农村土地流转价格问题进行探讨：

(1) 关于农村土地流转价格本质的界定。土地经营权流转价值是形成土地经营权流转价格的基础。长期以来，土地是否有价值一直是经济学界关注的焦点问题之一。学者们对农村土地经营权流转价值的研究经历了由无价到单一的经济价值评估，再由经济价值扩展到社会价值、生态价值等综合价值评估的发展历程，是一个动态的发展过程。近期还有学者提出土地具有发展权价值的观点。

喻瑶等（2009）的研究显示，以马克思土地价格理论与劳动价值论为理论基础，从地价的构成上来分析，确定土地价格具有二元性，即虚幻性和真实性。农村土地价格也是一种二元价格，即农村土地价格是由农村土地物质价格、社会对农村土地资本支付过多的社会价值价格和农村土地资本个别劳动价值价格构成的。其中，前两者形成农业用地虚幻价格，后者为真实价格[29]。李雪和徐目圣（2011）则指出，农用地使用权流转价格不能等同于农用地价格，因为土地转入方由于使用土地而必须按照使用时间以不同的形式向转出方支付报酬，这部分报酬实质上就是向转出方缴纳的租金。也就是说，土地使用权的价格是土地转出方凭借土地承包权获取土地收益的表现形式[30]。穆松林等（2011）[31]、来阳等（2013）[32]、朱天龙和吕君（2014）[33]、张仕超等（2014）[34]进一步研究认为，农村土地价值包括经济价值、社会价值、生态价值、发展权价值和国家粮食安全价值等众多价值。张晓娟和庞守林（2016）综述研究认为，长期以来，由于人们未能充分认识到土地具有资源与市场的双重属性，造成土地价值构成存在缺陷。土地经营权流转价值是形成土地经营权流转价格的基础，价格是价值的货币表现形式，真正影响土地经营权流转进程、对土地经营权流转起决定作用的还是土地经营权流转价值。农村土地经营权流转价值构成是其价值评估的核心，也是相关研究的基础[35]。彭洁流（2017）在认同农村土地流转价值包括经济价值、社会价值和生态价值的基础上，认为农用地流转价格主要体现为农用地的经济价格、农用地的社会价格和农用地的生态价格[36]。骆东奇和任海钰（2011）从流转主体农户的属性出发提出，科学、合理地评估农村土地价格，有利于土地资源优化配置，有利于土地使用制度改革，也有利于农村土地流转[37]。王颜齐和郭翔宇（2012）发现，流转价格是农村土地经营权流转在经济上的实现形式，农村土地承包经营权流转定价问题是制约农村土地承包经营权流转的关键性问题，研究该问题对促进农村土地承包经营权流转具有重要现实意义[38]。在市场经济中，价格对土地流转起着至关重要的作用。流转价格问题是农村土地经营权流转机制的重要内容。价格关系到土地流转双方的切身利益和农村的社会稳定大局。在法律允许和市场需要的前提下，土地流转价格是否合理，决定了土地流转能否健康顺利进行。在粮田流转价格补贴研究中，一个非常关键的问题就是如何确定合理流转价格的问题。

（2）影响农村土地流转价格的因素分析。农用地流转价格受多重因素的影响，而且没有历史价格可作为参照。

王先柱（2010）认为，级差地租的变化是导致我国土地价格快速上涨的原因。土地所有者会将具有独特性质的土地所有权转化为地租，这样垄断价格产生的超额利润就以垄断地租形式落入土地所有者手中[39]。骆东奇和任海钰（2011）对土地自然因素、户主的文化程度、农户负担学生数、农村社会保障制度对农用地流转价格的影响进行了分析[39]。上述学者对农用地流转价格的影响因素进行了比较全面的分析。张青和袁铖（2013）指出，地租是农村土地流转价格的基础。地租是租地人使用土地所支付的最高价格。地租就是土地总产量超过边际产量的余额，是生产者剩余的一种特例[40]。而且价值和价格是两个不同的概念。用收益还原法所得到的土地估价为流转土地纯收益，其数额主要取决于土地纯收益的价值；土地流转价格则是以土地承包经营权的价值为基础，在市场供求影响下围绕土地承包经营权价值上下波动而形成的。农民为风险回避者，不愿意流转土地，农村存在土地不足问题，致使农村土地流转价格长期高于农村土地价值。袁征等（2014）发现，由于市场垄断性不同，导致农村土地流转价格的形成机制不同。流转中可以有农村土地买方势力垄断、卖方势力垄断、双方势力均衡情况[41]。阮陈珠（2014）的研究显示[42]，交易费用也影响农村土地流转价格。交易费用是指在流转过程中谈判、协商、签订合约、监督合约执行所花费的时间和货币成本。农户根据影响土地流转价格的一般因素、区位因素和个别因素，给出流转价格（刘鹏，2017）[43]。张晓娟（2018）利用多元回归分析法进行研究，结果显示，土地质量、区位条件、当地经济发展水平、户主耕种意愿对流转价格具有正向影响[44]。

(3) 农村土地流转价格评估方法。关于评估方法，苏晓鹏和冯文丽（2009）等学者主张建立农用地评估制度，评估主体是执业严谨的资产评估机构，由专业评估人员按照土地科学流转价格模型对农村土地流转进行评估。对农用地流转价格的定量评估可采用成本法、市场法和收益法三种方法，但由于我国农村地权的特殊性，应当采用收益法[45]。路婕等（2010）则指出评估土地价值的关键在于土地客观纯收益和土地还原利率两个参数的确定[46]。李雪和徐日圣（2011）也主张采取地租计量模式进行计算[30]。《农用地估价规程》（GB/T 28406—2012）中结合土地经营状况，提出收益还原法、市场比较法、成本逼近法、剩余法、评分估价法、基准地价修正法等 6 种估价方法[47]。

翟研宁和梁丹辉（2013）对几种不同农用地估价方法进行了分析，认为最适用于农用地估价的还是收益还原法，由于其能对产生收益的农用地价格进行评估，因此适用于流转后农用地价格的核算[48]。

(4) 农村土地流转价格评估模型。关于评估模型，喻瑶等（2009）认为，土地的流转价格取决于地租折现，同时受供求关系影响，即：

$$v = \sum_{t=1}^{n} \frac{R_0(1+g)^t \times (1+a)(1+ip)}{(1+r)^2}$$

式中：v 为土地流转价格；R_0 为净收益；g 为每年净收益增长率；t 为时间；a 为土地供求关系系数；ip 为通货膨胀率；r 为贴现率。

吴萍（2010）分析了土地经营权流转定价的影响因素，从农民流转土地经营权获得收益的视角设计了土地经营权流转定价模型[49]，其计算公式如下：

$$B = \sum_{t=1}^{N} r(1+\alpha)^t q + u + c + j$$

式中：B 代表土地经营权流转价格；r 代表土地经营权转移的租金；α 代表通货膨胀率；t 代表时间；N 代表土地经营权流转年限；q 代表流转土地面积；u 代表农民的最低生活保障（包括农民的医疗、养老保险）及复耕费用；c 代表土地的选择价值；j 代表土地流转后农民再就业的培训费用。

高艳梅等（2012）探讨了农村土地经营权转包、转让、出租、入股等流转方式所反映的价格表现形式，分析了其价值基础，并系统地构建了农村土地经营权流转价格评估模型[50]。陈洁和龚光明（2012）认为农村土地在流转过程中，只是使用权、收益权与风险发生了部分转移，其资产使用期限较长，有看涨期权的性质，可运用 Black - Scholes 模型对其流转价值进行评估[51]。黄艳敏和张岩贵（2014）在设计农用地流转定价模型时，考虑了失地农民的机会损失价值，并将其纳入农用地流转定价基础，采用正态云模型构建了机会益贫化的农用地流转估值模型[52]。而刘寒梅和刘任（2013）则认为我国农村土地流转价格形成机制缺失，不是按照市场规律自发形成的，主张主要使用收益还原法进行价格评估，但需要采取成本逼近法、市场比较法进行修正[53]。高宇等（2017）的研究表明，我国农村土地流转市场尚未形成规范评估体系，在土地价格评估过程中，容易偏向于考量某一种因素的影响，而不是综合考虑所有影响因素。政府要根据不同自然因素、社会因素以及流转主体等因素确定相应指导价格[54]。

目前，收益还原模型是对有收益资产及无形资产进行价格评估的最常用的方法。农村土地使用权可以长期为经营者带来收益，其本质属于无形资产，所以使用收益还原模型评估土地流转价格是可行和合理的。其具体用法如下：

①基本模型。运用资产评估的收益还原模型对农村土地使用权进行定价，主要涉及预期纯收益、流转期限、折现率这三个基本参数。具体的计算公式为

$$V = \sum_{t=1}^{n} \frac{R_t}{(1+i)^t} \tag{1-1}$$

式中：V 表示承包经营权流转价值；R_t 表示第 t 年的土地年预期纯收益；n 表示土地承包年限；i 表示折现率，折现率一般可以参考贷款利率确定。

②扩展模型。对影响农业生产纯收益的因素进行分析，并引入基本模型，可得到扩展的定价模型，更有利于计算和分析土地流转价值。式（1-1）中，R_t 是影响土地流转价值的关键因素。影响 R_t 的因素包括土地年平均总收入、土地年平均总成本和财政补贴。因此，各年土地流转纯收益的计算公式为

$$R_t = S - C + G \tag{1-2}$$

式中：S 表示土地年平均总收入；C 表示土地年平均总成本；G 表示财政补贴。

式（1-2）中，S 的影响因素分别为农产品年产量（M_t）、农产品单位价格（P_t），则有：$S=M_tP_t$。C 的影响因素分别为农资成本（C_{1t}）、劳动力成本（C_{2t}）。G 取决于国家财政补贴政策 G_t。则式（1-2）可以变形为

$$R_t = M_tP_t - (C_{1t} + C_{2t}) + G_t \tag{1-3}$$

将式（1-3）代入式（1-1），可以得到农村土地流转价格的扩展模型。具体的计算公式为

$$V = \sum_{t=1}^{n} \frac{M_tP_t - (C_{1t} + C_{2t}) + G_t}{(1+i)^t} \tag{1-4}$$

（5）农村土地流转价格形成存在的问题与表现。早期，农村土地流转定价

研究主要集中在地价过低的问题上。钱忠好（2003）认为，构建均衡价格机制将是农用地改革的关键之一，也是保证制度创新长久有效的关键[10]。骆东奇和任海钰（2011）[37]、李雪和徐目圣（2011）[30]认为，农村土地流转价格难以公平合理化，原因在于：农村土地流转价格制定工作的复杂性、动态性、长期性导致定价困难；农村土地流转价格没有确定的评估系统和方法；我国农用地流转市场发育不完善、流转行为不规范、流转价格低廉等，这些是制约农用地高效流转的主要因素。刘承智和刘卫柏（2012）指出了农村土地经营中出现的一系列问题。例如，进城务工劳动力以极低的价格将土地转包或租给留守农民耕种；有些农村劳动力转移情况严重的地方，甚至出现进城务工者无偿或以倒贴的方式把土地转给其他村民的现象[55]。

党的十七届三中全会后，农村土地流转呈现加速的趋势。学界侧重研究农村土地流转价格偏高问题。刘寒梅和刘任（2013）研究了加速流转中存在的问题。例如，多数地方的土地流转基本由政府推动，土地流转服务性机构严重缺乏，没有能形成反映市场规律的基本价格[53]。张成玉（2013）认为，中国土地流转中大量交易无法达成的原因在于转出者的意愿价格高于转入者的意愿价格[56]。孙根华和谢留洪（2014）则指出，镇村两级对日益上涨的土地流转价格表示忧虑，认为其不良后果有：①影响规模经营，不利于推进农业现代化；②引发土地矛盾，影响农村社会稳定；③影响农民地土地流转意愿[57]。由于我国农村土地的特殊性及土地价值构成的复杂性，要想精确地计量出农村土地的流转价值是十分不易的。我国现行农村土地经营权流转价值评估体系尚不完善，流转价格评估方法有待改进，市场对资源的配置作用明显弱化，势必阻碍土地资源优化配置格局的形成、减缓土地资源市场化配置的前进步伐。近年来，随着农村劳动力大量转移和现代农业加快发展，土地流转速度逐步加快，流转地价格水平逐年提高，在农村土地流转价格不断上升的情况下，“有个别地方耕地流转给大户后几乎没有用来种粮的”。例如，河南省地方经济社会调查队在2014年的调查中发现，由于种粮经济效益较低，土地流入方受经济利益驱使，往往在流转到手的耕地上从事“非粮”活动。陈乔娜和孙宁波（2017）指出，宁夏流转的农用地中有一半用于种植玉米、水稻、小麦、马铃薯等主粮作物，其余用于种植经济作物、蔬菜、苗木等。其中，种植苗木、枸杞、蔬菜的农用地全部获得盈利，而处于亏损状态的，全都为种植水稻、玉米、小麦等粮食作物的农用地[58]。由于种粮成本高、比较效益低，农用地流转“非粮化”成为普遍现象，例如河南省和山东省[59]、广州市[60]、湖南省湘西[61]、沈阳市苏家屯区[62]等地都在一定程度上存在“非粮化”现象。农民和流转大户普遍缺乏种粮的积极性，流转的土地也大多种植经济作物，农用地流转中的“非粮化”“非农化”倾向严重，且速度不断加快，国家粮食安全受到威胁[63]。

(6) 优化农村土地流转价格形成机制的建议。陈荣柱等（2012）提出，应以土地流转年限和土地流转方式为突破口，积极加强有效引导[64]。王锡升和于明明（2014）认为，随着社会经济发展，农村土地流转不能一转了之，必须超前规划、正确引导、规范管理[65]。学者们提出的相关建议如下：

①要建立健全农村土地价格信息机制，形成土地流转市场定价机制。刘承智和刘卫柏[55]（2012）、刘寒梅和刘任[53]（2013）等学者认为，目前，大部分地区农村土地流转的对象和范围选择余地小，农村土地流转市场中的供求信息无法有效传递，导致农村土地流转价格的评估存在问题，从而严重制约了农村土地以较为合理的价格在市场中流转，因此要加快形成科学、合理的农村土地价格信息机制。邓大才（2009）等学者主张建立流转平台，健全农用地租赁市场的交易服务中介，规范土地使用权市场，为农村土地流转提供载体[66]。

②要建立土地流转价格调整机制。李雪和徐目圣（2011）研究总结得出，农村土地流转期限超过 5 年的，应建立价格调整机制，农民在流转时可采取两个措施：首先，在合同中约定到了一定期限后，由双方协商调整价格；其次，直接在合同中按年度约定农村土地价格增长幅度，切实保障农民利益[30]。现实情况是，在农村土地流转过程中，一方面，农民或农村集体经济组织对地价未来的发展趋势把握不准，在眼前利益驱动下，轻易地就把农村土地使用权流转出去；另一方面，基层政府在发展经济的压力下，为加强招商引资工作，往往将农村土地流转作为政策优惠的主要内容，积极促进农村土地流转。为避免农民、农村集体经济组织及基层政府在确定农村土地流转价格时出现偏差，建立规范的农村土地流转价格调整机制显得尤为重要。

③要建立农村土地流转评估机制。苏晓鹏和冯文丽（2009）等主张建立农用地评估制度，评估主体由执业严谨的资产评估机构担任，由专业评估人员按照土地科学流转价格模型对农村土地流转进行评估[45]。目前很多地方在农村土地流转方面还没有完善的资产评估机构、委托代理机构、法律咨询机构及农村土地保险机构等，致使农村土地承包经营权流转不能健康有序进行，为此，要完善土地流转价格评估制度。首先，建立政府管理评估机构，服务于农村土地流转，促进公平交易；其次，强化政策措施，确保评估工作不留死角，农村土地流转合同必须附有政府评估机构出具的流转土地价格评估报告；最后，要明确土地价格评估方法及标准，随着土地流转进程的加快，要逐步实现评估方式及执行标准的统一，以科学、合理地确定土地等级和基准地价[53]。

④要建立合理的农村土地产权制度安排。刘莉君（2013）指出，合理的农村土地产权制度安排不仅能够为促进农村土地流转提供一种约束，而且能够为

实现土地资源优化配置提供一种激励，从而最大限度地减少交易成本。因此，农村土地流转是在合理的农村土地产权制度下进行的，两者密不可分[67]。张振华（2013）则提出要建立农村土地流转政策扶持机制[68]。易行（2015）提出要建立土地流转纠纷调处机制[69]，使转让方和受让方形成紧密的利益机制。

⑤要实施农村土地流转财政补贴，促进农村土地加速流转。党的十七届三中全会以来，为了加速农村土地流转、促进土地适度规模经营，部分地方政府实施了财政补贴制度。学者们普遍认为，这种按流转面积进行财政补贴的方式有较多弊端。冯锋等（2009）认为政府的补贴政策加剧了农业劳动者的收入差距，扭曲了土地流转市场[70]；吴霞（2010）认为土地流转补贴支持对象和形式都较为单一[71]。马志远等（2013）认为，现行的土地流转补贴政策没有明显改变农业适度规模经营组织的用地成本，没有鼓励农民投入更多的资本和技术，因此从长期看不能从根本上促进农业生产率的提高。他们还指出，土地流转补贴的确有在短期内促成农业适度规模经营的效果，但单纯追求统计意义上的规模，违背经济规律，盲目地实施补贴，有可能陷入政府花冤枉钱的尴尬境地。现行政策通常会鼓励低效率的规模经营，甚至出现政府花钱“买”农业适度规模的情况[72]。宋亚平（2012）研究发现，这种不管农户和规模经营者实际上种不种粮或者不管其实际种了多少粮都可以按亩计数平均领取的种粮“直补”，很容易使其滋生小农模式的惰性并维持农用地资源的细碎化，从而加大土地流转的困难和规模化经营的成本[73]。黄祥芳等（2014）进行了更深入的研究，他们认为“政府倾向于大规模经营者的土地流转补贴会导致大规模经营者‘挤出效应’”[74]。

1.2.3　农村土地使用价值与流转价格评估研究述评

目前学界对农村土地使用价值与流转价格评估的相关研究已经取得较为丰富的成果，这为我们进一步研究有关粮田流转价格及补贴问题打下了坚实的基础。但是我们也要看到，我国社会主义条件下农村土地使用价值与流转价格的问题有重要区域性，不能简单用外国学者的理论去分析中国农村的土地情况。就中国农村土地的相关研究而言，存在“三多三少”问题，即：定性研究多，定量研究少；局部研究多，全局研究少；零散研究多，系统研究少。与农村土地适度规模发展迫切需要的现实要求和农业现代化加速发展的趋势相比，农村土地使用价值与流转价格评估的研究需要更进一步、更深一层、更科学化。

（1）探索了影响农村土地流转价格的诸多因素，但没有形成科学的评价指标体系。农村土地流转价格的研究关乎农业适度规模经营、关乎农业现代化，其中如何形成合理的定价是一个极为关键的研究问题。目前有些地方的土地流转定价是由政府推动，也有的是由村级组织决定，还有的是由农户和农户、农户与中介组织、农户与新型经营主体协商。在农村土地市场发育不完善的情况下，农村土地价格信号是失真的，所形成的农村土地价格并不能真实反映市场需求状况，造成农村土地流转价格畸低或畸高现象。流转价格畸低，损害了出让方农民的利益，造成农村土地流转供给不足；流转价格畸高，又损害了流入方新型农业经营主体的利益，引发农村土地流转需求不旺。两者都对适度规模经营和农业现代化形成阻碍。必须在正确估测农村土地使用价值的基础上，建立科学评价农村土地流转价格的指标体系，形成合理的农村土地流转价格。就目前研究看，研究评价指标体系存在的问题有：①没有区分农村土地使用价值和农村土地流转价格，研究时往往将两者混为一谈。由于内涵界定不清楚，造成研究结论没有实际意义。②对农村土地流转价格决定因素的研究缺乏系统性，研究对流转价格的单一影响因素较多，如农民预期对农用地流转价格的影响，但研究比较全面的影响因素较少。③有的影响因素研究又过于繁杂，指标缺乏全面性、简单性和可操作性。

（2）构建了农村土地流转价格评估模型，但农村土地流转价格的确切内涵尚不清楚。在马克思地租地价法、成本逼近法、市场比较法和收益还原法几种农村土地流转价格评估方法中，学者公认马克思地租地价法和收益还原法对我国农村土地流转价格形成最有指导意义和科学性。但是马克思研究的地租和地价是资本主义条件下土地私有的问题，与我国农村土地集体所有的情况还有着较大的区别。农村土地流转价格更应该注重经济价值的流转。在流转价格测算上，有的学者将农村土地的社会保障价值、生态价值、发展价值和粮食安全价值全都包括进去，其结果是为农村土地流转价格过高提供了不科学的理论根据。在当前农产品价格较低的不利条件下，农村土地流转价格更应以纯收益为核心，使畸高土地流转价格回归农业生产属性。这样做有利于推动农业供给侧结构性改革，降低农业生产成本，加快土地适度规模经营和农业现代化进程，提高农民收入，为国家粮食安全提供保障。

（3）提供引导农村土地流转价格合理化的机制比较多，但忽略了粮田流转价格财政补贴机制的构建。围绕农村土地流转价格的合理化，学者们提出了农村土地流转定价机制、农村土地流转价格调整机制、农村土地流转价格评估机制、农村土地流转价格监管机制等，正确实施上述机制，对于引导农村土地合理化定价具有重要意义。特别是党的十七届三中全会后，政府加大了农村土地流转财政补贴的力度，一些学者也加强了对各地政府农村土地补贴政策的研究。但同时也要看到，很少有学者谈到财政补贴在引导粮田流转价格方面的作用。世界农业发展史表明，粮食生产受自然风险和社会风险的双重影响，离不开政府补贴。财政补贴在引导粮田流转价格上理应有所作为。粮田流转费用补贴成为调动农民种粮积极性的最现实问题之一。

1.3 粮田流转价格补贴研究的新领域

1.3.1 研究对象、研究内容和研究的技术路线

1.3.1.1 研究对象

本书研究对象是粮田流转价格补贴问题。粮田流转价格不断上升，逐渐成为影响粮食适度规模经营者积极性的一个重要因素。对于新型经营主体而言，保持粮田流转价格处于合理区间，是提高粮食种植经济效益和保障粮食生产的必要前置条件。由于粮食适度规模经营者担负为国家提供粮食战略公共物品的重要职责，粮食生产具有明显的收益外溢性质，因此，国家要给这种收益外溢性进行财政补贴，承担一部分农村土地流转成本，降低粮食生产者的私人成本，以调动粮食适度规模经营者的粮食生产积极性，进而稳定粮食生产和确保国家粮食安全。

1.3.1.2 研究内容

在维护国家粮食安全的战略思想指导下，以粮田流转价格上升为研究逻辑起点，以确定粮田流转合理价格为重点，以评价粮田流转实际成交价格与合理价格的差距为核心，以测量粮田流转补贴幅度为最终目的，运用收益还原法、成本逼近法和典型案例试验法，因地制宜、分类指导测度出东北部、东部、中部以及西部地区的粮田流转补贴幅度，并借鉴国际、国内经验，对流转补贴数额、补贴形式、补贴措施、补贴范围等提出对策建议。

第 1 章，粮田流转价格补贴测度与分析的理论基础。主要介绍了马克思主义地租理论、土地估价学理论、现代产权理论、农业补贴理论、国家粮食安全战略理论等，并进行了国外文献梳理、国内文献梳理和相关研究述评等。另外，还介绍了本书的研究对象、研究内容、研究的技术路线、研究方法和研究展望等。

第 2 章，农村土地制度创新在维护国家粮食安全战略中的重大作用。农村土地是粮食之母，粮食安全问题归根结底是“人地”关系问题。正确处理农户与耕地关系，适应经济社会发展要求，及时推进农村土地制度变迁，是调动农户种粮积极性、维护国家粮食安全的制度保证。包括农村土地流转阶段性特征、农村土地流转价格历史形成进程等。

第 3 章，农村土地流转价格非理性波动对国家粮食安全战略的影响。从我国农村土地流转价格历史中发现，农村土地流转价格始终处于一种无序、非理性状态。早期农村土地流转价格过于低廉，损害了流出方的利益。当前农村土地流转价格进入过快上涨通道，又损害了流入方的利益。农村土地流转价格快速上升造成土地流转后“非农化”和“非粮化”问题，危害了国家粮食安全。

第 4 章，粮田流转价格补贴的内涵、特征和重要性、迫切性。农村土地流转分为用途改变的流转，如农村土地流转后用于工业用途、商业用途等，还有用途不变的流转，始终用于农业用途。如果进一步划分，农业用途不变的土地流转，又可以细分为继续种植粮食的土地流转和不再种植粮食的土地流转，非粮食种植的土地流转如流转后种植蔬菜、果树、中药材等。本书研究的内容是，农村土地流转后种植粮食的粮田流转价格补贴问题。

第 5 章，粮田流转标准价格模型构建的理论分析。粮田流转标准价格，又可称之为标准地租，是指在综合考虑粮田土壤、区位和水利等主要因素基础上，经过土地评估部门测算的粮田流转基准价格或指导价。粮田流转实际成交价格有时低于标准价格，有时高于标准价格，有时趋于一致。一个合理、稳定的粮田流转价格是开展粮田流转价格补贴的重要理论根据。因此，要测度出粮田流转价格补贴的幅度，关键要测量出粮田流转合理的价格是多少。当实际成交价格高于标准价格时，对粮田流入方面启动补助程序；当实际成交价格低于标准价格时，对粮田流出方启动补助程序；当实际成交价格等于标准价格时，则不启动补助程序。

第 6 章，粮田流转标准价格测度的实证分析与差异评价。计算年纯收益。其中，取各种品种水稻的平均值作为水稻的纯收益，各地区三种主要粮食作物的纯收益分别取水稻、小麦、玉米的纯收益。确定土地还原率。在实际评估中，土地还原率有三种确定方法：租价比方法、安全利率加风险调整值法、投资风险与投资收益率综合排序插入法。其中，安全利率加风险调整值法最为常见。一般采用当地一年期定期存款年利率作为安全利率，同时结合粮田流转引发的农业投资风险，涉及农业生产所遇到的灾害性天气、评估对象所处地区的社会经济发展水平和农用地市场等状况对其影响程度，确定不同地区风险调整值，土地还原率＝安全利率＋风险调整值。受供求关系、通货膨胀、其他土地价格、社会保障作用以及议价能力等多重因素影响，粮田实际成交价格与粮田流转标准价格之间存在较大差距。在我国早期粮田流转中，粮田流转标准价格往往高于粮田流转实际成交价格，对粮田流出方农民造成了损害。但近 10 年来粮田实际成交价格越来越高于粮田流转标准价格，对流入方新型农业经营主体造成了伤害，抑制了粮田适度规模经营者生产粮食的积极性，影响了国家粮食安全战略，是一个亟待重视的重大问题。

第 7 章，我国粮田流转价格补贴宏观调控与区域空间分类。在我国粮田流转改革实践中，不能缺少政府的宏观调控作用。从我国 2008—2016 年粮田流转实际成交价格与粮田流转标准价格关系看，粮田流转实际成交价格的波动是一个发散型蛛网，需要政府通过财政补贴政策，力争粮田流转实际成交价格趋向粮田流转标准价格。我国农村地域辽阔，农产品纯收益、土地还原率等千差万别，应当根据东北部、西部、东部和中部地区粮田流转价格实际情况，区别对待、分类指导，增强流转价格补贴的精准性。

第 8 章，粮田流转价格补贴测度的典型案例试验：以江苏省盐城市为例。为实际测量粮田流转价格补贴幅度，并征求基层意见，课题组于 2017 年 6—11 月，利用五个月时间，对江苏省粮食大市盐城市 9 个县（市、区）进行了全面实地调查。调查采取问卷、专家咨询、召开座谈会、村民访谈和实地观测等方式，了解了粮食生产基层对粮田流转价格补贴的意向和幅度，为研究提供了实践数据支撑。

第 9 章，提高农业精准补贴力度是维护国家粮食安全战略的大趋势。我国实行家庭承包经营制度后，农村土地实行分散占有、零碎经营，农民收入水平较低，增加全体农民收入一直是国家关注的重要问题。国家先后实施了农民粮食直补、良种补贴、农机具补贴和农业生产资料综合补贴，农村土地流转和适度规模经营速度加快，农民收入和粮食生产情况发生了根本性变化。为适应这种形势的变化，2015 年国家将粮食直补、良种补贴和农资补贴中的 80%统一为耕地地力保护补贴，发放给全体拥有承包耕地的农户。将农资补贴中的 20%和新增农业补贴部分集中发给粮食适度规模经营者。2016 年这项新的补贴制度已经在全国展开，体现国家对粮食适度规模经营者的保护，“谁多种粮食，就多支持谁”。

第 10 章，基于国家粮食安全战略的粮田流转价格补贴对策建议。对于粮田流转价格的非理性波动，政府不能放任不管，要通过财政、金融、保险和强化投资等补贴方式加以正确引导，让粮田流转价格始终保持在一个合理区间，管控好地租成本，为粮食适度规模经营者取得社会平均利润创造良好条件，促进粮食适度规模经营的可持续发展，以维护国家粮食安全。建议包括设立粮田流转价格调节基金，财政直接补助；也可以探索成立农村土地银行，通过贷款优惠方式予以补助；还可以开发粮田流转价格险新品种，通过保费补贴降低农村土地流转费用风险；引入政府和社会资本合作（PPP）模式，建设农村基础设施，间接降低粮田流转成本；自然资源部门要加强粮田流转后的用途管制，耕地有红线，种粮也要有红线。

1.3.1.3 研究的技术路线

首先，提出当前粮田流转中流转价格波动剧烈的问题，并分析流转价格波动剧烈对粮食适度规模经营者的影响；其次，在此基础上采用收益还原法构建符合市场经济规律和农村实际的粮田流转合理价格模型，通过与市场形成的交易价格对比，构建粮田流转合理价格所需要的国家财政补贴标准；最后，提出粮食适度规模经营可持续发展的粮田流转价格补贴对策建议。

研究的技术路线如图 1-2 所示。

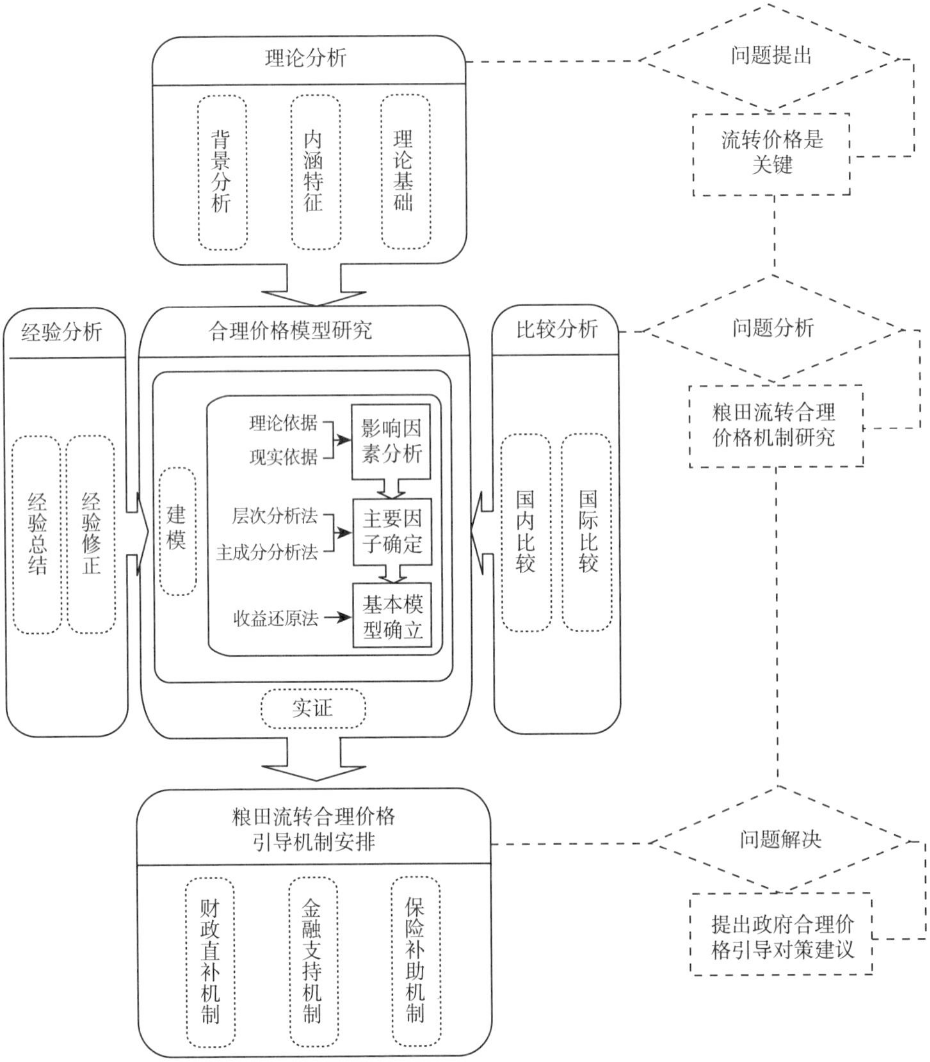

图 1-2　粮田流转价格补贴测度与分析研究的技术路线

1.3.2　研究方法、重点难点和创新之处

1.3.2.1　研究方法

(1) 文献研究法。查阅大量国际和国内有关农村土地流转补贴文献，梳理研究脉络，提出研究对象，凝聚研究方向。

(2) 层次分析法（AHP）**和主成分分析法。**影响粮田流转价格的因素有很多。首先，针对众多的因素，确立多层次的指标体系；然后，通过层次分析法和主成分分析法确定各指标的重要程度和影响粮田流转价格的主要因素，通过建立两两比较判断矩阵以及进行数学计算，得出各层次的单排序和总体复合排序，形成缔结层次结构。

（3）收益还原法。采用收益还原法对粮田价格流转变化机理进行分析。收益还原法是将预计的待估土地未来各年纯收益，以一定的土地还原利率将其还原为评估时的收益现值，然后累加。基本原理是土地未来地租的资本化。

（4）调查研究法。采用普遍调查与典型调查相结合的方法，既对全国新型农业经营主体的农村土地流转价格进行普遍调查，掌握总体的情况，同时又对具有典型意义的东北部、东部、中部和西部地区个案进行解剖式调查，做到总体情况与典型情况有机结合。

（5）比较借鉴法。日本等发达国家在发展现代农业生产、降低土地流转费用方面有经验可供借鉴，国内各地在农村土地流转补贴方面也创造了一些新鲜经验。总结这些经验教训，可以进一步完善粮田流转价格补贴机制。

1.3.2.2 研究的重点和难点

基于收益还原法的粮田合理流转价格模型构建是研究的重点之一。粮田流转价格非理性波动影响了新型农业经营主体进行规模经营和农户出租土地的积极性，因此要形成一个新型农业经营主体和农户都能接受的粮田流转标准价格，以实现新型农业经营主体和农户双赢的局面。测算出粮田流转标准价格后，如何对我国广大地区进行流转费用补贴是另一个重点。需要因地制宜、分类指导，分别确定东北部、东部、中部、西部地区粮田流转财政应该补贴的幅度及补贴对象。

研究的难点是对影响粮田流转价格主要因素的界定。影响粮田流转价格的因素较多，如土地肥沃程度、区位因素、预期收益、通货膨胀率、存贷款利率、政策、农民收入、土地供求关系、流转期限等。需要运用定量分析方法科学界定主要影响因子。此外，粮田流转价格数据的收集和计算也是难点内容。

1.3.2.3 可能的创新之处

（1）学术观点创新。在农村土地适度规模经营的背景下，一方面，要发挥市场机制的作用，发现粮田流转的真实价格；另一方面，要更好发挥政府作用，通过建立标准地价、补贴和保险等有效手段，防止粮田流转价格非理性上涨和下降，稳定粮田流转价格。从文献查阅和实际调研中看，大多数学者和政府官员认为粮田流转价格是流出方农户与流入方农户双方谈判的结果，是纯市场行为，政府不应该干预。通过研究发现，我国粮田流转实际成交价格与粮田流转标准价格之间存在差距，且实际成交价格的波动幅度较大，波动的趋势不是趋向粮田流转标准价格，而是离均衡价格越来越远。所以本书提出，政府要进行宏观调控，通过财政补贴手段稳定粮田流转价格。

（2）学术思想创新。多数学者研究粮田流转价格问题主要侧重于如何提升流转价格，增加流出方农民的财产性收入。而从国家粮食生产安全和农民长远利益出发，研究粮田流转价格的理性定价问题，需要兼顾从流入方角度研究粮田流转合理价格模型。本书借鉴国内和国外扶持粮田流转政策经验教训，对粮田流转成本补贴的形式进行了探索，提出了补贴的多样化形式，如资金直补、保险补贴、金融补贴、基础建设补贴等。

（3）研究方法创新。本书从土地评估学角度界定影响粮田流转的主要因子，采用收益还原模型，根据其基本模型和扩展模型，构建粮田流转合理价格模型，并进行实证研究。在此基础上进行国家财政补贴幅度的评估测算。价格波动特征的方法具有一定创新性。

1.3.3 研究展望

本书围绕粮田流转价格补贴问题展开研究，从理论上厘清了粮田流转标准价格、粮田流转实际成交价格与粮田流转价格补贴之间的逻辑关系，并构建了粮田流转价格补贴政策扶持体系，从实践上为优化粮食适度规模经营政策体系提供了新思路。但由于受研究资金、人员、时间等方面限制，研究成果还存在着一些不足，主要体现在两个方面：一方面，研究核心为粮田流转价格补贴问题，其中对东北部、东部、中部和西部地区的补贴幅度分别进行了测算，而对粮田补贴对象、补贴形式和国家宏观补贴理论调控等理论内容的研究相对较少；另一方面，利用土地估价学理论，通过收益还原法和成本逼近法等提出了粮田流转价格补贴政策思路，但是由于对粮食适度规模经营主体的补贴政策研究刚刚起步，对粮田流转价格补贴政策优化需要进一步深入研究，政策建议需要进一步细化。

针对研究成果存在的不足，将来可以从以下三个方面进行进一步深入研究：

（1）继续加强粮田流转价格补贴前瞻性研究。运用多学科对粮田流转价格补贴进行完整科学性评价，加强微观主体对政策效果影响的实证研究，如粮田流转价格补贴效率问题研究。

（2）推进粮田流转价格补贴系统性理论研究。本书针对粮田流转价格补贴的研究刚刚起步，随着粮食适度规模经营主体成为我国粮食生产的生力军和骨干力量，有关粮田流转价格补贴的具体理论问题需要更深入研究。在发展中，许多问题也会逐渐显现。在解决问题的过程中，粮田流转价格补贴理论研究也会不断得到完善和丰富。

（3）随着粮食适度规模经营不断扩大，利用粮田市场交易积累的数据，可以对粮田流转价格补贴进行更广泛的定量研究。

2 农村土地制度创新在维护国家粮食安全战略中的重大作用

从古至今，粮食安全问题对于中国人来说始终是一个重大问题，是关乎14亿人吃饭问题、关乎总体物价水平甚至全社会稳定的大问题。随着经济全球化、中国工业化和城镇化的发展，解决粮食安全问题的观念和思路也在发生深刻变化，传统的国家粮食安全战略正在向现代国家粮食安全新战略演进。这为研究粮田流转价格补贴问题提供了新的前提、基础和背景。

2.1 从传统的国家粮食安全战略到国家粮食安全新战略

2.1.1 传统国家粮食安全战略

“所贵惟贤，所宝惟谷”（出自东汉学者张衡的《东京赋》）。联合国粮食及农业组织（FAO，以下简称联合国粮农组织）提出的“粮食”概念是指谷物，即小麦、粗粮、稻谷等三大类。根据马斯洛（A. H. Maslow）的人类需求五层次理论，生理（食物、水等）需求是人类最低层次的需求。粮食作为人类生存必备的条件，也作为最重要的基础产品，为社会的稳定与发展奠定基础。俗话说：“民以食为天。”古今中外都十分重视这一有关人民安康、社会发展最基础也是最重要的问题。美国前国务卿基辛格（H. A. Kissinger）曾经说过：“谁控制了石油，谁就控制了所有国家；谁控制了粮食，谁就控制了人类……”

粮食安全作为一个完整的概念，最早产生于20世纪70年代初期。当时由于连续几年恶劣气候和自然灾害导致粮食歉收，主要粮食生产国和出口国的粮食产量大大减少，国际市场上出现粮食供不应求的局面，很多国家的粮食库存不足、粮价大大上涨，出现了第二次世界大战后最严重的一次粮食危机。为了应对此次世界范围的粮食危机，1974年11月，联合国粮农组织在罗马召开世界粮食大会，会上首次提出“粮食安全”的概念，并将其定义为“保证任何人在任何时候，都能得到为了生存和健康所需要的足够食物”。1983年4月，联合国粮农组织世界粮食安全委员会通过“粮食安全”的新概念，即“任何人在任何时候，既能买得到又能买得起他们需要的基本食物”。1996年11月，联合国粮农组织在罗马举行了第二次世界粮食首脑会议，会议通过《世界粮食安全罗马宣言》和《世界粮食首脑会议行动计划》，并对“粮食安全”的概念做了第三次表述：“只有当任何人在任何时候都能够在物质上和经济上获得足够、安全和富有营养的粮食，来满足其积极和健康生活的膳食需要及食物喜好时，才实现了粮食安全。”[75]总结起来，联合国粮农组织对粮食安全的定义包括三层含义：①确保生产足够数量的粮食；②确保所有需要粮食的人都能获得粮食；③能够最大限度地稳定粮食供应。此外，国际上还有一种粮食安全的定义，其内容比较模糊，是指为了更好地制定粮食安全政策，必须区分食物安全、口粮安全和饲料安全三个问题。在国际上主要以食物能量为衡量标准，其对“粮食安全”更准确的表述应为“食物安全”（food security）。中国有关粮食安全的研究与国外的相关研究的标准不同，国外通常以“食物安全”来表达与中国的“粮食安全”相对应的意思[76]。

以上的粮食安全都是主要从粮食生产的视角来看待粮食安全问题。传统的粮食安全主要就是要从粮食生产的角度来定义的。“food security”的概念是在 20 世纪 70 年代中期引入中国的，之所以会被译成粮食安全，是因为当时我国人均食物消费水平不高，主要的食物消费就是粮食消费。因此，将“food”替换为“粮食”抓住了当时问题的根本所在，有利于抓住粮食生产这一重点，快速解决人们的温饱问题[77]。国家要有足够的粮食储备和产量才能实现粮食安全。体现传统粮食安全的主要指标有：①粮食库存安全指数。粮食库存安全指数是指一个粮食年度结束时，粮食结转库存量占下年预计粮食消费量的比例。②粮食产量波动系数。粮食产量波动系数是指某年实际产量与该年用时间序列资料计算的趋势产量之比。③粮食外贸依存系数。粮食外贸依存系数是指年度内一个国家粮食进口（出口）量占粮食总需求量的比例。④贫困人口的温饱状况。贫困人口的粮食安全应满足两个最低要求：不因粮食安全问题而饿死，不因粮食安全问题而影响社会稳定[78]。

自中华人民共和国成立以来，我国政府针对粮食产量与粮食战略的调整做了很多工作。1951 年，在粮食市场经过调整基本稳定之后，国家号召采用农业互助组和农业生产合作社的方式，引导农民走互助合作的道路发展生产，把原有分散的、落后的农民私有经济改造成社会主义集体经济。随着该政策的落实，我国粮食的总产量大大提高，为之后的农业发展奠定了基础。在粮价方面，政府采用了农产品自由贸易政策，通过适当干预，实施国家、农民、消费者兼顾的市场价[79]。1953 年春，农业生产受到自然灾害的影响，农民因怕闹“粮荒”而不愿意把粮食卖给国家，政府因此采取了统购统销政策。该政策禁止私有粮商哄抬价格，国家对粮价实施统一管理。但是由于推行强制征收制度，同时国家又在进行工业基础设施建设，造成城市需求量和农村供应量不平衡的局面，粮食库存量出现了明显下降。1959—1961 年“三年困难时期”，粮食产量大幅度减少，多征购使得农民口粮逐渐下降，农民因吃不饱饭而丧失了生产积极性。同时，多征购也不能满足众多职工的需求，因此国家实施了“三定”政策，即定产、定购、定销。但是这一政策无法根据产量波动进行适应性调整，存在严重缺陷，并没有对粮食安全的好转起到关键性作用。综合 20 世纪 50 年代的粮食安全战略，我们可以发现，在一个农业生产力落后的国家采用与其实际不相符的经济方式和策略进行建设，会出现粮食供给和需求不平衡的局面，粮食增长也会受到限制。自 20 世纪 60 年代开始，由于粮食的大量减产以及苏联对中国援助的停止，中共中央采取紧急措施应对粮食短缺问题：首先，减少城镇人口以减少粮食征购任务；然后，采取从西方资本主义国家大规模进口粮食的“米麦进口交易”，使粮食短缺问题得到缓解。从 1963 年大规模进口国外粮食开始，中国成为国际粮食市场的重要成员，但是，从国外进口的措施治标不治本，具有很强的局限性，难以解决我国长期缺粮的局面。“文化大革命”末期至改革开放以前，受计划经济体制的影响，农民的种粮积极性不高，土地利用率低，粮食生产还不能满足消费需求，整个社会将粮食生产放在突出位置。其间由于大量人口集中在农村，粮食生产主要满足农村人口的生存需要。

改革开放给中国带来了历史性转变。1978 年之后，国家解放了广大农民的生产力，改革了农村生产关系，调动了农民生产积极性，尤其是家庭联产承包责任制的推行解决了粮食生产的监督与激励问题。1978—1984 年，粮食产量的增加有 46.89%来自家庭联产承包责任制带来的生产效率的提高[80]（图 2-1）。由此可见，土地所有权和经营权相互分离比较符合改革开放初期的中国国情。1979—1984 年，国家大幅度提高粮食收购价格以保证农民的生产效益，但是

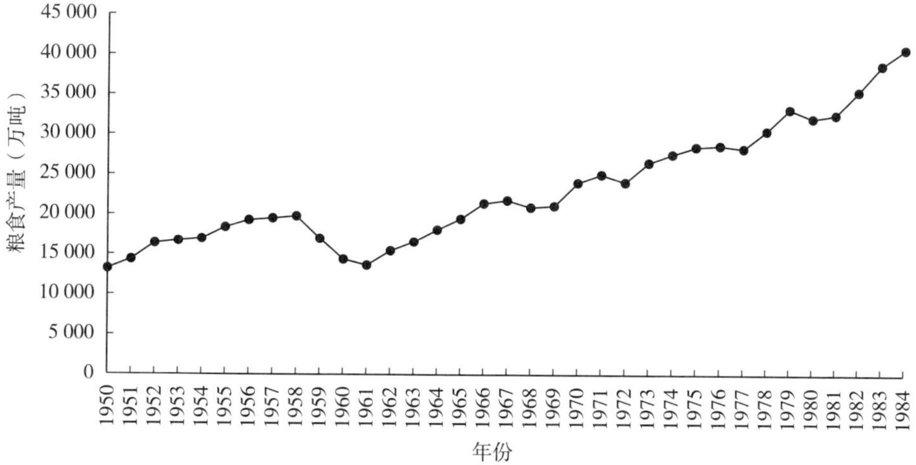

图 2-1　1950—1984 年我国粮食产量

资料来源：中华人民共和国国家统计局.

又出现了“卖粮难”的问题。1985年，国家提出在家庭联产承包责任制的基础上对粮食进行市场化改革，同时取消了部分鼓励粮食生产的优惠政策，种种原因挫伤了农民的生产积极性，当年的粮食播种面积比1984年减少3.57%。此后市场的作用开始显现，1985—1987年又实现增产。进入20世纪90年代，粮食短缺的问题已经得到彻底解决，但随着工业化、城镇化的推进，粮食播种面积一度减少。从这一时期的后半段起，国家开始重视保护耕地和提高粮食综合生产能力，例如严格控制耕地转为非耕地、实行基本农田保护制度等，希望通过这些方式使粮食产量得以提高。

改革开放后到21世纪初，全社会摆脱了粮食短缺的困境，粮食生产在总量上已经可以满足城乡人口生存需求，其他农产品如水果、肉禽蛋鱼、蔬菜等也日渐丰富，人们的食物品种逐渐多元化，人们基本解决了温饱问题，开始迈向小康社会。

2.1.2 传统国家粮食安全战略面临的问题和挑战

仇焕广等（2015）认为，粮食安全一般是指一个国家或地区能够满足每个居民获取所需粮食的需求及抵御突发事件的能力，它具有地域、对象、数量、质量、卫生、价格和运送等多面的丰富内涵。它是一个发展的概念。所以粮食安全的概念会随着时代的发展而增添新的内涵，从而形成新的粮食安全概念[81]。随着世界经济的发展和粮食生产的发展，联合国粮农组织也不断提高衡量粮食安全的标准，对粮食安全的表述更加严密。与1974年首次提出的粮食安全定义相比，联合国粮农组织在1996年第三次提出的粮食安全定义不仅强调了粮食的数量要充足，还强调了粮食品种要满足“膳食需要和食物喜好”，粮食的质量要“安全和富有营养”。从世界各国保障粮食安全新经验看，有以下几个特点：①各国农业政策的首要战略目标是保障粮食安全；②各国保障粮食生产的重要途径是农业科技和经营体制；③各国实现粮食安全的重要手段是政府补贴，有名目繁多、投入额巨大的农业补助。当前我国正处于逐步以食物安全取代粮食安全的新阶段，扩大对粮食安全认知的内涵和外延，具有越来越重要的意义和影响。近年来，我国粮食生产和供应形势呈现较好局面，为改革发展、稳定全局奠定了重要基础。但是必须清醒地看到，农业仍然是国民经济的薄弱环节，同时我国还面临人口增加与土地和水资源紧缺的矛盾，确保粮食安全的任务十分艰巨。

（1）中国耕地面积面临缩小的趋势。在工业化和城市化进程中，非农产业部门需要大量的建设用地，这就占用了大量的农业用地。特别是在征地制度和集约节约用地制度还不完善的背景下，城市周边的大量耕地逐渐被转为非农用地，使得耕地的数量减少、质量下降，18亿亩耕地红线逼近突破。国土资源部、国家发展和改革委员会于2017年发布的《全国土地整治规划（2016—2020年）》指出，“十三五”期间因生态退耕、农业结构调整、新增建设用地等预计耕地面积将减少7 000多万亩。同时，集中连片的耕地后备资源仅2 800万亩，中低等耕地比例达70%，有灌溉条件的耕地只占51.5%，耕地数量质量现状与推进现代化的要求存在较大差距。虽然我国粮食总产量以及人均粮食产量自21世纪以来一直在上升，但是受制于我国耕地资源的有限性，粮食播种面积进一步增加的潜力很小，使得粮食综合生产能力提升空间也不大。

（2）农村青壮年劳动力数量正在减少。随着我国人口的不断增加，农村人口数量也是逐年攀升，但是不得不承认，随着我国城镇化的加快，留在农村的多为老年人、妇女、儿童等，从事农业生产的农村青壮年劳动力数量呈减少趋势，大部分受教育程度较高的年轻人更多地选择进城务工。据《2010中国农业发展报告》数据，2009年，全国被调查户数为21 327户，平均每户家庭常住人口为3.92人。农村平均每户有常住人口3.72人，农村平均每户有劳动力2.28人，其中平均每户有文盲、半文盲0.15人，从事农业家庭经营农户平均每户有劳动力1.17人[82]。2011年的统计数据显示，在调查的全国19 926户家庭中，平均每户家庭的常住人口为3.89人。农村平均每户有常住人口3.69人，农村平均每户有劳动力2.18人，其中平均每户的文盲、半文盲人数下降为0.13人，从事农业家庭经营的农户平均每户劳动力有所下降。2015年农业部统计数据显示，外出务工的农村劳动力中，年龄为16～40岁的人数占比为39.4%，而农村中有40%的妇女和39%老人从事农业生产，从事农业生产的青壮年劳动力只占20%。2018年，外出农民工达到2.88亿人，比2013年增加1 942万人。

（3）以家庭经营为主体的粮食生产经营规模偏小。有关统计资料显示，目前我国农户的户均耕地面积大大低于美国、日本、韩国等地农场的平均规模。国际上的经验和教训表明，土地经营规模偏小，不利于现代农业的发展。我国农户的户均土地经营规模较小，小规模经营不利于农业新技术包括大型农业机械的推广使用。同时，由于农业多为小规模经营，政府对农业科技创新、大中型灌溉区的水利骨干工程、小型农田水利工程等建设的投入也明显不足，导致农业难以抵御自然风险和市场风险的双重压力。此外，小规模经营也使得我国粮食生产缺乏综合性服务支持。

（4）全球粮食供给偏紧。全球粮食产量增长难以满足消费需求增长的需要。全球人口在最近50年内翻了一番，且有1/9的人受到饥荒打击[83]。今后受全球人口增长、耕地和水资源约束以及气候异常等因素影响，全球粮食供给将长期趋紧。据预测，到2030年，主食的价格将大幅度攀升，玉米和大米价格将分别攀升180%和130%，从而导致世界各地的饥荒越来越多。全球丰收倡议组织（GHI）执行主任玛格丽特·齐格勒说："各国必须以更可持续的方式优先考虑农业和粮食种植，如果不从现在做起，2030 年就会碰到问题。"[84] 到 21 世纪中叶，全球人口将达到 90 亿人，届时全球粮食需求将上升 70%，粮食供应将无法满足新增人口的需要。

（5）中国粮食生产也遇到了新挑战。随着工业化和城镇化的推进，我国粮食生产形势出现了一些新情况和新问题：继续稳定增产的难度加大；粮食供求将长期处于紧平衡状态；主要农副产品价格大幅上涨，成为经济发展中的突出问题。目前我国粮食生产处于高成本阶段，已全面超过美国。一方面，人工成本上涨加速，2018 年，我国稻谷、小麦、玉米、大豆的人工成本分别是美国的 3.9 倍、13.9 倍、12.1 倍、7.8 倍，人工成本占农业生产成本的比例在 30%～40%；另一方面，土地成本逐步上升，2010—2018 年，我国稻谷、小麦、玉米和大豆的土地成本分别上涨了 66.24%、74.5%、66.15%、71.11%。我国亩均土地成本是美国的 1.4～3.0 倍[85]。随着中国经济社会发展水平的不断提高，居民的消费结构正在发生转变，消费需求从追求温饱转变为注重食品的安全、营养和健康。居民食品消费结构的变化反映出我国正从过去的主粮替代时期逐渐转变为主副食替代时期。未来 10～20 年，中国仍将处在食物消费结构持续转变中，除了口粮消费会下降外，其他农产品的食用消费都还有较大增长空间，粮食需求总量将会持续增长。

2.1.3 国家粮食安全新战略的提出

党中央始终把粮食安全作为治国理政的头等大事，根据世界经济的新形势和我国粮食生产面临的新情况，提出了国家粮食安全新战略。习近平总书记反复强调，保障国家粮食安全是一个永恒课题。习近平总书记提出了粮食安全的战略基点——立足国内，基本解决我国人民的吃饭问题；明确了战略底线——"中国人的饭碗任何时候都要牢牢端在自己手上，我们的饭碗应该主要装中国粮"。习近平总书记提出，"耕地红线要严防死守"，"确保谷物基本自给、口粮绝对安全"。国家粮食安全新战略明确了粮食安全的优先次序是以谷物和口粮安全为先；提出了新的战略要求——"坚持数量质量并重"。以往强调数量安全，今后在保障数量供给的同时，要更注重质量安全。在产出高效的同时，要更注重产地环境良好。国家粮食安全新战略的主要内涵可以概括为二十字方针：以我为主、立足国内、确保产能、适度进口、科技支撑。2013 年 12 月召开的中央经济工作会议把"切实保障国家粮食安全"放在了首要位置，提出"必须实施以我为主、立足国内、确保产能、适度进口、科技支撑的国家粮食安全战略。要依靠自己保口粮，集中国内资源保重点，做到谷物基本自给、口粮绝对安全"。这是在中央层面首次提出国家粮食安全的新战略方针。为了实现国家粮食安全新战略，今后要着力做好以下工作：

（1）坚持“立足国内生产，实现基本自给”的原则，不放松我国粮食安全生产问题。如果中国的大多数粮食需求只能依赖国际市场得到满足，其风险是极大的，会造成世界粮食供应和价格的巨大波动，使世界粮食市场剧烈动荡。我国作为世界上最大的粮食生产国和消费国，受耕地、淡水等资源约束，粮食供求有缺口是客观现实，为此需要有效利用国际市场和国外资源，但我们的饭碗应该主要装中国粮。这是因为：一方面，国际市场调剂空间有限，2019 年，世界谷物贸易量 4.2 亿吨，大体占我国年消费量的 2/3，其中小麦 1.74 亿吨，玉米 1.67 亿吨，大米 5 000 万吨不到[86]，既不够我们吃，也不可能都卖给我们；另一方面，大规模进口不可持续，如果我国长期从国际市场大量采购粮食，可能引起国际市场粮价大幅度上涨，不仅要付出高昂的代价，也会影响我国与一些发展中国家的关系[87]。中国的粮食安全问题应立足国内解决。中国粮食生产的稳定增长，促进了世界粮食市场和价格的稳定，既为世界经济增长做出了贡献，也为解决世界贫困问题和世界发展问题做出了贡献。2017 年，国务院办公厅印发了《关于加快推进农业供给侧结构性改革　大力发展粮食产业经济的意见》。该文件提出了新形势下贯彻落实总体国家安全观和粮食安全战略的重要措施，对拓展农民就业增收渠道、满足消费升级需求、夯实国家粮食安全基础等具有重要意义。

（2）要以数量和质量并重为目标，加快推进农业粮食供给侧结构性改革。当前我国粮食生产问题主要出现在供给侧方面，主要表现是玉米的过剩和优质粮食的不足。因此，要下调玉米的产能，增加优质粮食的生产。在推进农业粮食供给侧结构性改革中，无论如何改，不能影响国家粮食安全的红线。在调整农业结构时，要保证水稻和小麦等口粮基本自给，水稻和小麦种植仍然应该在农作物种植业结构中占有较大比重，其占比要达到 80%左右；适当增加大豆和杂粮的比重。不能因为推进农业供给侧结构性改革就大量改种蔬菜、水果、中药和花卉等，造成“非粮化”问题，影响国家粮食安全。同时，要切实提高粮食质量，提升食品的安全性和美味性。随着我国人民收入水平的提高，消费结构处于转型升级状态，人们对粮食的消费需求发生了很大的变化，由过去那种简单地吃饱就行，到现在要吃得好、吃得更安全，对粮食品质的要求越来越严格。为此，要对农业土地进行适度规模经营，以利于农业机械化、农业标准化和农业绿色化的发展。要强化科技支撑，切实提高粮食生产的质量和效益。科技是农业走向现代化的基础。其中，生物技术和信息技术将引导未来农业生产方式的转变。生物技术可以促进粮食安全和增加农民收入。自从生物技术作物于 1995 年首次在美国实现商业化种植以来，目前已在 128 个国家得到推广。数据显示，截至 2015 年，生物技术的商业化已经使得全球农作物产量平均提高22%、农药使用量减少37%、农民收入增长68%[88]。增加高端优质粮油产品供给，要高度重视土地规模经营问题。我国人民消费结构快速升级对农业的生产结构、组织结构以及相应的土地制度框架都提出了深刻变革的要求。

(3) 坚持粮食安全与农民增收的有机统一，健全和完善对新型农业生产经营主体的政策扶持体系。必须高度重视对新型农业生产经营主体的政策扶持体系的构建。农业的弱质性和国家粮食安全的重要性，决定了国家需要对农业进行补贴，在国家经济实力达到一定程度后更需要加大对农业的投入，农业现代化需要巨额的补贴。早期，我国对农业的补贴方式是普惠制，即只要是有地的农民就都能得到补贴。而在土地所有权、土地承包权和土地经营权分置的情况下，新型农业生产经营主体更多地承担了粮食生产的重任，因此如果继续实行农业补贴的普惠制，就会使新型农业生产经营主体得不到农业补贴，影响其种粮的经济效益，从而影响其种粮的积极性。如果新型农业生产经营主体得不到社会平均利润，就会放弃粮食生产，导致耕地“非粮化”“非农化”甚至耕地抛荒等严重问题。因此，重点研究新型农业生产经营主体，让农业补贴方式由普惠制向精准制转移，出台更多针对粮食适度规模经营主体的扶持政策，保证粮食生产经营者在粮食价格下滑时能得到社会平均利润，这是维护国家粮食安全新战略实施的长远的和根本的大计。

(4) 要加强相关法律法规建设，平等保护农村土地经营权。就农村土地所有权、承包权、经营权“三权分置”而言，目前只停留在经济理论界层面，司法解释并没有相应跟上，法律对土地承包权和土地经营权的权利边界并没有完全厘清。由于法律不完善，使得新型农业经营主体没有安全感，在金融贷款方面也没有实质性进展，限制了规模经营的扩大。为了巩固经济体制改革的成果，有必要加快“农村土地经营法”的立法进程，对新型农业经营主体生产经营给予切实的法律保证，为他们积极生产经营粮食提供一个好的法律环境。同时，健全保障国家粮食安全的法律法规体系。要及时修订《粮食流通管理条例》和《中央储备粮管理条例》，加快粮食法的立法进程，不断提高依法管粮的能力和水平。随着中国人饮食结构的变化和中国的对外开放更加融入国际大环境，粮食的战略功能更加突出，直接关系到国家经济政治的稳定。不能再固守单纯通过保障数量来实现粮食安全的旧思维，而要树立符合国内外最新发展形势的新粮食安全观。

2.2 农村土地流转制度创新是维护国家粮食安全战略的关键

在我国国家粮食安全战略中，土地扮演着重要的角色。农村土地是粮食之母，农村土地制度创新是维护国家粮食安全的关键。从我国农村土地变迁史看，土地改革与粮食安全存在联动效应，良好的农村土地制度是国家粮食安全的重要基础和前提。土地制度是由特定的社会生产力水平，政治、法律和社会结构所决定的。1978 年党的十一届三中全会以来，伴随着社会主义市场经济飞速发展和农村经济社会的进步，我国农村土地制度发生了深刻的变化。农民与土地的“人地”关系不断调整，农村土地作为一种生产要素逐渐流动起来。农民拥有的土地权利也随之发生了历史性变迁，由农村村集体经济组织对农村土地实施严格控制，到赋予农村土地承包权长久物权属性，再到放开和保护承包土地经营权。我国农村土地流转制度先后经历了赋予农民土地承包权、建立土地流转制度、规范土地流转制度和放活承包土地经营权四个重要阶段。与之相联系，农村土地权利保护制度也由单一保护土地承包方的承包经营权，进入既保护土地承包方的土地承包权，又保护流转承包方土地的经营者的土地经营权的新阶段。

2.2.1 赋予农村土地承包权能有效提升粮食生产经营效率

中华人民共和国成立前，我国农村土地是地主阶级封建剥削的土地所有制度。1950 年，《中华人民共和国土地改革法》颁布。到 1952 年底，除部分少数民族地区和香港、澳门、台湾地区外，我国普遍实行了土地改革，农民分到了土地，农村土地为农民个人所有制。1953 年起，我国农村地区开展了农业合作化运动。1956 年，第一届全国人民代表大会第三次会议通过《高级农业生产合作社示范章程》，规定农民私有的土地等主要生产资料转为合作社集体所有，农民在自愿和互利的基础上，加入高级农业生产合作社，按劳动数量和质量进行分配。1958 年 8 月，中央出台《关于在农村建立人民公社问题的决议》，决定把各地成立不久的高级农业生产合作社，普遍升级为大规模的、政社合一的人民公社；从 8 月到 10 月，全国 74 万个农业生产合作社合并成 26 000 多个人民公社，全国农村基本上实现了人民公社化，实行“三级所有，社为基础”的农村土地政策。1961 年 10 月，党中央发出将生产队作为基本的生产核算单位的指示，随后又强调，“实行以生产队为基础的三级集体所有制，将是一个在长期内，比如至少 30 年实行的根本制度”。“三级所有，队为基础”的农村土地政策[89]，一直到党的十一届三中全会后，伴随着人民公社的撤销才被废止。党的十一届三中全会后，农村广泛推行了家庭联产承包责任制，赋予农民土地承包经营权。这一举措充分调动了农民生产粮食的积极性。

1978—1983 年，随着家庭联产承包责任制的全面实施，农村土地政策也出现了新变化。1982 年中央发出第一个以“三农”问题为主要内容的中央 1 号文件，其中指出集体所有的耕地、园地、林地、草地、水面、滩涂以及荒山、荒地等的使用，必须服从集体的统一规划和安排，任何单位和个人一律不准私自占有，对包括“包干到户”“包产到户”在内的生产责任制进行了肯定。家庭联产承包责任制的实施，克服了集体经济中长期存在的“吃大锅饭”的弊病。1983 年 1 月发布的中央 1 号文件明确提出，联产承包责任制“是在党的领导下中国农民的伟大创造，是马克思主义农业合作化理论在我国实践中的新发展”。1983 年的中央 1 号文件还指出，“这种分散经营和统一经营相结合的经营方式具有广泛的适应性，既可适应当前手工劳动为主的状况和农业生产的特点，又能适应农业现代化进程中生产力发展的需要”，“完善联产承包责任制的关键是，通过承包处理好统与分的关系”。稳定和完善家庭联产承包责任制，是当时农村工作的主要任务[90]。

1956—1978 年，我国农村地区长期实行计划经济土地制度，农村土地归农村集体经营，农民没有相应的权利。党的十一届三中全会后，为了解决中国人吃饭的重大问题，维护国家的粮食安全，根据我国农村广大地区的实际情况，遵循生产关系要适合社会生产力发展的经济规律，在我国农村地区实行了家庭联产承包责任制，农民从此有了土地使用权、占有权和收益权。农民土地权利由无到有，极大调动了农民生产经营积极性，粮食产量逐年提高，农村社会不断进步，农民生活得到极大改善。新的土地政策框架促进了农村经济社会发展。农村实行的家庭联产承包责任制带动了农业经济的大发展和农民的增收。国家新的农村土地产权保护制度带动了我国农村经济社会全方位的大发展。

2.2.2 建立土地流转制度，强调农村土地向种田能手集中的必要性

1984 年的中央 1 号文件打开农村土地流转的口子。鼓励农民增加投资，培养地力，实行集约经营。鼓励土地逐步向种田能手集中。社员在承包期内，因无力耕种或转营他业而要求不包或少包土地的，可以将土地交给集体统一安排，也可以经集体同意，由社员自找对象协商转包。为了防止农村土地“归大堆”，造成新的农村贫富不均问题，1984 年中央 1 号文件指出，在转包时不能擅自改变集体承包合同的内容。自留地、承包地均不准买卖，不准出租，不准转作宅基地和其他非农业用地。1986 年 3 月 21 日，《中共中央、国务院关于加强土地管理、制止乱占耕地的通知》发布，其中指出耕地的重要性，提出“十分珍惜和合理利用每寸土地，切实保护耕地”是我国必须长期坚持的一项基本国策。1986 年 6 月 25 日通过的《中华人民共和国土地管理法》（以下简称《土地管理法》）更是以法律的形式规定农村土地不得出租。

20 世纪八九十年代，我国城市化进程加快，形成农村富余劳动力进城务

工的趋势。农村承包土地有转包、出租的现实要求，部分农村土地开始了流转的试点。为了使农村土地流转符合法律法规要求，1988 年 12 月 29 日，第七届全国人民代表大会常务委员会第五次会议通过了对《土地管理法》的修正。1988 年修正后的《土地管理法》规定："国有土地和集体所有的土地的使用权可以依法转让。土地使用权转让的具体办法，由国务院另行规定。"1988 年 4 月12 日通过的《中华人民共和国宪法修正案》不再禁止农村土地的出租，将 1982 年宪法第十条第四款修改为："任何组织或者个人不得侵占、买卖或者以其他形式非法转让土地。土地的使用权可以依照法律的规定转让。"1993 年 11 月5 日发布的《中共中央、国务院关于当前农业和农村经济发展的若干政策措施》指出，为了稳定土地承包关系，鼓励农民增加投入，提高土地的生产率，在原定的耕地承包期到期之后，再延长三十年不变。开垦荒地、营造林地、治沙改土等从事开发性生产的，承包期可以更长。为避免承包耕地的频繁变动，防止耕地经营规模不断被细分，提倡在承包期内实行"增人不增地、减人不减地"的办法。在坚持土地集体所有和不改变土地用途的前提下，经发包方同意，允许土地的使用权依法有偿转让。1993 年 11 月 14 日，党的十四届三中全会通过了《中共中央关于建立社会主义市场经济体制若干问题的决定》，其中第 31 条明确提出："在坚持土地集体所有的前提下，延长耕地承包期，允许继承开发性生产项目的承包经营权，允许土地使用权依法有偿转让。少数经济比较发达的地方，本着群众自愿原则，可以采取转包、入股等多种形式发展适度规模经营，提高农业劳动生产率和土地利用率。"这就从法律法规和政策上允许了农村土地使用权有偿转让。

2.2.3 规范农村土地流转，保护重点是流出方农户利益

国家以政策文件形式对建立农村土地承包经营权流转机制予以了肯定。1994 年 12 月 30 日，农业部发布《关于稳定和完善土地承包关系的意见》，第一次提到"建立土地承包经营权流转机制"。这是"土地承包经营权流转"第一次正式出现在政府文件当中，"土地流转"第一次以国家政策文件的形式出现在大家面前。该文件还指出，"在坚持土地集体所有和不改变土地农业用途的前提下，经发包方同意，允许承包方在承包期内，对承包标的依法转包、转让、互换、入股，其合法权益受法律保护，但严禁擅自将耕地转为非耕地"，"在承包经营权转让时，必须保护实际耕地者的权益，各地要制定土地承包经营权转让费最高限额"[91]。

农村土地作为市场要素，只有流动起来才能达到优化配置，达到提高土地资源使用效率的目的，因此农村土地必须进行市场化取向改革。1996 年 1 月 21 日，《中共中央、国务院关于"九五"时期和今年农村工作的主要任务和政

策措施》发布，其中指出，“深化农村改革，总的目标是逐步建立起与社会主义市场经济相适应的农村经济体制和运行机制。按照这个要求，要促进农村土地、资金、技术、劳动力等生产要素的合理流动和优化组合，发展多种形式的合作与联合，发展连接农民与市场的中介组织”，“随着劳动力向非农产业转移，要建立土地使用权流转机制，在具备条件的地方发展多种形式的适度规模经营”[92]。1997 年 8 月 27 日发布的《中共中央办公厅、国务院办公厅关于进一步稳定和完善农村土地承包关系的通知》规定：“少数经济发达地区，农民自愿将部分‘责任田’的使用权有偿转让或交给集体实行适度规模经营，这属于土地使用权正常流转的范围，应当允许。”1998 年 10 月 14 日十五届三中全会通过的《中共中央关于农业和农村工作若干重大问题的决定》提出，“赋予农民长期而有保障的土地使用权”，“土地使用权的合理流转，要坚持自愿、有偿的原则依法进行，不得以任何理由强制农户转让。少数确实具备条件的地方，可以在提高农业集约化程度和群众自愿的基础上，发展多种形式的土地适度规模经营”。

国家对土地流转权利的保护重点是流出方农户的利益。针对部分农村集体经济组织在农村土地流转中侵犯农户土地承包权益的问题，2001 年 12 月30 日出台的《中共中央关于做好农户承包地使用权流转工作的通知》指出：“土地使用权流转一定要坚持条件，不能刮风，不能下指标，不能强制推行，也不能用收走农民承包地的办法搞劳动力转移。”“土地流转要按照有关法律法规和中央的政策进行。在承包期内，村集体经济组织无权单方面解除土地承包合同，也不能用少数服从多数的办法强迫农户放弃承包权或改变承包合同。不准收回农户的承包地搞招标承包，不准将农户的承包地收回抵顶欠款，不准借土地流转改变土地所有权和农业用途。流转期限不得超过农户承包土地的剩余承包期。”“土地流转的主体是农户，土地使用权流转必须建立在农户自愿的基础上。在承包期内，农户对承包的土地有自主的使用权、收益权和流转权，有权依法自主决定承包地是否流转和流转的形式。任何组织和个人不得强迫农户流转土地，也不得阻碍农户依法流转土地。”“农户的土地收益包括承包土地直接经营的收益，也包括流转土地的收益。土地使用权的流转应当是有偿的。土地流转的转包费、转让费和租金等，应由农户与受让方或承租方协商确定，流转的收益应归农户所有，任何组织和个人不得擅自截留、扣缴。”2002 年出台的《农村土地承包法》中提出，土地承包经营权流转应当遵循以下原则：①平等协商、自愿、有偿，任何组织和个人不得强迫或者阻碍承包方进行土地承包经营权流转；②不得改变土地所有权的性质和土地的农业用途；③流转的期限不得超过承包期的剩余期限；④受让方须有农业经营能力；⑤在同等条件下，本集体经济组织成员享有优先权。《农村土地承包法》第十条明确规定：“国家保护承包方依法、自愿、有偿地进行土地承包经营权流转。”该法第二章第五节“土地承包经营权的流转”（第三十二条至第四十三条）对家庭承包土地的承包经营权流转做了较全面的规定。该法第三章“其他方式的承包”（第四十四条至第五十条）对其他方式承包土地的承包经营权流转做了规定。2005 年 1 月通过的《农村土地承包经营权流转管理办法》对我国农村土地承包经营权流转进行了可操作性的规定。

新制度经济学认为，当现有制度无法实现潜在利润时，制度变迁就成为可能。制度变迁的过程是一种效益更高的制度对另一种制度的替代过程，其目的是使外在的潜在利润内部化[93]。20 世纪 90 年代，随着工业化和城镇化的快速发展，城乡收入差距进一步拉大，大量农村富余劳动力进城务工赚钱，农村分散经营土地的利润与其务工收入相比显得很微薄，农村土地流转就具有了可行性。但当时的农村土地流转还是初始阶段，以口头协议为主，非常不规范，还出现了农村集体经济组织侵犯农户土地承包权益的问题。因此，2003 年实施的《农村土地承包法》和 2007 年实施的《物权法》从法律上加强了对农村土地流出方利益的维护。

2.2.4 新型农业经营主体正在成为维护国家粮食安全的重要新生力量

农村土地流转是我国农村土地制度的创新，但在创新实践中也出现了一些问题，如违背农民意愿、土地流转合同不规范、土地流转费用过高、土地流转纠纷增多等。诸多问题制约了农村土地流转进程，对此国家和各级政府先后出台多项政策予以规范。

2.2.4.1 推进农村土地使用权有序流转

着眼于农民土地流转权益的保护，2005 年中央 1 号文件《中共中央　国务院关于进一步加强农村工作提高农业综合生产能力若干政策的意见》指出：“承包经营权流转和发展适度规模经营，必须在农户自愿、有偿的前提下依法进行，防止片面追求土地集中。”加强农民土地流转和多种形式规模经营，是发展现代农业的必由之路，也是农村改革的基本方向。任何人任何时候都不能漠视农民的存在以及他们的利益诉求，特别是农户中弱势群体的利益诉求。尊重和保障农户拥有承包地和从事农业生产的权利，尊重和保障外出务工农民的土地承包权和经营自主权。由于我国农村地域辽阔，各地区情况有很大的不同，农村土地适度规模经营应该是多元的。2006 年中央 1 号文件《中共中央　国务院关于推进社会主义新农村建设的若干意见》指出，稳定发展粮食生产，必须坚决落实最严格的耕地保护制度，切实保护基本农田，保护农民的土地承包经营权。稳定和完善以家庭承包经营为基础、统分结合的双层经营体制，健全在依法、自愿、有偿基础上的土地承包经营权流转机制，有条件的地方可发展多种形式的适度规模经营。2007 年中央 1 号文件《中共中央　国务院关于积极发展现代农业扎实推进社会主义新农村建设的若干意见》提出，坚持农村基本经营制度，稳定土地承包关系，规范土地承包经营权流转，加快征地制度改革。2007 年 3 月 16 日第十届全国人民代表大会第五次会议通过、自2007 年10 月 1 日起施行的《物权法》第一百二十八条规定："土地承包经营权人依照农村土地承包法的规定，有权将土地承包经营权采取转包、互换、转让等方式流转。流转的期限不得超过承包期的剩余期限。未经依法批准，不得将承包地用于非农建设。"第一百三十三条规定："通过招标、拍卖、公开协商等方式承包荒地等农村土地，依照农村土地承包法等法律和国务院的有关规定，其土地承包经营权可以转让、入股、抵押或者以其他方式流转。"

2.2.4.2　建立健全土地承包经营权流转市场

建立开放、统一、完整的农村土地流转市场体系是农村土地要素流动起来并优化配置的关键前提条件，农村土地市场化改革离不开农村土地流转市场的健全。2009 年中央 1 号文件《中共中央　国务院关于 2009 年促进农业稳定发展农民持续增收的若干意见》明确提出，建立健全土地承包经营权流转市场。土地承包经营权流转，不得改变土地集体所有性质，不得改变土地用途，不得损害农民土地承包权益。坚持依法自愿有偿原则，尊重农民的土地流转主体地位，任何组织和个人不得强迫流转，也不能妨碍自主流转。按照完善管理、加强服务的要求，规范土地承包经营权流转。鼓励有条件的地方发展流转服务组织，为流转双方提供信息沟通、法规咨询、价格评估、合同签订、纠纷调处等服务。稳步开展土地承包经营权登记试点。2010 年中央 1 号文件《中共中央　国务院关于加大统筹城乡发展力度 进一步夯实农业农村发展基础的若干意见》提出，完善农村土地承包法律法规和政策。继续做好土地承包管理工作，全面落实承包地块、面积、合同、证书"四到户"，扩大农村土地承包经营权登记试点范围，保障必要的工作经费。加强土地承包经营权流转管理和服务，健全流转市场，在依法自愿有偿流转的基础上发展多种形式的适度规模经营。2012 年中央 1 号文件《关于加快推进农业科技创新持续增强农产品供给保障能力的若干意见》提出，稳定和完善农村土地政策。按照依法自愿有偿原则，引导土地承包经营权流转，发展多种形式的适度规模经营，促进农业生产经营模式创新。加快修改完善相关法律，落实现有土地承包关系保持稳定并长久不变的政策。加强土地承包经营权流转管理和服务，健全土地承包经营纠纷调解仲裁制度。

2005 年以来，我国开展了社会主义新农村建设。在新农村建设中，本着"以人为本"和科学发展观的总体要求，从《物权法》角度明确了农村土地承包权的物权属性，延长了农村土地承包期限，重视对农民权益的保护。农村土地流转总体向法治化和长期化方向发展。全国各地区农村土地流转速度不断加快，流转面积呈逐年扩大趋势。截至 2013 年底，全国承包耕地流转面积达到 3.4 亿亩，是 2008 年的 3.1 倍，流转比例达到 26%，比 2008 年提高 17.1 个百分点[94]。

2.2.4.3 放活农村土地承包经营权，让农村土地权利流动起来，是粮食适度规模经营的前提与基础

新型农业经营主体正在成为农村粮食生产的生力军，缓解城市化进程中农村“无人种地”困境的重要力量，也是维护国家粮食安全的重要新生力量。2013 年中央 1 号文件《中共中央 国务院关于加快发展现代农业进一步增强农村发展活力的若干意见》指出，坚持依法自愿有偿原则，引导农村土地承包经营权有序流转，鼓励和支持承包土地向专业大户、家庭农场、农民合作社流转，发展多种形式的适度规模经营。培育和壮大新型农业生产经营组织，充分激发农村生产要素潜能。着力构建集约化、专业化、组织化、社会化相结合的新型农业经营体系。结合农田基本建设，鼓励农民采取互利互换方式，解决承包地块细碎化问题。土地流转不得搞强迫命令，确保不损害农民权益、不改变土地用途、不破坏农业综合生产能力。创新农业生产经营体制，稳步提高农民组织化程度。明确了未来专业大户、家庭农场、农民合作社等生产经营主体将成为我国农业生产的主力军，将来我国的农产品大部分要靠这几类经营主体来提供，而这也正是现代农业发展的必由之路。国家粮食安全保障正由传统分散农户承担转向传统农户与新型经营主体并重阶段，而且新型经营主体在国家粮食生产中的作用越来越重要。2014 年中央 1 号文件《关于全面深化农村改革加快推进农业现代化的若干意见》提出，要切实加强组织领导，抓紧抓实农村土地承包经营权确权登记颁证工作，充分依靠农民群众自主协商解决工作中遇到的矛盾和问题，可以确权确地，也可以确权确股不确地。鼓励农户流转土地经营权。允许财政项目资金直接投向符合条件的合作社，允许财政补助形成的资产转交合作社持有和管护。这些有力度的举措，为新型主体成长营造了良好的政策环境。2015 年中央 1 号文件《关于加大改革创新力度加快农业现代化建设的若干意见》再次指出，加快构建新型农业经营体系。引导农民以土地经营权入股合作社和龙头企业。完善对新型农业经营主体的金融服务。加强对工商企业租赁农户承包地的监管和风险防范。培育多元社会化服务组织。开展农民教育培训。

2017 年，时任农业部部长韩长赋指出，近些年来在家庭承包经营基础上，各类从事农业生产和服务的新型农业经营主体蓬勃兴起。全国农户家庭农场已超过 87 万家，依法登记的农民合作社 188.8 万家，农业产业化经营组织 38.6

万个（其中龙头企业 12.9 万家），农业社会化服务组织超过 115 万个[95]。2017 年 5 月 31 日，中共中央办公厅、国务院办公厅印发《关于加快构建政策体系培育新型农业经营主体的意见》，该文件从财政税收、基础设施建设、金融信贷服务、保险支持、营销市场、人才培养引进等方面对建立健全支持新型农业经营主体发展政策体系进行了配套整合。

2.2.4.4 放活土地经营权，重点支持发展粮食规模化生产

2016 年中央 1 号文件《关于落实发展新理念加快农业现代化实现全面小康目标的若干意见》提出，要落实集体所有权，稳定农户承包权，放活土地经营权，完善“三权分置”办法，明确农村土地承包关系长久不变的具体规定。到 2020 年基本完成土地等农村集体资源性资产确权登记颁证、经营性资产折股量化到本集体经济组织成员，健全非经营性资产集体统一运营管理机制。在风险可控前提下，平稳有序推进农村承包土地的经营权和农民住房财产权抵押贷款试点。深化农村集体产权制度改革。继续扩大农村承包地确权登记、颁证整体推进试点。鼓励发展家庭林场、股份合作林场。2017 年中央 1 号文件《中共中央　国务院关于深入推进农业供给侧结构性改革加快培育农业农村发展新动能的若干意见》强调，研究建立农业适度规模经营评价指标体系，引导规模经营健康发展。完善农业补贴制度。进一步提高农业补贴政策的指向性和精准性，重点补主产区、适度规模经营、农民收入、绿色生态。深入推进农业“三项补贴”（农作物良种补贴、种粮农民直接补贴和农资综合补贴）制度改革。完善粮食主产区利益补偿机制，稳定产粮大县奖励政策，调整产粮大省奖励资金使用范围，盘活粮食风险基金。完善农机购置补贴政策，加大对粮棉油糖和饲草料生产全程机械化所需机具的补贴力度。

国家重视粮食规模化生产经营，积极构建支持粮食规模化经营的政策补贴体系，为粮食规模化生产经营提供良好的政策补贴扶持环境。为提高农业补贴政策效能，2015 年，国家启动农业“三项补贴”改革，选择在安徽、山东、湖南、四川和浙江等 5 个省份开展试点。政策目标调整为支持耕地地力保护和粮食适度规模经营。将种粮农民直接补贴、农资综合补贴、农作物良种补贴合并为“农业支持保护补贴”：①将 80％的农资综合补贴存量资金，加上种粮农民直接补贴和农作物良种补贴资金，用于耕地地力保护。补贴对象为所有拥有耕地承包权的种地农民，享受补贴的农民要做到耕地不撂荒、地力不降低。补贴资金与耕地面积或播种面积挂钩，对已作为畜牧养殖场使用的耕地、林地、成片粮田转为设施农业用地、非农业征（占）用耕地等已改变用途的耕地，以及长年抛荒地、占补平衡中所“补”面积和质量达不到耕种条件的耕地等不再给予补贴。②将 20％的农资综合补贴存量资金，加上种粮大户补贴资金和农业“三项补贴”增量资金，支持发展多种形式的粮食适度规模经营，重点支持

建立完善农业信贷担保体系，向种粮大户、家庭农场、农民合作社、农业社会化服务组织等新型经营主体倾斜，体现“谁多种粮食，就优先支持谁”。2016 年，农业支持保护补贴政策在全国范围推开。

改革开放以来，国家逐步放松对农村土地的严格管制。农民拥有农村土地的权利日益增多，农村土地权利的物权属性越来越明显。在权利明晰制度激励下，农民生产经营的积极性得到充分释放，我国粮食产量已经由供给不足的历史困难期迈入结构性过剩时代。伴随着工业化、城镇化进程，大量农村青年通过上学、参军和务工等方式进入城镇，留在农村的大多是留守老人、妇女和儿童，农村土地“由谁来种”成为一个紧迫问题。如果农村没有人种地，中国的粮食安全就会成为一个重大的问题。在农村土地规模经营的实践中，涌现出专业种粮大户、家庭农场、农民合作社和农业企业等新型生产经营主体，为破解未来中国“由谁来种地”提供了可行的组织保证。2017 年出版的《中国农村发展报告》披露，2016 年全国土地流转面积为 4.71 亿亩，占家庭承包耕地面积的比重为 35.1%。但 40%的粮食产量是由 270 万个新型经营主体来生产的。新型经营主体在我国粮食生产中地位越来越重要，成为维护国家粮食安全战略的生力军。

加快构建新型农业经营体系，是我国加快农业现代化的必然要求，是根据同步推进工业化、信息化、城镇化、农业现代化的要求和当前农业农村发展的新形势而提出的进一步深化农村改革的重大历史任务[96]。进入 21 世纪以来，我国农村土地流转速度加快。发达国家的农业发展经验表明，国家必须对职业农民的生产经营给予政策扶持。特别是对粮食适度规模生产经营者，出于国家粮食安全战略的需要，更应该实行精准政策扶持。因此，在加快构建新型农业经营体系的进程中，国家农业补贴方式要由普惠制转向精准制，即由农民补贴利益均沾转向重点支持粮食适度规模经营生产者。谁种植粮食，国家就支持谁；谁多打粮食，就多补贴谁。通过国家补贴政策扶持，保证粮食适度规模经营者的经济效益不少于其他规模经营者，甚至高于其他规模经营者，以提高粮食生产综合能力，为全面建成小康社会和全面建成社会主义现代化强国提供充足的粮食保证。2015—2018 年，笔者和粮田流转情况调研课题组通过对吉林省、黑龙江省、辽宁省、河南省、湖北省、湖南省、安徽省、江苏省、浙江省、四川省、贵州省等东北部、东部、中部和西部地区广泛深入调研，发现农村土地流转价格是影响粮食适度规模经济效益最重要的因素。农村土地成本正在成为粮食种植成本中最重要的组成部分。伴随着农村土地流转价格不断上涨，粮食适度规模经营往往以亏损为主。新型农业经营主体是“理性经济人”，如果粮食适度规模经营不能取得社会平均利润，经营主体就会放弃生产经营，造成耕地撂田抛荒，或者是改变耕地用途，导致耕地“非粮化”和“非农化”，直接威胁到国家粮食安全。所以，本书认为，支持粮食生产要补贴到点子上，“谁种粮食就补贴谁”，要增强精准性。由于当前农村土地流转价格是影响土地流转进而影响国家粮食安全的关键因素，要尽快整合财政资金，运用保险和金融等手段调控农村土地流转价格，减少土地流转价格波动，稳定农村土地流转价格，使农村土地流转价格保持在合理区间。一个稳定、合理的农村土地流转价格，对于保护粮食适度规模经营者的种粮积极性、加快农村土地适度规模经营、增强粮食生产可持续发展能力、维护 14 亿中国人的粮食安全至关重要。农村土地流转价格补贴研究具有现实重要性和历史紧迫性，这是一个亟待探索的农业补贴新领域。

3 农村土地流转价格非理性波动及对国家粮食安全战略的影响

从实践看，现阶段我国农村土地流转价格，是影响农村土地流转规模进而影响国家粮食安全的一个重大问题。一个合理、准确、稳定的农村土地流转价格，是保证粮食适度规模经营者经济效益、提高粮食生产可持续发展能力、增加我国农业国际竞争力的重要保证。但从我国农村土地流转价格的波动历史中发现，自从1984年打开农村土地流转口子以来，农村土地流转价格的波动始终处于一种无序、非理性状态。早期，农村土地流转价格过于低廉，损害了流出方的利益；2008—2016年，农村土地流转价格进入过快上涨通道，又损害了流入方的利益。

3.1 2008年前，农村土地流转价格在低位徘徊运行

3.1.1 从1978年到20世纪80年代末，中央多次强调稳定农村家庭联产承包责任制，对农村土地流转限制较多

党的十一届三中全会以来，我国农村广泛推行了家庭联产承包责任制。改革开放后至20世纪80年代末，以稳定农村承包地为主，中央多次发布文件，强调稳定家庭联产承包责任制的重要性（表3-1）。

表3-1 1982—1986年中央关于“三农”问题的文件

年份	文件名	关于稳定家庭联产承包责任制的文件内容
1982	《全国农村工作会议纪要》	对家庭联产承包经营制度做出肯定，对包括“包产到户”“包干到户”在内的生产责任制的建立进行了肯定，对具有划时代意义的农村改革进行了总结，并对当时和此后一个时期农村改革和农业发展做出了具体部署
1983	《当前农村经济政策的若干问题》	再次肯定家庭联产承包经营制度，认定其是在党的领导下中国农民的伟大创造，是马克思主义农业合作化理论在我国实践中的新发展，关键要处理好统与分的关系

（续）

年份	文件名	关于稳定家庭联产承包责任制的文件内容
1984	《关于一九八四年农村工作的通知》	要继续稳定和完善联产承包责任制，帮助农民在家庭经营的基础上扩大生产规模，提高经济效益，具体提出了延长土地承包期等举措
1985	《关于进一步活跃农村经济的十项政策》	家庭联产承包责任制进一步系统化，以家庭经营为主的联产承包责任制符合目前我国大多数地区的农业生产力发展水平，应保持稳定并不断完善
1986	《关于一九八六年农村工作部署》	家庭承包是党的长期政策，决不可背离群众要求，随意改变

资料来源：根据 1982—1986 年中央关于农村工作的相关文件整理。

3.1.2 从 20 世纪 80 年代末到 90 年代末，农村土地流转逐步兴起

1984 年 1 月 1 日，中共中央发出《关于一九八四年农村工作的通知》，提出延长土地承包期，鼓励农民增加投资，培养地力，实行集约经营。在延长承包期以前，群众有调整土地要求的，可以本着“大稳定，小调整”的原则，经过充分商量，由集体统一调整。鼓励土地逐步向种田能手集中。社员在承包期内，因无力耕种或转营他业而要求不包或少包土地的，可以将土地交给集体统一安排，也可以经集体同意，由社员自找对象协商转包[97]。20 世纪 90 年代，开始了土地承包地流转问题探讨。1995 年，国务院批转农业部《关于稳定和完善土地承包关系的意见》，要求各地结合本地实际情况，认真贯彻执行，建立土地承包经营权流转机制，在坚持土地集体所有和不改变土地农业用途的前提下，经发包方同意，允许承包方在承包期内，对承包标的依法转包、转让、互换、入股，其合法权益受法律保护，但严禁擅自将耕地转为非耕地。1996 年1 月 21 日，《中共中央　国务院关于“九五”时期和今年农村工作的主要任务和政策措施》发布，其中指出，深化农村改革，总的目标是逐步建立起与社会主义市场经济相适应的农村经济体制和运行机制。要促进农村土地、资金、技术、劳动力等生产要素的合理流动和优化组合，发展连接农民与市场的中介组织。1998 年中央农村工作会议强调，积极稳妥地深化农村改革，为农业和农村经济注入活力。要在调整和完善农村所有制结构方面有新的进展和突破，在探索农村集体所有制的有效实现形式方面有新的发展和突破，在发展多种形式的合作与联合方面有新的进展和突破。

3.1.3 21世纪初，伴随城市化和农业现代化进程，农村土地流转探索加强，但流转价格较低

2000年1月16日，《中共中央 国务院关于做好二〇〇〇年农业和农村工作的意见》发布，其中提出："目前全国延长土地承包期工作已基本结束，加强土地承包管理，重点是建立健全承包合同的各项管理制度，建立合同档案，及时调处纠纷，组织合同兑现。对个别尚未完成延包工作的地方，要组织力量，加强指导，抓紧落实。没有颁发土地承包经营权证书的，必须尽快发放到户。"2003年发布的《国务院关于全面推进农村税费改革试点工作的意见》提出要进一步调整完善有关农业税收政策。试点地区应进一步完善和落实二轮土地承包制度，稳定党在农村的基本政策。2004年的中央1号文件《中共中央 国务院关于促进农民增加收入若干政策的意见》指出要加快土地征用制度改革。2005年的中央1号文件《中共中央 国务院关于进一步加强农村工作提高农业综合生产能力若干政策的意见》指出，要让土地流转逐渐走上规范化的道路。承包经营权流转和发展适度规模经营，必须在农户自愿、有偿的前提下依法进行，防止片面追求土地集中。2006年的中央1号文件《中共中央 国务院关于推进社会主义新农村建设的若干意见》提出，稳定和完善以家庭承包经营为基础、统分结合的双层经营体制，健全土地承包经营权流转机制，可发展多种形式的适度规模经营。农村土地流转从20世纪80年代末期开始兴起，但在2008年前，土地流转价格始终处在低价徘徊状态。据2007年统计，全国平均的农村土地流转价格只有273元，东部、中部、西部三大区域平均的农村土地流转价格分别为417元/亩、185元/亩、171元/亩，即使经济最发达的江苏省苏州市和上海市金山区，农村土地的租金也分别仅有595元/亩、468元/亩[98]，更不用说在西部较为偏僻的地区，农村土地流转价格均只在100元/亩上下徘徊，究其原因，则是与粮食比较效益低和城镇化率低有关。

3.1.4 2008年前农村土地流转价格低迷的原因

(1) 粮食比较效益低造成农村土地流转价格低迷。粮食生产是粮食适度规模经营者赖以生存的主要收入来源，粮食的价格自然关系到农村土地流转，从而影响农村土地流转价格。农村土地流转的积极性来源于粮食生产的利润，粮食收购价格则直接决定着利润的有无和大小。一旦粮食的价格下降到农民无法承受的程度就会威胁到他们的生活，进而影响他们适度规模经营的积极性，导致农村土地流转价格下跌、耕地抛荒等一系列连锁反应。农产品的价格需求弹性和收入需求弹性都较低，粮食生产的自然风险和市场风险较大。2003年前，我国粮食价格一直处于低位运行，种粮比较效益低，农民不愿意流转土地种

粮，导致农村土地流转价格也十分低廉。有的地方，农民为了出去务工，还把土地“倒贴”出去让别人耕种。自 2003 年起，主要粮食作物玉米、小麦、水稻的价格上升，小麦价格由 2003 年的 1.11 元/千克上升到 2008 年的 1.78 元/千克，水稻价格由 2003 年的 1.63 元/千克上升到 2008 年的 3.02 元/千克，玉米价格由 2003 年的 1.05 元/千克上升到 2008 年的 3.02 元/千克。2004 年以后取消农业税、种粮补贴和粮价上涨的确使种地效益增加，但不断上涨的农资价格也在抵消农民的种粮收益。2003—2008 年，全国水稻、小麦、玉米等三种粮食的平均每亩总成本从 95.5 元增加到 481.1 元，平均每亩净利润则从 196.5 元下降到 185.2 元[99]。虽然粮食价格普遍呈上涨态势，但是依然比较低迷，而且远远低于农民预期，尤其是在化肥、农药等农资价格大幅上涨的条件下，冲抵了粮价上涨给农民带来的利润，影响种粮大户通过聚集农村土地扩大农业生产规模的积极性。按 2008 年粮食价格测算，2008 年因农资价格上涨，农民种粮亩均支出比上年增加近 60 元。同时，人力成本也在上升，如果计算劳动力成本，种粮的效益更低，所以农民种粮负担较重，农民种田收益甚少，出现亏本现象，有些地区出现了农民以极低的价格把农村土地经营权转让出去的情形。20 世纪 90 年代中后期，伴随国家城市化、工业化进程，大量农村青壮年劳动力进城务工，造成了农村老龄化趋势越来越严重，许多地区开始出现务农劳动力不足的问题，大量农村耕地被闲置。农村土地经营也出现了进城务工劳动力以极低的租金将土地转包或转租给留守农民耕种的现象。有些劳动力转移情况较严重的地方，甚至出现进城务工农民无偿或倒贴把土地送给其他村民经营的现象[100]。

（2）城镇化率较低导致农村土地流转价格低廉。农村土地流转与农民非农就业关系密切。农民非农就业率越高，土地流转越快；反之，农村土地流转速度就越慢，土地流转仅限于当地农户之间流转，农村土地流转价格就低廉。2003 年我国城镇化率为 40.5%，2004 年为 41.8%，2005 年为 43%，2006 年为 43.9%，2007 年为 44.9%，2008 年为 45.7%。城镇化率每一年都在持续上涨，但增长速度过于缓慢，平均约为 1%，这就导致了农民不能大规模地进入城市。因为城镇化率较低，农村土地流转基本上没有市场可言。同时在农村耕地流转的过程中，部分普通农民的利益受到了侵犯，农民也就不愿意流转土地，这对于农村富余劳动力的转移是无益的。农村富余劳动力过多，又不流向城市，土地只在农民之间流转，农村土地流转价格也就不能上涨。当城镇化率上升后，劳动力解放了，农民对耕地的依赖也并没有那么强烈，就愿意将土地流转给新型农业经营主体。城镇化率增长过慢（实质上是农民非农就业增长过慢）导致了农村土地流转价格的低价徘徊。在近年来的城镇化与耕地流转的研究中，有学者分析了农民工城市生活费用与农村土地流转的关系，如果城市生活费用上升，农民工返乡务农，也会造成土地流转速度放缓，流转价格下降。可以看出，农民工在流入城市找到工作之前和找到工作之后的住宿、食品等生活费用是决定人口流动的一个重要因素。他们在迁移决策及进城后的行为决策方面基本上是理性的。若生活费用过高，进城民工很难承受，又难以在短时间内找到工作，那么明智的选择是返回农村而不是在城市中待上较长的一段时间。例如，20 世纪 80 年代中后期及 90 年代初期，大量农民工涌入广东省后由于难以找到工作，很多人又很快返乡[101]。城镇化缓慢发展的时期，农村土地流转价格低廉。

3.2　2008—2016 年农村土地流转价格逐年上升

农村土地适度规模经营，是提高土地利用效率、劳动生产率和粮食产出率的基本途径。分析表明，2008 年前，流转价格在低位徘徊，2008—2016 年流转价格呈直线上升趋势，呈现农村土地流转价格单向上升、流转价格区域性明显等特征。直线上升的流转价格造成农村土地“非粮化”“非农化”现象大量出现，影响了农村土地适度规模经营和国家粮食安全战略。

3.2.1　农村土地流转价格呈现上涨趋势

2008 年 10 月，党的十七届三中全会通过了《中共中央关于推进农村改革发展若干重大问题的决定》，其中指出要“加强土地承包经营权流转管理和服务，建立健全土地承包经营权流转市场，按照依法自愿有偿原则，允许农民以转包、出租、互换、转让、股份合作等形式流转土地承包经营权，发展多种形式的适度规模经营。有条件的地方可以发展专业大户、家庭农场、农民专业合作社等规模经营主体”。以党的十七届三中全会召开为标志，我国农村土地政策发生了较大变化，由单一稳定农户土地承包权向稳定与放活土地经营权并重转变。新政策激励了耕地流转，耕地需求逐年上升。国家统计局材料表明，至 2008 年底，我国农村有 1.09 亿亩承包土地被流转，占承包耕地总面积的 8.9%；2009 年底，有 1.5 亿亩土地被流转，占承包耕地总面积的 12%，较 2008 年增加 3.1 个百分点；2010 年底，1.87 亿亩土地被流转，占承包耕地总面积的 14.7%，较 2009 年增加 2.7 个百分点；2011 年，有 2.28 亿亩土地被流转，占承包耕地总面积的 17.8%，较 2010 年增加 3.1 个百分点；2012 年，2.7 亿亩农土地被流转，占承包耕地总面积的 21.5%，较 2011 年增加 3.7 个百分点；2013 年，3.4 亿亩土地被流转，占承包耕地总面积的 26%，较 2012 年增加 4.5 个百分点；2014 年，3.9 亿亩土地被流转，占承包耕地总面积的 28.8%，较 2013 年增加 2.8 个百分点；2015 年，4.5 亿亩土地被流转，占承包耕地总面积的 32.6%，较 2014 年增加 3.8 个百分点；2016 年，4.71 亿亩土地被流转，占家庭承包耕地面积的 35.1%。农村土地流转价格也逐渐上涨。2008 年以来，全国农村土地流转价格呈直线型、全面型、连续型上涨趋势。

2017 年，东北部省份辽宁省、吉林省和黑龙江省的农村土地流转价格分别是 536 元/亩、817 元/亩和 865 元/亩，东部代表性省份浙江省、江苏省和山东省的农村土地流转价格分别为 1 142 元/亩、843 元/亩和 988 元/亩，中部农业代表省份江西省、安徽省和湖南省、湖北省的土地流转价格分别是 587 元/亩、531 元/亩、1 064 元/亩、675 元/亩，西部代表省份四川省、云南省和贵州省的土地流转价格分别是 691 元/亩、539 元/亩和 409 元/亩。总体上，农村土地流转价格呈现单边上扬态势。

3.2.2 2008—2016 年农村土地流转价格上涨的原因

（1）农村土地边际生产力和粮食价格稳定上升。2008 年党的十七届三中全会召开，对农村土地流转给予了政策支持。此外，我国科技水平和粮食价格政策在 21 世纪初迈入了一个新的台阶。根据土地地租理论，农村地租大小是由农村土地边际生产力和粮食价格所决定的。就农村土地边际生产力的影响来看，改革开放以来，我国科技进步水平飞速提高，应用到农业领域的科学技术越来越广泛，农业机械化、电气化、工厂化和智能化程度不断提高，提升了农村土地的边际产出率。从粮食价格来讲，由于国家对“三农”工作的重视，以及对国家粮食安全战略的考虑，政府对稻谷、小麦和玉米实施最低收购价格政策，多年来最低收购价格年年上升，这就导致了我国粮食价格不断上涨。2005 年稻谷最低收购价政策正式启用，2006 年实施了小麦最低收购价政策，政策适用于粮食主产区的稻谷和小麦。当粮食市场价格低于最低收购价格时，政策执行机构按照最低收购价格挂牌收购；当粮食市场价格高于最低收购价格时，政府不启动或退出最低收购价格。2016 年，国家继续在粮食主产区实行小麦、稻谷最低收购价政策，小麦（三等）最低收购价格每 50 千克 118 元，与 2015 年相当，早籼稻、中晚籼稻和粳稻（三等）最低收购价格分别为每 50 千克 133 元、138 元和 155 元，早籼稻最低收购价格比 2015 年有所下调，中晚籼稻和粳稻最低收购价格保持 2015 年的水平不变[102]。受土地边际生产力和粮食价格上升双重因素的影响，我国农村土地流转价格呈现直线上升趋势，提高了出租方农户对农村土地流转价格上涨的预期，又进一步推动了农村土地流转价格的上涨。

（2）农村土地流转价格受城市土地价格上升影响较大，呈现趋同性。著名经济学家斯蒂格利茨（J. E. Stiglitz）曾经指出，中国的城镇化与美国的高科技发展将成为影响21世纪人类发展的两大主题。2008年以来，我国城镇化率呈现加速上升趋势，一直处于高位运行，农村人口向大中小城市集聚，城市土地供应紧张，推动了城市土地价格的快速上涨。农村土地流转价格与城市地价、房地产价格存在相互影响的关系，城市地价和房地产价格的上升将推动农村土地流转价格上升。2008年以来，城市地价和房地产价格呈现上涨态势，既带动了周边地区的经济发展，也促使周边农村土地流转价格上升。新加坡国立大学房地产研究院、美国宾夕法尼亚大学沃顿商学院和清华大学恒隆房地产研究中心联合编制的中国主要城市居住用地价格指数（CRLPI）分析也指出，中国居住用地价格经历了两轮大幅度上涨，分别发生于2007年初和2010年。进入2013年以后，该指数从整体上呈现平稳上升态势。

（3）受地区差异影响农村土地流转价格上涨的区域性特征十分明显。我国农村土地流转的价格在总体上有上升的趋势，但东部、中部、西部与东北部地区还是有较大的差异。东部地区的发展明显快于中部、西部地区，东北部地区的发展相对缓慢，但东北三省的土地资源丰富，其上升空间还是很大的。在未来的发展趋势上，以四川为代表的西部地区已显示出了强劲的后发上升优势[103]。东部的流转价格整体明显要高于其他地区。无论是从流转价格的起点来说，还是从流转价格的增速看，东部地区都处于领先的地位。东部沿海地区各大城市郊区土地流转价格已经从2008年之前的每年每亩2 000元，上升至2013年的4 000元。2008年广东、上海、江苏等东部省份的农村土地流转价格为每亩400元左右，到2016年这三个省份的平均土地流转价格超过每亩1 300元。中部地区近几年来价格在加快上升。2008—2011年的增长速度较为缓慢，但从2012年开始加快了上升速度，2008—2016年，每亩农村土地的流转价格增长了近两倍。东北部地区的农村土地流转价格也在逐渐上升。东北部地区每亩农村土地流转价格在2008—2010年提升较少，到2011年后有较快的上升，每年每亩平均价格上升了近100元，其中吉林省和辽宁省在农村土地流转价格的变化方面要明显快于黑龙江省。西部地区农村土地流转价格的起点较低，每年价格上升也非常缓慢。西部地区大城市郊区的土地流转价格在2013年以前一般为每年每亩1 000元，最多不超过1 500元。以新疆为例，2008年每亩农村土地的流转价格只有187元，直到2013年后新疆每亩农村土地的流转价格才有了较大的提升。同样作为西部省份的四川省，2008年的流转价格为每亩400元，到2016年，其价格上升得较快。即使是同一城市，因地理位置不同，土地流转价格也会出现较大差异。例如，昆明市郊富民县的农村耕地流转价格为每年每亩1 000元，最高为1 200元，而该县山区的土地流转价格为每年每亩400元，前者价格是后者的2.5～3倍。从农民对土地流转的观念视角来看，在偏远山区或边疆地区，由于经济不够发达，当地农民的观念与经济发达地区农民的观念明显不同，愿意出让土地的人不多；从土地流转后的用途视角来看，如果土地流转后流入方的项目好、有发展前景、预期收益率高，则土地流转的价格会相对偏高[53]。

3.3 农村土地承包经营权交易市场发育缓慢对农村土地流转价格非理性波动的影响

我国农村土地承包经营权交易市场起步较晚，处于尚不规范、有待完善的初始阶段。党的十一届三中全会以后，全国各地普遍实行了家庭联产承包责任制，将承包经营权赋予农民，放权让利，极大地调动了农民的种粮积极性，创造了世界粮食生产史上的奇迹。但是这种细碎化的农村土地制度，只能满足农民生存需要，却无法让农民富裕起来，成为农民实现小康的制约因素。实施农村承包土地流转，开展适度规模经营，是提高农民收入、全面建成小康社会的必然选择。20 世纪 80 年代末至 90 年代初，我国农村土地流转市场开始发育。1987 年，国家设立农村土地制度改革试验区；1992 年，广东省南海试点开展土地股份合作制改革。这是中国农村土地流转交易市场发展的两个标志性事件。1995 年 3 月 28 日，《国务院批转农业部关于稳定和完善农村土地承包关系意见的通知》发布，提出“建立土地承包经营权流转机制”，从而对农村土地承包经营权流转的政策加以明确。

进入 21 世纪后，从政策上和法律上进一步加强对农村土地流转交易市场的培育。2002 年出台的《农村土地承包法》从法律上确定了农村土地承包经营权流转制度。2008 年，党的十七届三中全会通过了《关于推进农村改革发展若干重大问题的决定》，其中提出要加强土地承包经营权流转管理与服务，第一次提出要建立健全农村土地承包经营权流转市场，允许农民在依法自愿的基础上，以多种形式流转农村土地承包经营权。2014 年，中共中央办公厅、国务院办公厅印发了《关于引导农村土地经营权有序流转发展农业适度规模经营的意见》，提出农村土地“三权分置”，所有权归集体，承包权归农户，经营权归土地经营者。2011 年，我国已经开始农村土地确权工作；2013 年，全面开展农村土地确权颁证登记工作；2018 年，正式完成农村土地确权工作。土地确权是农村土地承包经营权交易市场形成的重要前置条件。只有权利明晰，农村土地交易双方才能进入市场进行规范交易。自从农村土地承包经营权交易市场建立以后，我国农村土地流转面积越来越大、流转比例越来越高。

东部发达地区处于农村土地流转市场发展的前列。以江苏省为例。党的十七大以来，江苏省重点推进“有形”土地流转交易市场建设，加快构建土地流转网络服务体系建设、土地经纪人队伍建设和流转中介服务机构建设，有力推动了农村土地流转。2003年江苏省人民政府颁布了《江苏省农村土地承包经营权流转办法》，对土地承包经营权流转信息库的建立以及土地承包经营权的流转方式、流转价格、流转合同、流转纠纷调解等做了明确规定，为规范农用地流转提供了政策依据。2008年，江苏省财政厅、农林厅印发了《江苏省财政扶持农村土地流转实施意见》，设立了“农村土地流转扶持资金”，专项用于扶持合法有序的农村土地流转。2018年，江苏省发布农村承包土地经营权转让交易价格指数，这是全国首个发布的此类指数。近年来，江苏省建立全省统一联网的服务平台和省、市、县、乡四级联动的运行体系。共有101个县（市、区）、1 192个乡镇（街道）进场交易，为了让价格更透明、市场更规范，江苏省编制了农村承包土地经营权转让交易价格指数，引导农民进行土地流转。2019年8月，本书调研组在江苏省盐都区秦南镇的调研中发现，在农村土地承包经营权流转交易中，有近74％的农民签订了书面协议，只有26％的农民仍然用口头协议。江苏省积极鼓励和扶持农用地流转的政策有效促进了农用地流转市场的发展[104]。

但是从全国看，我国农村土地承包经营权交易市场起步较晚，发育尚不健全，市场机制有待完善，配置功能尚不齐全。不规范、不完善和不成熟的交易市场难以发挥出竞争机制效用，导致农村土地承包经营权交易市场价格机制失灵，实际成交价格难以真实反映农村土地承包经营权真实价格和价值，出现价格交易“畸低畸高”现象。不成熟的农村土地承包经营交易市场是造成我国农村土地流转价格非理性波动的重要原因之一。主要体现在：

（1）信息不对称，难以发现农村土地承包经营权真实价格。只有成熟健全的市场，才具有价格的形成功能。农村土地经营权交易市场的主要功能就是给农民提供一个市场平台，收集最全面的土地承包信息，更方便农民流转承包土地。21世纪以前，由于不存在农村土地承包经营权交易市场，农民流转土地往往是私下进行。流出方农户因受个体较分散和文化素质较低等因素影响，无法掌握农村土地流转信息，只能将土地以较低价格或者无偿转包给亲友。而流入方却可以利用与乡镇和村集体经济组织的关系获得大量土地流转信息，在与流出方农户的价格谈判中，利用信息优势人为地压低农村土地流转价格。这是造成自20世纪80年代末到21世纪初农村土地流转价格过低的重要原因。2014年4月，辽宁省海城市在东北部地区率先成立了农村产权交易市场。海城市于官村利用交易平台对2 480亩耕地进行了流转土地拍卖，最终以198.4万元价格成交，每亩为800元，高于700元/亩的底价，竞拍流转价格高于私下流转价格[105]。进入21世纪以来，各地虽然开始探索建立农村土地承包经营权流转市场，但因存在基本农田流转信息不明确、信息不对称等突出问题，仍然难以发现合理的粮田流转价格。

(2) 服务功能有限，尚未形成合理价格的定价基础。中国农村土地流转市场仍然处于起步阶段。即使建立了农村土地交易市场，也没有形成规范体系。除发达地区外，中部、西部地区许多地方并没有建立健全高效的土地流转平台，就连发达的浙江省也有30%的乡镇和60%的村至今尚未建立农村土地流转平台。在已成立的土地流转交易市场中，由于农民“恋土”情结较重，把承包地当作重要的生活保障、感情依托，外出务工期间宁可让土地闲置也不流转土地，因此大量土地尚未进入当地流转交易平台。此外，流转程序也不健全，没有形成谈判、签订书面合同、中心认证等完整链条，存在口头交易多而书面交易少、私下交易多而公开市场交易少、自主协商定价多而公开评估定价少的“三多三少”问题。只有在充分竞争中产生的土地流转价格才会更接近土地流转价值，而不规范定价方式直接导致了不能通过市场竞争和供求平衡来确定土地流转价格。江苏省早期在签订承包土地流转合同时就没有土地流转价格递增机制，再加上农业项目周期长，形成了许多土地租金矛盾。由于农村土地流转定价机制不健全，土地流转价格确定有很大的主观随意性，从几十元到上百元或上千元不等，存在盲目定价、非理性定价问题[44]。

(3) 农村土地评估机构缺乏，难以测度农村土地承包经营权价格交易的科学性。要规范农村土地经营权流转交易市场，最基础的工作就是科学、合理地评估农村土地经营权收益，防止农村土地流转租金居高不下、缺乏弹性。农村土地流转需要专业性很强的土地价格评估机构，通过综合运用市场比较法、成本逼近法、收益还原法，科学、合理地测量农村土地流转价值，仅靠土地交易双方自行决定交易价格是不行的。早期，我国农村并没有正规土地价格评估机制，往往靠土地交易双方协议定价，容易偏向一种因素考虑，忽略包括物价变动、流转年限、银行利率等综合因素，致使流出方土地流转价格过低，损害农户利益。现在，尽管成立了农村土地流转中介机构，但往往规模小、管理差、技术水平低，农村土地承包经营权流转的中介服务机构的专业化服务水平有待提高[106]。

(4) 政府宏观调控不足，不能保证农村土地承包经营权交易价格运行在合理区间。土地是一种特殊商品，其特殊性表现在土地产权的多样性上，因此单靠市场配置农村土地很难达到帕累托最优。要发挥政府宏观调控作用，促进农村土地流转价格市场化。2008年前，政府在农村土地流转市场中的职能偏弱，往往把农村土地流转单纯看作农户间自发行为，政府很少介入，导致一些农村土地管理制度、市场交易规则以及农村地籍管理等缺失，农村土地流转价格较低；当前农村土地流转中却又出现了政府干预过多的问题。有些乡镇政府和村级组织强势参与农村土地流转，利用多数农户同意原则，强迫少数农户流转农村承包地，这种以集体为主强势流转农村土地的现象是造成当前农村流转土地价格过高的重要原因之一。当集体以较高价格流转农村土地给企业或者外来资本时，本地农户和小规模经营者很难再以较低价格流转土地。流出方按照流转给企业或者外来资本的价格流转土地给粮食适度规模经营者，提升了土地流转价格，造成了粮食生产者流转土地的交易成本上升，粮食生产者出现了亏损，于是“毁约弃耕”，造成大面积农村土地闲置，既浪费了宝贵的土地资源，又影响了国家粮食安全。应遵循中国土地流转价格分布规律，避免盲目价格攀比，并适时调控流转价格，抑制农村土地过度资本化[107]。2017 年的土地流转价格较 2009 年已有大幅度上升，特别是以华北平原为主的粮食主产区在此期间增幅最为明显。在地租高企的情况下，部分粮食主产区已多次发生土地流入方“毁约弃耕”现象，并且土地流转“非粮化”呈现扩大趋势。土地流转应该回归其农业生产属性，并适时调控农村土地流转价格，防止耕地过度资本化。

3.4 农村土地流转价格非理性波动成为影响国家粮食安全新战略的重要因素之一

“农业是固基之本”，粮食则是“安天下”的战略产业。对于拥有 14 亿人口的我国来说，粮食生产更是比天大的事情，要确保饭碗牢牢端在自己手中。为此，要充分调动农民生产粮食的积极性，不断提高粮食的综合生产能力，促进粮食产业的可持续发展。但是，在加快农村土地规模适度集中的过程中，由于农村土地流转价格不断上涨，使得粮食适度规模经营的成本越来越高，种植粮食的效益越来越低甚至亏损。因此，许多地方农村土地流转后不再种植粮食，而是改种经济作物或者是发展休闲观光农业。这样做，从局部看增加了部分农民的收入，但从全国看，如果普及开来，势必影响国家粮食安全战略，影响到 14 亿中国人及其子孙后代的生存问题，需要予以高度重视。

3.4.1 农村土地流转价格过快上涨造成土地流转后的“非粮化”和“非农化”，成为影响国家粮食安全新的重要因素

3.4.1.1 “非粮化”问题

新型农业经营主体是理性经济人，集中农村土地不是目的，最终目的是实现规模经营效益的最大化。在农村土地流转价格不断上升的情况下，基于成本与效益的考虑，新型农业经营主体不愿意种植经济效益较低的粮食作物，而更倾向于改种经济作物如花卉、蔬菜、中药材、果树等，土地“非粮化”问题凸显，并呈现加速趋势。2009 年，王勇等对浙江、河北、河南、江苏、四川等省份的农户进行了调查。结果表明，浙江省 177 户农户原有耕地用于种植粮食

作物和非粮食作物的面积比重分别为86.6%和13.4%，而流转后土地用于种植粮食作物和非粮食作物面积的比重分别为24.8%和75.2%（浙江省数据是根据金华市金东区、慈溪市和松阳县177户农户的调查数据整理而得）；河北省179户农户原有耕地用于种植粮食作物和非粮食作物的面积比重分别为84.1%和15.9%，而流转后土地用于种植粮食作物和非粮食作物的面积比重分别为21.2%和78.8%[108]（河北省数据是根据石家庄市栾城区、衡水市桃城区和玉田县179户农户的调查数据整理而得）；四川省成都市只有不到1/5的流转土地在种植粮食和油料；截至2009年底，河南省流转耕地898.8万亩，其中非粮食生产的占38.5%；山东省、江苏省和重庆市部分地区流转前种植粮食的比例为76.3%，种植经济作物的比例为22.6%，而流转后用于种植粮食的土地比例下降为45.8%，种植经济作物比重增至25.8%。这类情形如果长期放任发展下去，就会对我国粮食安全造成威胁。

3.4.1.2 “非农化”问题

农村土地流转后的“非农化”主要体现在发展休闲农业和用于自建房屋、商品房、农村基础设施建设或者建造工厂方面。随着我国居民收入的提高，旅游业成为国民经济重要产业。经济欠发达地区可以利用旅游资源优势禀赋条件，开展生态旅游、度假旅游、民俗旅游、文化旅游和农业旅游等。由于休闲农业经济效益显著，流转后的农业土地更愿意进入该领域，从而导致“非农化”。休闲农业虽然带动了相关产业发展，但对土地“非农化”的担忧声却不断传出来。如何在发展休闲农业的同时又确保粮食安全，成为当前亟待解决的问题[109]。农村土地不仅具有为国民经济发展提供产品、积累资本等经济功能，还具有保护植被、涵养水源、净化水体、改良土壤、净化空气、美化环境和提供各种可再生的生物资源、保存物种基因等生态功能[110]。每种土地的形态都有其不同的生态价值，农用地流转后发展休闲农业可能会导致农村土地特有的生态功能消失。如果将农用地用于盖房，绿地变成水泥地面，将对植被形成巨大的毁坏，甚至可能导致对改善生态环境起着重大作用的水和生物资源急剧减少，农村的生态系统被严重破坏，原本的生态平衡被打破，环境的自我恢复能力急剧下降，不仅使生物的生存空间缩小了，还使环境的脆弱性增加；将农用地用于建设工厂、公寓、企业等，其产生的各种垃圾造成了大量污染，对生态系统尤其是农村的生态系统造成了巨大的压力，其恢复需要大量的资金投入和漫长的时间。总之，农村土地“非农化”转变，可能使该地区原有的农业用地成为工业或者市民居住地，而工厂或居住地的废气、废水和生活废弃物的排放将使周围的环境受到严重污染，直接影响到人们的身体健康。此外，农业资源的流失将反作用于农业生产和农业的可持续发展，农村土地“非农化”会导致粮食生产安全发生，严重危害我国粮食生产的可持续发展。

3.4.2 农村土地流转价格过快上涨放慢了农村土地流转速度，加快了粮食进口速度

3.4.2.1 农村土地流转速度趋缓

农村土地适度规模经营，是提高土地使用效率、资源配置效率和劳动生产效率的有效途径，也是实现农业现代化的必然趋势。但由于流转价格过快上升，一方面，承租方种植成本加大，不再想流入农村土地；另一方面，流出方预期农村土地流转价格不断上升，有土地增值心理预期，往往不愿意出租土地。因此，在流转价格单纯上升的影响下，农村土地流转速度在放缓。以粮食种植为例。2003—2013 年，安徽省农村土地流转价格呈逐年上升趋势，流转价格由 2003 年的 32.5 元/亩，上升为 2013 年的 214.4 元/亩，上涨幅度达 559.69%。然而，2013 年，安徽省耕地流转面积为 2 541.7 万亩，约占全省耕地总面积的 32.2%；2014 年，耕地流转面积为 2 541.7 万亩，约占全省耕地总面积的 46.8%；2015 年 12 月底，全省耕地流转面积为 2 921.85 万亩，约占全省耕地总面积的 46.8%。从中可以看出，2015 年的耕地流转增速明显低于 2014 年[111]。农村土地流转价格上涨增加了规模经营成本，影响了规模经营的展开，进一步影响了农业现代化。孔妮和沈文玮（2008）认为交易成本过高会打击农民进行土地流转的积极性。土地流转价格上涨影响了农民的土地流转意愿，强化了农民的惜地心理。近年来如粮食直补、农资补贴等附着于土地的政策红利让农民切身感受到土地的利益，工商资本蜂拥到农村圈地，更增强了农民惜地的心理，即使耕地在农民手里每年也没有多少收益，但要流转出去，一定要有个较高的价格才行。这样就滞缓了现代农业发展的步伐。

3.4.2.2 进口粮食逐年增多

畜产品的粮食需求率不断上升，2014 年达到了近 36%，由于饮食消费结构转变引起的饲料粮需求呈现刚性增长态势，已成为我国粮食需求增长的主要动因，对我国粮食供求形成巨大冲击。畜产品粮食需求率的上升进一步推动了粮食自给率的下降和粮食贸易依存度的走高，即由畜产品消费增长引致的粮食需求增长要求我国扩大粮食的进口。2014 年，我国粮食自给率已下降至 87.24%。而另外一项研究结果显示，以能量衡量的中国粮食自给率实际已经下降至 70%，这与《国家粮食安全中长期规划纲要（2008—2020 年）》提出的力将粮食自给率稳定在 95%以上的目标相去甚远。一般认为，粮食自给率在 95%～100%，属于基本自给；粮食自给率在 90%～95%，是可以接受的粮食安全水平；粮食自给率一旦低于 90%，粮食供求的风险就会增大。可见我国的粮食安全已经存在一定的风险。我国饲料粮供求缺口已较明显，大豆、玉米等主要饲料原粮进口规模逐年扩大，这正是我国粮食贸易依存度不断上升的主

要原因。相关国际贸易研究表明，我国粮食进口体量已足够影响国际市场，未来我国粮食进口贸易将面临较大的风险。

2020 年，中国粮食总产量为 6.69 亿吨，粮食可以说是基本可以自给。但由于近些年粮食增产的成本包括规模经营成本越来越高，土壤污染、淡水资源匮乏，加之粮食消费需求持续快速增长，在此基础下，中国日渐走上进口粮食的道路，2008 年我国的粮食自给率达 95%以下，2009 年下降到 92.5%，2010 年更下降到 90.6%。中央农村工作领导小组原副组长陈锡文认为，中国进口粮食产品在增加。目前，中国三大主粮的净进口（进口数大于出口数）已常态化。在清华大学中国农村研究院 2016 年举办的博士生论坛上，陈锡文指出，“粮食安全问题已经不是简单的供给量的安全问题，而是中国农业的产业安全问题和中国农民的就业与生计安全问题。所以，一方面要提高农业生产的效率和竞争力，另一方面也要充分地利用世界贸易组织规则中允许对本国农业实施的保护条款，构建一个既符合国际规则、又适合中国特色的农业支持保护制度”，“近年来，我国的土地租金、人工工资、投入品和农业服务等粮食生产成本持续上升，价格持续高于国际市场价格”，“从 2009 年到 2011 年，我国在小麦、玉米、稻谷这三大谷物上就已逐渐成为净进口国了”。另外，近年来，一些不受关税配额管理的品种进口量激增，如大豆、大麦、高粱和玉米酒糟、木薯酒糟等。这些在饲料行业作为玉米替代品的品种，对我国玉米市场造成了严重冲击。2015 年，进入我国市场的这些替代品高达 3 927 万吨，再加上配额内进口的玉米约 473 万吨，合计接近我国当年玉米产量的 20%[112]。国家统计局的数据显示，2018 年中国粮食总产量为 65 789 万吨，比 2017 年减少了 371 万吨，下降 0.6%。根据 2017 年的数据，我国的粮食自给率已经降到了 82.3%左右（已经低于 90%的世界安全标准），谷物自给率降到了 95%左右。海关数据显示，2017 年，我国粮食进口量为 1.3 亿吨，较 2016 年增加 13.9%；2018 年，我国粮食进口量共计 1.15 亿吨。尽管比 2017 年下降了 11.5%，但相较于出口数量来说仍然是巨量状态（2018 年，我国粮食出口量共计 366 万吨，比 2017 年增加 31.4%）。

3.4.2.3 全面建成小康社会所需的食物综合能力供给受到影响

全面建成小康社会，食物是基础。粮食是否足够、质量是否安全，是评价是否全面建成小康社会的重要标准之一。中国工程院于 2017 年发布《国家食物安全可持续发展战略研究》，其中强调指出，到 2030 年，我国人均谷物消费量将增加至 456 千克，人均粮食消费量将增加到 550 千克，国内谷物总需求将达到 6.5 亿吨，粮食总产量将达到 7.1 亿吨。土地是农业生产的重要保障，耕地是粮食生产之母。《国家食物安全可持续发展战略研究》强调指出，到 2030 年，我国耕地面积分别要维持在 1.21 亿公顷，即便调减粮食播种面积，到2030年也要保持在1.09亿公顷以上[113]。对推进适度规模经营、强化科技支撑、加强损耗控制及生态环境治理方面，提出了新的要求。要创新经营方式，培育新型农业经营主体，开展高标准农田建设工程、中低产田改造工程、水利设施建设工程等，完善支持政策，强化对粮食生产的支持与保护，加大对新型农业经营主体的财政投入和金融支持，推进现代农业进程，为现代化的快速推进和社会的和谐稳定奠定坚实基础。

伴随农村土地边际生产力和粮食价格的上升，对农村土地的需求也在逐渐上升。在农村土地供给有限的情况下，旺盛的需求不断推高农村土地流转价格。农村土地流转价格是新型农业经营主体生产经营成本的重要组成部分，事关规模经营的经济效益，也关乎适度规模经营的可持续发展。过高的农村土地流转价格对流入方不利，影响流入方收入，导致流出方侵蚀了流入方的平均利润，甚至因为流转价格过高可能导致耕地抛荒。在深化农业供给侧结构性改革中，降低农业生产成本，应该考虑如何让农村土地流转价格保持在一个合理区间内。要保障粮食生产者的合理收益，要研究出台符合国情和世界贸易组织有关规则的粮食生产者补贴制度，使农民在农村土地流转价格剧烈的市场波动中能够平稳渡过难关。

4 粮田流转价格补贴的内涵、特征和重要性、迫切性

4.1 粮田流转价格

4.1.1 农村土地

从生产要素角度看，农村土地是一种资源，是一种在一定技术水平和时间下产生经济价值的资源。联合国环境规划署（UNEP）对资源的定义是：“所谓资源，特别是自然资源，是指一定时间、地点的条件下能够产生经济价值，以提高人类当前和将来福利的自然环境因素和条件。”喻瑶等（2009）研究认为，农村土地具有七个重要特性[29]：①生产性，即农村土地具有生物生产能力，这是最本质的特性；②区域性，即农村土地由于受自然地理规律和社会经济因素制约，表现出区域差异，形成复杂的类型和不同的生产能力；③动态性，农村土地不但有区域差异，还具有随时间变化的特性；④可更新性，农村土地的生产能力在合理利用条件下可以自我恢复、自我提高；⑤多功能性，在规定用途下，农村土地可以转变利用的方式；⑥有限性，农村土地的面积是有限的；⑦不可替代性，农村土地是一种不可替代的自然资源，从历史发展来看，随着科学技术的不断发展，农村土地功能并不能为别的资源所完全替代，具有不可替代性。

我国《农村土地承包法》规定，农村土地是指农民集体所有和国家所有依法由农民集体使用的耕地、林地、草地，以及其他依法用于农业的土地。按照农村土地用途划分，农村土地主要包括承包地（农用地）、宅基地、公益性建设用地、经营性建设用地和未利用土地。其中，公益性建设用地是指农村中公共设施和公益事业建设用地；经营性建设用地主要是指农村中具有生产经营性质的建设用地；未利用土地是指农村中还未开发的土地。相关法律制度对公益性建设用地、经营性建设用地和未利用土地的流转少有规定，这些土地在农村规模较小，所以政策层面和学术界关注度较小[114]。相比较而言，农村耕地问题无论是有关法律制度还是国家政策层面都有详细的规定，改革开放以来，我国农村土地改革主要是围绕农村耕地制度变迁进行的。本书研究的农村土地的重点是农村耕地（以下简称粮田）问题。

4.1.2 粮田的用途

据联合国教育、科学及文化组织（UNESCO）和联合国粮农组织（FAO）的不完全统计，全世界土地面积为 18.29 亿公顷左右，人均粮田 0.26 公顷。截至 2011 年底，我国粮田保有量为 18.247 6 亿亩。粮田是人类赖以生存的资源和基本条件。关键是要确保粮田的数量和质量。

根据《土地利用现状分类》（GB/T 21010—2017），耕地（即粮田）是指种植农作物的土地，包括熟地，新开发、复垦、整理地，休闲地（含轮歇地、休耕地）；以种植农作物（含蔬菜）为主，间有零星果树、桑树或其他树木的土地；平均每年能保证收获一季的已垦滩地和海涂。耕地中包括南方宽度小于 1.0 米、北方宽度小于 2.0 米固定的沟、渠、路和地坎（埂）；临时种植药材、草皮、花卉、苗木等的耕地，临时种植果树、茶树和林木且耕作层未破坏的耕地，以及其他临时改变用途的耕地。耕地的二级分类为水田、水浇地、旱地。中国粮田主要分布在东部季风区平原和盆地地区。中国西部粮田面积小，分布零星。

根据性质，粮田分为常用粮田和临时性粮田。常用粮田是指专门种植农作物并经常进行耕种、能够正常收获的土地，包括土地条件较好的基本农田和虽然土地条件较差、但能正常收获且不破坏生态环境的可用粮田。常用粮田作为中国基本的、宝贵的土地资源，受到中国法律严格保护，未经批准，任何个人和单位都不得占用。此外，根据《中华人民共和国水土保持法》的规定，种植农作物坡度在 25 度以上的陡坡地要逐步退耕还林还草，在其他一些地方临时开垦种植农作物、易造成水土流失及沙化的土地，也要逐步退耕。因此，我们可将这部分临时性粮田称为待退的临时性粮田，是指在常用粮田以外临时开垦种植农作物，不能正常收获的土地。

根据粮田的水利条件，粮田可分为水田、水浇地和旱地。其中，水田是指用于种植水稻、莲藕等水生农作物的粮田，包括实行水生、旱生农作物轮种的粮田；水浇地是指有水源保证和灌溉设施，在一般年景能正常灌溉，种植旱生农作物（含蔬菜）的粮田，包括种植蔬菜的非工厂化的大棚用地；旱地是指无灌溉设施，主要靠天然降水种植旱生农作物的粮田，包括没有灌溉设施、仅靠引洪淤灌的粮田。

2019 年修正的《土地管理法》第三十七条规定，非农业建设必须节约使用土地，可以利用荒地的，不得占用粮田；可以利用劣地的，不得占用好地。禁止占用粮田建窑、建坟或者擅自在粮田上建房、挖砂、采石、采矿、取土等。禁止占用永久基本农田发展林果业和挖塘养鱼。党中央、国务院历来十分重视粮田保护工作，先后制定了一系列重大方针、政策，一再强调要加强土地管理、切实保护粮田。1981年，国务院出台《关于制止农村建房侵占耕地的紧急通知》；1982年，颁布《村镇建房用地管理条例》；1986年，党中央和国务院发出《关于加强土地管理制止乱占耕地的通知》，1986年出台的《土地管理法》也明确提出了保护耕地、节约使用土地的要求；1987年，农牧渔业部、国家土地管理局发布《关于在农业结构调整中严格控制占用耕地的联合通知》；1988年，国务院下发《土地复垦规定》；1992年，国务院发出《关于严格制止乱占、滥用耕地的紧急通知》，确立了“十分珍惜和合理利用每寸土地，切实保护耕地”的基本国策；1997年，中共中央、国务院发出《关于进一步加强土地管理切实保护耕地的通知》；1998年，发布《基本农田保护条例》，以最大限度地保护基本农田；1998年修订、2019年修正了《土地管理法》，从以保证建设用地供应为主转为以保护耕地为主，加强土地利用的政府管理。此外，粮田保护被写进了《中华人民共和国刑法》，2020年修正并于2021年3月1日起施行的《中华人民共和国刑法》中设有“非法占有农用地罪”和“非法批准征收、征用、占用土地罪”。

4.1.3 粮田的流转价格

1988年，第七届全国人民代表大会第一次会议通过了《中华人民共和国宪法修正案》，首次从宪法高度使土地使用权转让成为可能。2008年10月，党的十七届三中全会通过的《中共中央关于推进农村改革发展若干重大问题的决定》对农村土地承包经营权流转做出了较为详细的规定。土地流转的含义有广义和狭义之分，广义的土地流转包括城市土地流转和农村土地流转两个方面；狭义的土地流转仅仅指农村土地流转。农村土地流转又分为两个层次：一个层次是指农村集体所有的土地流向承包农户个人的行为，集体保留农村土地所有权，承包农户拥有农村土地使用权、占有权和收益权；另一个层次是指土地承包农户将承包土地以转包、出租、互换和入股等形式流转给其他生产经营主体的行为，即保留土地承包权、转让土地经营权的行为。从农村土地流转后的用途划分，农村土地流转可分为用途改变的流转（如农村土地流转后用于商业用途等）、用途不变的流转（如始终用于农业用途）。如果再细分下去，用途不变的农村土地流转还可以分为流转后继续种植粮食的农村土地流转和不再种植粮食，而转为种植蔬菜、果树、中药材等“非粮化”农业用途的土地流转。本书研究的是流转后继续种植粮食的粮田流转价格补贴问题。

粮田流转是农村经济发展到一定阶段的产物。通过粮田流转，可以开展规模化、集约化、现代化的农业粮食生产经营模式。土地流转和多种形式规模经营是发展现代农业的必由之路，也是农村改革的基本方向。在土地流转实践中，必须要求各地区原原本本贯彻落实党中央确定的方针政策，既要加大政策扶持力度、鼓励创新农业经营体制机制，又要因地制宜、循序渐进，不搞强迫命令，不搞行政瞎指挥[115]。目前，粮田流转存在的问题主要包括：①土地流转不规范，普遍存在民间化、口头化、短期化、随意化问题；②土地流转规模比较小，流转效益不高；农民对土地承包经营权流转认识模糊，积极性不够高；③土地流转服务不够到位，流转信息渠道不畅；④农村土地流转缺乏规范管理；⑤土地流转利益纠纷在各地仍不同程度存在；⑥土地流转过程中承包人改变土地用途的问题突出；⑦粮田流转价格非理性波动问题凸显。

4.2 粮田流转标准价格和粮田流转实际成交价格

4.2.1 粮田流转标准价格

粮田流转价格关系到粮田流转速度和粮田适度规模经营的可持续发展。如果粮田流转价格过低，损害了流出方农民的权益，会出现流出方农民宁可让耕地荒芜也不出租土地的现象，造成严重的弃耕问题；如果粮田流转价格过高，损害了流入方农户的利益，他们不能得到社会平均利润，会因此放弃粮田的适度规模经营，影响国家粮食安全。在法律允许和市场需要的前提下，土地流转价格是否合理，决定了土地流转能否健康、顺利进行[68]。科学、合理地评估土地价格，有利于土地资源优化配置，有利于土地有偿使用制度改革，也利于促进农村土地流转[37]。农村土地经营权要顺畅流转，就必须评估出土地的真正价值，健全价格机制。合理的流转价格及定价机制对于促进农村土地经营权流转市场的形成与发展、保护农村土地经营权流转双方尤其是农户的利益具有十分重要的意义[35]。

杨群义和茆万东（1996）认为，在社会主义市场经济下，粮田流转价格的主要理论基础是马克思主义的地租理论。土地价格是资本化了的地租，地租是土地价格形成的基础[116]。而李雪和徐目圣（2011）则认为粮田使用权价格不能等于粮田流转价格。土地使用权价格是流出方凭借土地承包权获取土地收益的表现形式。粮田使用权价格不但包括土地质量价格，而且包括因经营状况改变后的土地未来收益的经济补偿。流转时间较长时，还应该考虑粮田的社会保险价值[30]。喻瑶等（2009）总结了粮田流转价格的特点：①农村土地以其收益能力为价格基础。土地生产力、生产成本、利用方式因地而异，导致土地纯收益的差异。②农村土地评估困难。由于依法转让农村土地的案例较少，运用市场比较法和长期趋势法困难，通常用收益还原法求地价。但同块土地因作物种类不同，生产水平有很大差异，并且受条件限制，收益计算很难做到精确，所以农村土地评估工作的开展仍有相当困难。③农村土地价格的不确定性。土地在作为农村土地使用时可按土地收益确定价格。如果农村土地转化为非农村土地，土地市场售价应按未来期望收益扣除未来的开发成本定价。由于影响地租收益和地价的因素具有多样性与动态性，也加剧了地价的不确定性。④农村土地价格是一切其他用地价格的基础。例如，农村中非农用地的价格，在缺乏买卖实例和收益资料时，均可参照农村土地价格来推算，并进行必要的加权修正[29]。

实践证明，土地流转和适度规模经营有利于优化土地资源配置和提高劳动生产率，有利于促进农业技术的推广和改善，有利于农民增收。应从我国人多地少基本国情出发，积极提倡与推进粮田流转。其中，粮田流转标准价格制定是一个关键因素。根据马克思主义的地租理论，土地价格是资本化了的地租，地租则是土地价格形成的基础。喻瑶等（2009）认为农村土地以其收益能力为价格基础，土地生产力、生产成本、利用方式因地而异，导致土地纯收益的差异。

一般认为，粮田流转标准价格在土地估价理论中是受多方面影响的。粮田流转标准价格的高低到底取决于哪些主要因素？需要通过回归分析，结合专家测评，对影响粮田流转标准价格主要因素进行评估。由于市场比较法和长期趋势法比较复杂，通常用收益还原法求地价。

综上所述，我国粮田流转标准价格是指，在粮田所有权、粮田承包权和粮田经营权“三权分置”条件下，由粮田粮食生产纯收益、土地还原率和粮田流转期限共同决定的粮田流转均衡价格，也可以称为粮田流转标准地租。它不是粮田所有权转让的价格，而是粮田使用权、收益权转让的价格。

4.2.2 粮田流转实际成交价格

农村粮田流转是在权衡好粮田流转价格的基础上进行流转。要发挥好市场在决定粮田流转价格方面的决定性作用。我国政策规定，土地承包经营权属于承包农户，土地是否流转、价格如何确定、形式如何选择，期限多长，应由承包农户自主决定，流转收益应归承包农户所有。有的学者认为，粮田流转实际成交价格主要根据农村土地流转基准价和要素加权情况来核算：①农村土地流转基准价。农村土地流转基准价＝当年每亩土地经营收益×70%，其中，当年每亩土地经营收益＝每亩土地农业生产常年农产品产量×农产品市场价格－生产成本（含劳动力成本）。农村土地流转基准价由县区人民政府每三年发布一次。②要素加权。流转双方可根据资源配置水平，如单双季、地形特点、基础设施配套、区位优劣等情况，在土地流转基准价的基础上做适当的要素加权（上下浮动不超过基准价格的50%），确定最终协议价格。农村土地流转收益可以按货币方式支付，也可以用实物量参照市场综合价格折算成货币支付[117]。我国多数农村地区定价随意性较大，流转价格不是按市场规律形成的，相邻乡镇之间、同一乡镇之间、同一村之间的土地流转价格很不一致。早期，分散经营的农户没有很强的认识水平和谈判能力，获得的土地流转价格往往偏低。随着农民认识水平的不断提高和地方政府、村集体协调能力的不断增强，土地流转价格合理化趋势也变得越来越明显。党的十七届三中全会后，农村土地流转呈现加速趋势，土地流转价格上涨较快，使不少承包者望而却步，影响了土地经营者规模化种植粮食的积极性。在农村土地流转价格不断上升的情况下，2014 年，河南省地方经济社会调查队在调研农村土地流转情况发现，由于种粮经济效益低，土地流入方基于经济利益诱惑，往往在流转到手的耕地上从事“非粮”活动[118]。粮田流转实际成交价格是指，受粮田流转市场供求关系、通货膨胀率、城市土地价格、农户预期心理等诸多因素影响，在实际粮田流转交易中所达成的粮田流转成交价格。在理论上，粮田流转实际成交价格应该以粮田流转标准价格为基础而上下波动。一个趋向粮田流转标准价格的稳定的、波动幅度不大的粮田流转实际成交价格，对于稳定粮食适度规模经济效益，调动新型农业经营主体的种粮积极性，具有十分重要的现实意义。要控制好粮田流转实际成交价格，从国家粮食安全战略的角度考虑，做到粮食生产经营者与社会公共需要互利共赢。要发挥好政府在粮田流转价格制定方面的宏观调控作用。在粮田流转过程中，政府可以从以下三方面着手规范粮田流转价格：①立足政府引导。政府引导是推动农民粮田流转的坚强基础。可以通过搭建流转平台，畅通信息渠道或者建立调解机制来实施政府的积极引导作用。②完善评估体系。粮田流转市场越来越成熟，粮田流转获得越来越多农民的认可。要建立切合本地实际、具有较高精度的粮田流转价格指标体系、评估方法和最低保护价制度，确保粮田流转估价有章可循。③建立补贴体制。建立和完善粮田流转价格补贴体系，发挥补贴在粮田流转中的积极作用。

4.3　粮田流转价格补贴的含义及特征

农业补贴是政府对本国农业支持与保护政策体系中的一项重要政策工具，符合世界贸易组织（WTO）框架下的农业补贴是指针对于国内农业生产及农产品的综合支持。我国是农业大国，农业从业人口占到了我国总就业人口一半以上，保障农民的稳定收入、优化农业生产结构不仅关系到农业的稳定、国民经济的发展，更关系到社会稳定。农业补贴是我国当前财政支农的重要举措之一。为了提高我国农民收入，进一步保障粮食安全，自 2003 年起，中央加大了对农业的支持力度，其中就包括直接补贴和综合补贴政策，主要采取参考市场平均价格的面积补贴模式。自 2004 年以来出台了粮食直补政策、良种补贴政策和农机购置补贴政策，2006 年又出台了农资综合直补政策。农业补贴政策虽然在提高农民人均补贴方面有一定效果，在保障国家粮食安全方面效果也较显著，但在增加农民收入方面效果不大。现有的农业补贴政策对于提高农业产量、保证国家粮食安全仍有些许不足之处，粮田流转价格补贴值得探索。

粮田流转价格补贴也可称为粮田流转金费用补助，是指在不改变土地集体所有性质、不改变土地种粮用途、不损害农民土地承包权益的前提下，为了增加农户收入和粮食产量、适度扩大农户经营规模、加速农村土地流转，政府按粮田流转价格波动情况给予粮田流转双方的农业生产者直接补贴。

粮田流转价格补贴的背景是粮田流转价格的剧烈波动。我国农村粮田流转市场经历了法律、政策禁止阶段，法律禁止、政策初步放开阶段，法律允许、政策规范阶段，再到法律逐步完善、政策鼓励阶段。同时，我国的粮田流转价格也经历了无偿性、超低性、有偿性再到市场性的过程。早期，由于城镇化的快速推进，大量农民离开土地进城务工，粮田在农村朋友亲属间流转，流转价格极低廉甚至为零，损害了流出方的利益。因为自中华人民共和国成立后，粮田长期不能流动，所以农村粮田不具有商品性的理念在人们的头脑中扎根，粮田是农民生活的保障，农民是不可能轻易流转出粮田的，即使需要进行粮田的流转，首先选择的交易对象也会是自己所熟悉的亲戚或同村人[42]。甚至有些农民认为农村承包地是祖上留下来的遗产，无论如何都不能给别人种，即使抛荒，也不愿意流转，更没有认识到农村粮田承包经营权的商品性，不认为农用地承包经营权有自身的价格[119]。在农业经济效益上升和城市土地价格长期上涨的带动下，农村粮田流转价格也呈现逐年上升态势，上涨的速度和水平已经让流入方难以接受，新型农业生产经营主体被迫改变粮田流转后的用途，形成了“非粮化”和“非农化”问题，影响了国家粮食安全。2018 年，受玉米价格大幅度下降影响，在土地流转合同难以及时调整、粮田流转价格不变的情况下，发生部分粮食适度规模经营者退回粮田、毁约弃耕的现象。如果粮田流转价格受市场因素波动的影响起伏较大，会给粮田流出方和流入方带来较多损害，尤其是挫伤生产经营主体种粮的积极性，从而给国家粮食安全战略造成隐患。因此，需要政府介入，通过财政补贴手段，稳定粮田流转价格，维护国家粮食安全。粮田流转价格补贴政策的主要目标是保障国家粮食安全，具体目标是加速粮田流转，保持粮食适度经营规模，使粮食适度规模经营者能赚取社会平均利润，收入达到社会平均工资水平，保障种粮农户收入最低要达到农村居民家庭的平均水平，保护好新型生产经营主体的种粮积极性，以保障国家粮食安全。

粮田流转价格补贴的原则是要坚持三个“不能”原则，即：不能改变粮田粮食生产用途，不能改变粮田所有权性质，不能超过粮田承包期的剩余年限。流入方必须具有粮食生产经营能力和履约能力，流转后的土地必须用于种植相应补贴品种的粮食作物，不能用于从事非粮食生产。对在一定规模限度内的粮田流转给予补贴；超过一定规模的粮田流转，不再补贴，而只给予流出方粮田流转价格补贴。可以获得粮田流转价格补贴的流转方式有转让、转包、出租、入股或者其他符合有关法律和国家政策的流转方式。

粮田流转价格补贴的实践操作要坚持分类指导、因地制宜。黄祥芳等（2014）认为，由于不同地区的非农经济水平和农村劳动力非农就业情况不同，各地政府可根据其实际情况制定补贴政策。对于非农经济发达的东部地区，由于从事农业的劳动力较少，因此可以鼓励粮食适度规模经营，对符合条件的粮田流转项目进行补贴；对于非农经济不发达的地区，农业仍然是农户的主要收入来源，所以还必须保留以小农户家庭经营为主的经营模式，并对转出土地的农户提供补贴，从而使以农业为主的农户经营规模适度扩大。由于不同土地流转方式对各个方面的影响不同，因此补贴的标准也不尽相同。其中可以作为测度标准的影响因素包括土地规模、农民收入、土地流转方式和土地用途[120]。

粮田流转价格补贴具有如下特征：

（1）粮田流转价格补贴具有客观必然性。粮田是准公共物品、具有公益性，应当补贴。准公共物品的生产和消费问题不能完全由市场上的个人决策来解决。因此，必须由政府来承担起提供准公共物品的部分费用。任何粮田，不管是国家的还是农民集体的，只要是可利用的，都要被利用起来，此过程也就是粮田开发、流转的过程。首先，在大规模粮田开发、流转过程中，需要同时规划设计建设农田水利系统、污水净化系统、生态防护林等，这些项目的实施需要花费人力、物力、财力，在一定程度上可以推动国民经济的发展；其次，粮田开发、流转过程必定要投入资金、设备、人力等，在一定程度上不断扩大其生产和经营的规模，能带动相关的项目向着产业化的方向发展，成为推进国民经济发展的重要组成部分，对我国的国民经济发展起到推动作用；最后，粮田生产主体可以是农民、企业家、合作社等，这些主体实行粮食适度规模经营，正在成为国家粮食安全战略实施的生力军，为国家粮食可持续生产提供了可靠保证。从以上分析可看出，粮田项目的开发、流转具有规模大、投资多、受益面宽、服务年限长、影响深远等特点，一个新的粮田项目会为投资者、政府、人民群众等多方带来经济效益，这就使粮田流转具有了公益性的特点。由于主体经济行为的收益外溢，必然引发粮田利用成本与利益分摊不均衡，导致粮田资源的保护主体缺乏足够的内在激励动力，加剧了粮田资源的“非农化”转移趋势。如何实现粮田资源集约化、节约化利用，实现人地关系可持续发展，是解决我国“三农”问题和粮食安全问题的关键。对于粮田流转价格，政府理应要给予一定的补偿，补偿粮田流转以及粮食适度规模经营的外溢效应。

（2）粮田流转价格补贴具有政府干预性。在粮田流转中，要正确处理好政府与市场的关系，要更好发挥好政府在稳定粮田流转价格中的重要作用。粮田的准公共品性质、粮食生产的正外部性和粮田流转市场失灵决定了粮田流转离不开政府的干预。曹明宏（2000）认为，“政府通过调整价格与边际私人成本之差或边际私人成本与边际社会成本而给农业生产者或农产品消费者以财政的各种干预”[121]。马志远等（2013）认为，“以市场失灵理论与外部性理论为基础，土地流转补贴具有双向性和实效性。实际成交价格与市场均衡价格之差为政府对生产者的补贴。补贴一旦实施会迅速引起土地流转交易，一旦取消又会引起交易规模的迅速缩小”[72]。

（3）粮田流转价格补贴具有可测度性。形成合理的粮田流转价格，既要发挥好政府的调控作用，又要发挥好市场在价格形成中的决定性作用。当公开、透明、完整的农村土地流转市场形成后，粮田均衡价格也就有了形成的基础。粮田均衡价格是市场价格，是一种理想价格，主要基于土壤情况、区位情况、水利等情况形成。但在实际流转交易中，由于供求问题、通货膨胀问题以及双方议价能力等诸多因素影响，实际成交价格与市场价格不完全一致，粮田流转实际成交价格有时低于市场价格，有时高于市场价格，有时可能等于市场价格。由于我国农村土地流转市场不发达，部分地区连个初级农村产权交易中心都没有，所以粮田流转实际成交价格背离市场均衡价格的情况普遍存在，对流转双方都造成了损害。为了补偿这种损害，政府要发挥好财政补贴作用，对粮田流转实际成交价格与市场均衡价格相背离的差额予以补贴，使实际成交价格尽量靠近市场价格，或者不断降低实际成交价格，也就是降低粮食生产成本，提高粮食适度规模经营者的经济效益，促进粮食生产的可持续发展。

（4）粮田流转价格补贴具有可操作性。根据世界贸易组织的相关规则，我国对粮食生产价格补贴总量已经接近上限，如果继续在粮食流通领域中进行补贴，就有可能违背世界贸易组织的相关规则，造成新的贸易摩擦。美国曾就中国农业补贴问题向世界贸易组织提起上诉，中国败诉。2001 年中国加入世界贸易组织后，有 15 年的过渡期，现在过渡期已经结束。中国农民正面临大豆、玉米、牛肉等外国粮食和畜产品的进口冲击，我国农民收入增长开始放缓。世界贸易组织有“黄箱”和“绿箱”政策。其中，“黄箱”政策是指补贴领域额度达到一定水平后，会给对方农业带来损害而需要禁止使用的补贴政策，主要指流通领域、贸易领域的粮食补贴。过去我国的粮食补贴主要集中在流通领域，目前已经没有补贴的空间。但是农业的弱质性、市场风险性和进口的大量冲击性，决定了我国政府必须对农业进行巨额的补贴。根据世界贸易组织相关规定，对生产领域生产者的补贴属于世界贸易组织允许使用“绿箱”政策，粮田流转价格补贴是生产领域中的事。启动粮田流转价格补贴既不违背世界贸易组织的相关规则，又增加了农民收入，这是稳定农民收入、推进农业农村现代化建设的稳定器和新引擎。经济合作与发展组织成员国的农业补贴平均水平为21.7%，其中韩国为52.1%，日本为47.3%，美国为40%，而我国的农业补贴水平只有9.1%，“绿箱”补贴政策还有较大空间。

4.4 粮田流转价格补贴对国家粮食安全新战略实施的重要性

在新时代，我国粮食安全战略正由传统安全战略向新安全战略变迁。传统粮食安全战略是以保粮食产量为核心，新的国家粮食安全战略是以保护粮食生产能力为根本，不再追求“藏粮于仓”，而是实施“藏粮于地”“藏粮于技”，通过耕地地力保护和农业科技创新，保护粮食生产能力，进而维护国家粮食安全。探索实行粮田流转价格补贴，在培育新型农业经营主体、建设高标准农田、提高机械化水平、调整粮食种植业结构等方面具有重要作用，提升了国家粮食综合生产能力。

4.4.1 实施粮田流转价格补贴，有利于培育新型农业经营主体，解决“谁来种地”问题

保持粮食生产能力，是落实国家粮食安全新战略的核心，关键在于解决未来“谁来种地”问题。伴随着中国工业化和城镇化进程的加快，大批农村青壮年劳动力进城务工，留在农村的劳动力大部分为妇女和老人，农业成为“妇老”产业。目前务农劳动力平均年龄为50岁左右，有超过25%的人过了60岁。粮食生产主要为了维持农户自身生存需要的现象越来越突出。当粮食种植变成自给经济时，粮食将失去它的商品属性，市场上交换的粮食越来越少，会严重威胁我国粮食安全。农民缺乏种粮积极性，主要原因在于种植粮食效益太低。在粮价不可能大幅度上涨的情况下，种植粮食成本上升是导致种植粮食效益低的重要原因。我国用占世界不到10%的耕地，养活了世界将近20%的人口。但同时也要看到，我们是用许多农民养活了这些众多的人口。2018年我国农村常住人口5.77亿人，占我国人口总数的41.5%，除掉未从事农业人口，也有2亿～3亿的农民。与此同时，美国只有280万农民，占美国人口的2%，平均每个农民管理450英亩[①]耕地。中国是世界上农户最多的国家，也是世界上农户规模经营面积最小的国家，农村人口人均1.3亩地，每户7亩地，户均耕地规模仅相当于美国的0.25%、世界平均规模的1%，跟人多

① 英亩为非法定计量单位，1英亩≈4 046.86 米^2。

地少的日本相比，也只有日本的1/4。

调动农民种粮积极性、解决“谁来种地”的重要手段应该是提高农民种粮的经济效益。目前粮价不可能大幅度上升。我国国内粮价已经比世界平均粮价高出50%，同时如果粮价持续上升，会影响国内物价总体水平，甚至会引发社会波动。这对我们全面建成小康社会和应对中美贸易摩擦大局是极为不利的。要扩大种植规模，降低种植成本。局部调查显示，现阶段，粮食种植型家庭农场的经营规模达到百亩以上时，土地利用率会提高10%以上，经济效益会提高25%以上。要提供规模化的土地，现在最直接的问题是土地流转难。政府要加快并且规范土地流转，提供规模化平台[122]。适度规模经营可以使种粮成本最小化。2017年，农业部软科学课题组调查了10个粮食生产省份的2 369个农户，10亩以下小规模农户种植面积占总种植面积的60%以上，绝对收益过低，不利于提高种粮积极性。扩大规模有利于提高农业经营效益。平原地区粮食生产适宜规模为100亩左右，山区为200亩左右，能取得良好种植效益。加大土地流转补贴力度、鼓励适度规模经营是世界上农业发达国家普遍采用的做法。各农业发达国家都十分重视本国的粮食安全问题，注重土地流转补贴或奖励政策，推进农村土地流转，重点发展家庭农场、农民合作社等农业经营主体，为国家的粮食安全提供可靠组织保证。2020年7月22日，习近平总书记在吉林考察时强调指出：“要积极扶持家庭农场、农民合作社等新型农业经营主体，鼓励各地因地制宜探索不同的专业合作社模式。”2020年3月，农业农村部编制了《新型农业经营主体和服务主体高质量发展规划（2020—2022年）》，其中提出：到2022年，支持家庭农场发展的政策体系和管理制度进一步完善，家庭农场稳步增加，各级示范家庭农场达到10万家，生产经营能力和带动能力得到巩固提升；到2022年，农民合作社示范社创建取得重要进展，运行规范水平大幅度提高，服务能力和带动效应显著增强。通过粮田流转价格补贴，让粮食类等大宗农产品生产的家庭农场和农民合作社等新型农业经营主体占有重要比重，让新型农业经营主体成为我国未来粮食生产的基本主体与主力军，成为实施国家粮食安全新战略的引领力量。

4.4.2 实施粮田流转价格补贴，建设高标准农田，解决耕地地力保护问题

长期以来，我国实施的是“藏粮于仓”“以丰补歉”的传统国家粮食安全战略。“藏粮于仓”导致陈粮大量过剩，造成沉重财务负担。“以丰补歉”难以持续维护粮食供求平衡。改革开放以来，我国出现两次粮食供求比较宽松的局面，但很快就过去了，目前粮食供求总体上处于紧平衡状态。如果始终没有出现粮食供求比较宽松的时期，何来“以丰补歉”？其结果必然会严重威胁

国家粮食安全。实施“藏粮于地”新战略已经成为国家粮食安全战略最根本的办法。所谓“藏粮于地”，就是不再单纯追求粮食库存的数量，而是保持粮食生产能力，关键是既要维护耕地数量，又要注重耕地质量保护，做到耕地数量与质量保护并重，持续增加粮食综合生产能力。随着我国工业化和城镇化的发展，我国耕地数量在不断减少，每年减少 1 000 万亩。目前只剩 20 亿亩左右，耕地后备资源不足。耕地总体质量不高，中低产田占到 2/3。在所谓耕地占补平衡运作下，一些山地、坡地、劣地替代了肥沃土地，耕地质量进一步下降。

要通过粮田流转费用补贴引导农业粮田连片，克服粮田碎片化。粮田连片有利于加大土壤改良力度、培肥地力、降低污染以及提升耕地质量等；有助于加强农田水利建设，提高农田灌溉有效利用系数，让农田具备灌溉条件，为流转大户提供配套半固定式喷灌，实施节水灌溉工程；有助于集中修桥梁、建涵洞、打机井、进行田间道路整治，解决排灌、旱涝保收和多样式农田水利设施建设问题。2017 年 4 月 22 日，习近平总书记在广西考察时强调，“保障粮食安全，关键是保粮食生产能力，确保需要时能产得出，供得上。这就要求我们守住耕地红线，把高标准农田建设好”，“把粮食生产功能区划好、建设好”[123]。我国对农业补贴已经接近世界贸易组织要求的“黄箱”政策上限，今后要拓展“绿箱”补贴政策，粮食生产者补贴、环境补贴、田间道路修建补贴以及粮田整治补贴都属于“绿箱”补贴政策，有利于实施国家粮食安全新战略。一方面，要调整农业补贴种类，增加耕地地力补贴。2016 年农业补贴政策调整为支持耕地地力保护和粮食适度规模经营补贴，将良种补贴、种粮直补和农资综合补贴统筹为耕地地力补贴，用于粮田恢复性补助。2017—2018 年，中央财政通过农业生产发展资金，每年安排耕地地力保护补贴资金1 204.85 亿元。另一方面，要划分高标准农田。据统计，2011—2018 年，全国累计建设高标准农田 6.42 亿亩，其中 2018 年新增高标准农田 8 200 万亩；“十三五”以来发展高效节水灌溉面积 6 505 万亩。中央设定农田建设补助资金，重点用于高标准农田基础设施建设及农田水利建设，稳定和优化农田布局，全面提升农田质量，编制《全国高标准农田建设规划（2019—2022 年）》，鼓励有条件的农民合作社参与实施高标准农田建设。2019 年中央 1 号文件又再次重申严守 18 亿亩耕地红线，要求 2020 年确保 8 亿亩高标准农田。2019 年上半年，农业农村部已划定粮食生产功能区和重要农产品生产保护区 10.16 亿亩。中国农业科学院启动《农业绿色发展科研计划（2019—2030 年）》，要求与 2018 年相比，2025 年耕地质量等级要提高 0.5 个级别、灌溉水有效利用系数达到 0.57，水分利用效率提高 0.1～0.2 千克/米^3。粮田连片建设高标准农田，有利于保证国家粮食安全。以产粮大省安徽省为例。2018 年，安徽省对耕地进行了平整和重新划分，把建设高标准农田作为巩固与提升粮食生产能力的根本举措，在56个产粮大县和核心区建设高标准农田374万亩，采用先建后补、以奖代补等方式，鼓励新型经营主体参与高标准农田建设，粮食增产30%以上[124]。

4.4.3 实施粮田流转价格补贴，提高粮田机械化科技化水平，解决粮食安全战略支撑问题

早在1982年，中国改革开放的总设计师邓小平同志就曾深刻指出："农业的发展一靠政策，二靠科学。"习近平总书记也强调指出，加强农业科技创新和推广，夯实粮食安全基础，延伸农业产业链，着力发展高附加值、高品质农产品，提高农业综合素质、效益、竞争力。科技创新是提高农业综合竞争力，维护国家粮食安全的战略支撑，是实施国家粮食安全新战略的根本途径。长期以来，我国农业科技落后，农村存在"靠天吃饭"问题。由于地块小又分散在各家各户，受粮田碎片化影响，农业机械化水平较差，粮田不连片，难以实现大规模机械化作业，土地利用率和粮食生产效率不高，这是造成我国农业综合竞争力与美国相比差距较大的重要原因。虽然我国谷物的单产水平已经位居世界平均水平之上，但与世界排名靠前的国家相比，还有不小的差距。由于地块较小且分散，机械化水平不够，我国许多粮食单产水平还有较大提升空间。与此同时还要看到，我国农业生产中抗生素、化肥、农药投入量过大，存在"高毒投入"问题，农膜回收率、畜禽粪污资源化利用率、秸秆综合利用率、水资源循环利用率低。随着人们收入提高、消费升级，对农业粮食质量提出了新要求，但由于我国农业劳动力主要以妇女和老人为主，对于研发新良种和推广农业新技术动力不足。农业科技水平低正成为影响国家粮食安全新战略实施的重大问题。2019年，为了落实好"藏粮于技"新战略，中国农业科学院制定的《农业绿色发展科研计划（2019—2030年）》明确提出，与2018年相比，2025年氮肥利用率要由33%提高到45%，化学氮肥减施25%，作物增产3%，化学农药使用量持续零增长；畜禽抗生素总减量达50%～55%，畜禽粪污综合利用率达到85%以上；地膜回收率达到85%以上。2017—2018年，中央通过农业生产发展资金安排农机具购置补贴186亿元，不断优化农机具购置补贴结构。农业农村部会同财政部制定出台《2018—2020年农机具购置补贴实施指导意见》，优先保证粮食等主要农产品生产所需农机具的补贴需要，开展标准化社会化生产。

农户规模过小，就难以实现标准化集约化生产，难以形成粮食产业集群。必须通过奖励补贴手段，促进粮田进一步流转，集中连片便于机械化、科技化生产的广泛应用。规模化经营有利于机械化生产。将粮田连片，应用现代化机

械技术，推广大型农业设备，投入少数人力，大幅度降低成本，增加利润，将个体化农业生产模式淘汰，通过家庭农场等规模经营主体机械化生产，满足更多中国人的粮食需求。2019 年 8 月 19—20 日，国务院总理李克强在黑龙江省考察时强调："粮食稳、天下安。东北条件好，要破除制约，提高适度规模经营水平，推广使用农业机具，加快农业现代化。"规模经营有利于农业科技创新。我国农村实行土地所有权、承包权、经营权分置，目的是促使土地经营权流转，提高粮田利用率和农民收入水平。目前存在土地经营权流转期限过短问题，大多数农户签订 5 年以下流转合同，1～3 年较多。流转期限短造成粮食生产的短期行为问题，粮田流入方研发农业新品种和应用农业新品种的积极性不足。因此，需要通过补贴奖励等形式延长粮田流转期限，为农业科技创新提供时间基础，着力突破粮食生产关键技术，如育种技术、生物技术、小型农机化技术、绿色高效粮食生产技术等。规模化种植还有利于全方位为农业提供科技服务。规模化种粮，可以集中推广规模化耕作播种、高产优质栽培、水肥一体化、农作物病虫害防治、农药科学安全使用等新技术。农业科技人员也可以开展集中服务，将技术推广到田间地头，促进新技术引进、试验、示范，节省时间、高效便捷，实现科技服务精准化。例如，农业农村部黑龙江克山试验区创新经营模式，持续推进土地规模经营，成功探索出机械化科技化规模经营之路。2018 年，黑龙江省齐齐哈尔市克山县流转土地 252 万亩，规模经营272 万亩，分别占耕地总面积的 85%和 90%，比试验前分别提高了 22.5 个和 29.4 个百分点。田间综合机械化程度达到了 99.36%的高比例。克山试验区健全科技体系，将服务触角延伸到田间地头，围绕病虫害防治、秸秆综合利用等方面建立社会化服务组织，2018 年病虫害防控面积达到 98%，秸秆综合利用率达到了 62.8%[125]。

4.4.4　实施粮田流转价格补贴，调整粮食种植结构，解决国家粮食品种不均衡问题

习近平总书记 2015 年 11 月 10 日在中央财经领导小组会议上强调，在适度扩大总需求的同时，着力加强供给侧结构性改革。供给侧结构性改革旨在调整经济结构，使要素实现最优配置，提升经济增长的质量和数量。农业供给侧结构性改革不能影响国家粮食安全，在稳定国家粮食安全生产上，增加百姓优质"米袋子""菜篮子""果盘子"，丰富人民食物品种，更好满足人民对幸福生活的向往。当今中国已经有 4 亿人口进入中等收入阶层，随着收入增加，人们的消费开始升级，对粮食品质结构提出了新的要求，对优质大米、小麦和大豆的需求越来越旺盛，对一般大米、弱筋小麦和玉米的需求却在不断下降。随着中国全面建成小康社会的不断推进，居民的消费结构正在发生转

变，消费需求从追求温饱转变为注重食品的安全、营养和健康。居民食品消费结构呈现这一阶段性变化，标志着从过去的主粮替代时期逐渐转变为主副食替代时期。

结构性短缺正在成为影响国家粮食安全新的突出问题。2012 年以来，我国口粮问题得到基本解决。根据国家统计部门数据，我国小麦和水稻总产量自 2012 年以来每年超过 3 亿吨，其中 2018 年小麦和水稻产量达 3.43 亿吨，人均接近 250 千克。国内小麦库存 7 000 万～8 000 万吨，水稻库存基本类似。随着消费升级，人们对豆制品需求增加。2017 年，我国对大豆的总需求达到 1.1 亿吨，但是国内大豆产量每年不超过 1 500 万吨，海关数据显示，2017 年我国大豆进口 9 553 万吨，对外依存度超过 86%。2017 年，我国谷物类进口高达 2 559 万吨，其中水稻进口 403 万吨，小麦进口 442 万吨。相较于 10 年前谷物进口量提高了 16.5 倍，水稻进口量提高了 12.5 倍[128]。2018 年我国粮食进口量为 1.15 亿吨，进口数量仍然处于巨量状态。2019 年小麦的进口关税配额上升至 963.6 万吨，大米的进口关税配额上升为 532 万吨，玉米的进口关税配额上升为 720 万吨，粮食对国外的依赖性越来越强。我国是世界上最大的粮食储备国，同时也是世界上粮油进口第一大国。2005 年前我国为农产品净出口国，自 2005 年起转为农产品进出口贸易逆差，至 2018 年，农产品进出口贸易逆差达到 547 亿美元。全球每年的粮食贸易量不足我国一年消费量的2/3。要通过粮田流转费用补贴或奖励，大规模促进土地流转，促进农产品功能区建设，维持农产品品种均衡，进而保证我国粮食安全。积极推进粮食种植业结构性改革，大力调整优化粮食生产结构，适当减少粮食播种面积，主动增加优质高效农作物播种面积，做到种植结构优化、区域布局优化、品种结构优化，增加优质大米和强筋、优质弱筋小麦种植。2017 年启动优质粮食工程，2018 年产业化龙头企业建设优质粮食工程 6 700 多万亩。2019 年，财政部、国家粮食和物资储备局共同出台《关于深入实施“优质粮食工程”的意见》。2019 年，《国务院关于促进乡村产业振兴的指导意见》出台，从健全绿色产量标准体系、大力推进标准化生产、培育提升农业品牌、强化资源保护利用等方面强调质量兴农和绿色兴农。我国可借鉴日本通过土地流转，加强粮食功能区划分、维持粮食品种安全的经验。第二次世界大战后，由于工业的迅速成长，加之农业人口的老龄化，日本开始从国外进口粮食。但是日本始终认为保证粮食自给极为重要。政府不断加大粮食生产补助资金支持，20 世纪 80 年代后半期土地大规模流转后，粮田面积在粮食作物种植面积中仍然位居第一。日本高温多雨的气候条件是非常适合种植水稻的。土地适度规模集中后，水稻面积仍然在粮食作物种植面积中占据首要位置。日本小麦生产面积也较大，在作物种植面积中仅次于水稻。日本水稻和小麦在经历了过剩和低价格时代后，不再追求单产数量的增长，而是注重品质的提高，施用有机肥，低量化施用农药，保持稻米和面粉美味的口感。值得注意的是，日本保留了较多的大豆种植面积，这与人们生活品质提升、对豆类品需求上升密切相关。而日本的玉米种植面积下降较快，表明随着人们消费水平提高，下调玉米播种面积是必然趋势。即便是种植玉米的公司也在不断探索新的玉米品种，以适合现代人新的口味。有的公司就探索出了水果玉米，深受人们的好评。随着消费者收入水平提高和生活品质提升，人们的饮食习惯必然发生改变，由以淀粉摄入为主转向以吸收蛋白质为主。稻米和面粉将出现过剩，农业结构调整势在必行。土地适度规模后日本政府加大了农业结构调整资金扶持力度，非粮食化作物种植面积增长，品种也趋向多元化，但从总体看，口粮种植仍然占有十分重要的地位，“非粮化”种植比重较小。

5 粮田流转标准价格模型构建的理论分析

粮田流转标准价格，又称标准地租，是指在综合考虑粮田土壤、区位和水利等主要因素的基础上，经过测算的粮田流转基准价格。粮田流转实际成交价格有时低于标准价格，有时高于标准价格，有时趋于一致。一个合理、稳定的粮田流转价格对于加快粮田流转、实现农业现代化和维护国家粮食安全具有重要意义，同时也是开展粮田流转价格补贴的重要理论根据。因此，要测度出粮田流转价格补贴的幅度，关键要测量出粮田流转合理的价格是多少。当实际成交价格高于标准价格时，对粮田流入方面启动补助程序；当实际成交价格低于标准价格时，对粮田流出方启动补助程序；如果实际成交价格等于标准价格，则不启动补助程序。

5.1 我国粮田流转标准价格形成的特殊国情背景

《土地管理法》规定，我国实行土地的社会主义公有制，即全民所有制和劳动群众集体所有制。对土地的所有权利的讨论都限定在使用权范围内，例如现行的土地价格的产生也是基于土地的使用权利。因此权利状况对于土地价格的定义是有至关重要的作用的。目前土地的使用权又分为两种情况，那就是国有土地的使用权和集体土地的使用权。国有土地的使用权状况一般比较清晰，主要涉及建设类用地，在流转或转让的过程中没有障碍。当然在国有土地中也有国有的农用地，国有农用地主要是指国有农场的那部分土地，是农垦系统的国有农场。集体土地的使用权也分为建设类和农用类。集体建设类土地的使用权目前也正在朝着国有建设类用地的使用权的权利层次上迈进，在现实中的诸多交易中，目标是向国有建设用地权益价值看齐，不考虑集体权利限制带来的价值局限，尽量趋于国有建设用地的市场价格。

伴随着土地交易市场的发展，土地评估实务应运而生，土地市场的评估技术正在处于逐步探索中。比较成熟的市场就是土地一级市场、土地二级市场，都是指国有建设用地土地市场。农用地用于农业生产，在我国强制且严格的耕地保护制度下，农用地不存在具有经济活动价值意义上的交易市场。国有部分的农用地承担保障国家社会稳定与粮食安全的重要作用。因此，评估实务需要在几类处于产权改革进程中的土地问题上有所发展和创新。

本书的研究评估对象是粮田，其实质是用于农业耕种的那部分土地，也就是严格的土地利用分类里的农用地，而农用地也有国有部分和集体部分。国有部分的农用地就是指国有农场的土地；集体部分的农用地，自从实行家庭联产承包责任制以来，一直采取家庭承包经营的方式，相对于国有大型农场农用地来说，分布比较分散。应该算是小规模的粮田。

在土地估价学理论中，所有权不在估价的讨论范围内，因此粮田的估价权利界定只能是使用权方面的。也就是说，粮田流转标准价格的实质是使用权出让的交易价格，即流转交易价格。在农村改革实践中，“三权分置”的制度概念正在形成，针对农村集体所有的粮田，顺应农民保留土地承包权、流转土地经营权的意愿，将土地承包经营权再分为承包权和经营权，形成所有权、承包权、经营权“三权分置”的格局。而这里的土地经营权就应该能替代“粮田”土地使用权的全部权能。因此本书在研究粮田流转标准价格评估时，对粮田的权利界定是指粮田的土地经营权。根据土地估价理论中的地价定义，成熟的建设用地使用权利的价值构成离不开五个基本要素：权利、价值类型、用途、开发程度、使用年期。而不同于建设用地使用权利的价值，粮田土地经营权利的价值有其“非建设”的“宜农”特点。建设用地市场的形成是为了有效配置建设用地在市场经济活动中不可或缺的基本要素，同时要受我国土地管理制度中集约节约利用建设用地的方针制约。相比于建设用地的交易，粮田流转所实现的价值交换是为了更有效率地配置粮食生产资源——粮田。因此，要为实现既保障我国粮食生产安全又能达到适度粮食生产规模经济的粮田流转交易设计粮田流转价格评估机制。

本书的研究对象是粮田，即用于保障国家粮食生产安全的那部分土地，在土地估价学范畴里属于土地的一级类划分农业用地中的耕地。耕地是指种植农作物的土地，也包括种植非粮食作物（如蔬菜）等的土地。本书界定的“粮田”是指专门用于种植主要粮食作物（水稻、玉米、小麦）的耕地，其利用强度也在农业生产范围内，不涉及土地的开发建设与拆迁等事项。土地估价学理论中，对于建设用地有商业、住宅、工业三种用途划分，对于不同用途的建设用地，其地价评估的策略与方法不尽一致，而对于农业用地还没有用途上明确的界定。因此，本书将耕地按用途划分归纳为两种：农业非粮食种植的用途、农业粮食种植的用途。顾名思义，农业粮食种植的用途是指用于种植确保国家粮食生产安全的几种主要粮食。

基于本书研究对象粮田权利性质的讨论，定义粮田流转标准价格的土地估价学含义为土地经营权的转让价格。在建设用地使用权利转让的年限设定中，土地权利一次性转让的年限分为商业、住宅、工业用地。建设用地分类不同，年限有所差异。一般来说，商业用地使用权利转让年限为 40 年，住宅用地使用权利转让年限为 70 年，工业用地使用权利转让年限为 50 年。本书把粮田界定为农业粮食种植用途的耕地。借鉴《农村土地承包法》规定的农村土地承包期限（耕地 30 年、草地 30～50 年、林地 30～70 年为最高流转期限），设定粮田的最高转让年限为 30 年。

5.2 影响粮田流转标准价格的主要因素提取

一般认为，粮田流转标准价格在土地估价理论中是受多方面影响的。概括起来，这些影响有宏观层面的，如土地制度、自然条件等；也有中观层面的，如当地社会经济发展条件等；还有微观层面的，如粮田地块的特殊性质等。粮田流转标准价格的高低到底取决于哪些主要因素？本部分通过回归分析，结合专家测评，对影响粮田流转标准价格的主要因素进行评估。

5.2.1 模型采用

一般的线性回归分析中，因变量常常以连续型变量或分类变量形式存在。根据因变量的不同，Logistic 回归分析可分为二分类 Logistic 回归、有序多分类 Logistic 回归和无序多分类 Logistic 回归。本书中粮田流转标准价格为被解释变量，是一个多分类有序变量。有序多分类回归模型也被称为累积比数模型，其对于有序多分类资料有更高的信息利用度。一般的线性回归方法不能用于分析各因素对粮田流转标准价格的影响，因此选取有序多分类 Logistic 回归模型。

Logistic 回归基本模型中[127]，当因变量为多分类变量时，Logistic 模型可写为

$$\log\frac{p(event)}{1-p(event)}=b_0+b_1X_1+b_2X_2+\cdots+b_jX_j \qquad (5-1)$$

式中：b_0 为常数项；$b_1,\cdots,b_j$ 为 Logistic 模型的回归系数，是 Logistic 回归的估计参数；$X_1,\cdots,X_j$ 为自变量。

如果因变量具有 j 类可能性，第 i 类的模型为

$$\log\frac{p(category_i)}{1-p(category_i)}=b_{i0}+b_{i1}X_1+b_{i2}X_2+\cdots+b_{ij}X_j \qquad (5-2)$$

这样，对于每一个 Logit 模型都将获得一组系数。

Logistic 回归方程的另一种形式为

$$p=\frac{e^Y}{1+e^Y} \qquad (5-3)$$

式中：$Y=a+\sum b_{ij}X_j$，或 $Y=\ln[p/(1-p)]$。

通过变换可以得出 p 与变量 X_j 之间的数学表达式：

$$p=\frac{e^{(a+\sum b_{ij}X_j)}}{1+e^{(a+\sum b_{ij}X_j)}} \tag{5-4}$$

数据要求：因变量应该是分类变量，自变量为因素变量与协变量（因素变量必须为分类变量，协变量必须是连续型变量）。

模型检验如下：

（1）拟合检验。

①Pearson 卡方统计量在多维表中检测观测频数与预测频数间的差异。其公式为

$$\chi^2=\sum\frac{(\text{观测数量}-\text{预测数量})^2}{\text{预测数量}}$$

其值越大，显著性概率越低，模型拟合效果越不好。

②Deviance 卡方是另一个检测模型拟合度的指标。其公式为

$$\chi^2=2\sum\text{观测数量}\times\ln\frac{\text{观测数量}}{\text{预测数量}}$$

如果模型对数据拟合得好，对数似然比的差值就小，显著性水平值越大。大样本数据的 Deviance 卡方与 Pearson 卡方的值相近。

（2）伪 R^2 统计量。在 Logistic 回归模型中经常使用 Cox & Snell 统计量、Nagelkerke 统计量和 McFadden 统计量。这里介绍 McFadden 统计量。其公式为

$$R^2_{\text{McFadden}}=\frac{l(0)-l(B)}{l(0)} \tag{5-5}$$

式中：$l(B)$ 为模型中对数似然比的核；$l(0)$ 为仅包含截距的模型的对数似然比的核。

（3）观测值—控制量的“配对”研究。即利用现有观测数据研究那些很难发生的事件或是数据难以收集的事件。

①对于包含 k 对观测值和控制量的数据，“经历”某种事件的 Logit 模型写成

$$\log(P_i)=a_k+\sum_{i=1}^{j}b_iX_i \tag{5-6}$$

式中：a_k 为根据配对变量值得到的第 k 对变量的“风险”；$X_1,\cdots,X_i$ 为未配对自变量的值；b_i 为第 i 个配对自变量的 Logistic 回归系数；P_i 是事件的概率。

②创建“差异变量”。SPSS 分析过程可以满足要求的一对一的变量数据进行分析。在配对分析中，观测样本的样本量必须和与其配对的控制样本的样本量相同，并且差异变量必须是配对的观测值与控制量间的差异。如果配对数多于 1 个，则差异是平均值间的差。

③数据文件格式。观测值—控制量的“配对”研究数据文件变量安排为：因变量、配对变量，观测值 1、控制量 1、差异变量 1，观测值 2、控制量 2、差异变量 2，……，观测值 n、控制量 n、差异变量 n。

有序多分类 Logistic 回归模型中，SPSS 中的有序变量 Logistic 回归是以 McCullagh（1980，1998）提出的方法为基础的，其数学模型为

$$\eta_{ij}[\pi_{ij}(Y\leqslant j)]=\frac{\alpha_j-(\beta_1X_{i1}+\cdots\beta_kX_{ik})}{G_i};j=1,2,\cdots,J-1 \quad (5-7)$$

式中：i 表示分组数（自变量向量的行数），$i=1,2,\cdots,m$；j 表示因变量 Y 的分类数，$j=1,2,\cdots,J-1$；k 表示自变量（$X_{i1},\cdots,X_{ik}$）的个数，$k=1,2,\cdots,m$；α_j 为常数项；β_k 为回归系数，$k=1,2,\cdots,m$；σ_i 为尺度参数（默认值为 1）；$\pi_{ij}(Y\leqslant j)=\pi_{i1}+\cdots+\pi_{ij}$，为因变量 $Y\leqslant j$ 的累积概率；$\eta_{ij}[\pi_{ij}(Y\leqslant j)]$ 为关于累积概率 $\pi_{ij}(Y\leqslant j)$ 的链接函数。

（4）链接函数是累积概率的转换形式，可用于模型估计。在 SPSS 中，主要可从以下 5 种链接函数中选择：

①Cauchit 链接函数 $\tan\{\pi_i(Y=j)[\pi_i(Y\leqslant j)-0.5]\}$。

②负对数对数链接函数 $\ln\{-\ln[1-\pi_i(Y\leqslant j)]\}$。

③Logit 链接函数 $\ln\frac{\pi_i(Y\leqslant j)}{1-\pi_i(Y\leqslant j)}$，由此形成的模型称为累加 Logit 模型，也称为比例优势模型。该函数是 SPSS 系统默认的链接函数。

④负对数对数链接函数 $\ln\{-\ln[\pi_i(Y\leqslant j)]\}$。

⑤概率链接函数 $\Phi^{-1}[\pi_{ij}(Y\leqslant j)]$。$\Phi^{-1}(\cdot)$ 为标准正态分布分位数。

SPSS 系统默认的链接函数之所以要设为 Logit 链接函数，是因为比例优势模型是有序变量 Logistic 回归中最常用的模型。该模型为

$$\ln\frac{\pi_{ij}(Y\leqslant j)}{1-\pi_{ij}(Y\leqslant j)}=\ln\frac{\pi_{i1}+\cdots+\pi_{ij}}{\pi_{i(j+1)}+\cdots+\pi_{ij}}=\alpha_j-(\beta_1X_{i1}+\cdots\beta_pX_{ik})；j=1,2,\cdots,J-1 \quad (5-8)$$

由此可得累加 Logit 的 $J-1$ 个预测概率模型为

$$\pi_{ij}(Y\leqslant j)=\frac{\exp[\alpha_j-(\beta_1X_{i1}+\beta_pX_{ik})]}{1+\exp[\alpha_j-(\beta_1X_{i1}+\cdots+\beta_pX_{ik})]}；j=1,2,\cdots,J-1 \quad (5-9)$$

累积概率具有以下两个性质：①$\pi(Y\leqslant 1)\leqslant\pi(Y\leqslant 2)\leqslant\cdots\leqslant\pi(Y\leqslant J)$；②$\pi(Y\leqslant 1)=1$。

5.2.2 变量信息及解释

涉及粮田流转的相关因素包括：①土地租金；②土地类型；③土地流转面积；④土地流转方式；⑤区域位置；⑥土地权证情况，包括权属类型、权证剩余年限、权证期间等；⑦土壤条件，包括表面土壤质地、土壤酸碱度、有机质含量等；⑧水电网情况，包括供水条件、供电条件、网络状况；⑨周边环境，包括所在市上年度人均收入、城市化率、城市常住人口、附近产业集群、旅游

资源景观等；⑩水源条件，包括灌溉水源、防洪排涝能力、地下水埋深、水源质量情况等。选取以上涉及粮田流转的相关因素作为初判流转地块价格的基本信息和依据，这些信息从不同层面反映了土地空间与价值状况，为流入方和流出方在土地流转价值的基础上权衡成交价格提供决策支持。从上述信息摘取对粮田流转标准价格的形成可能有影响的若干个变量，对每个变量进行分类赋值，见表 5 - 1。

表 5 - 1 变量选取及赋值

变量类型	变量信息范围		变量名	变量赋值
被解释变量	土地预期租金［元/（亩×年）］		Y	0=200 元以下；1=200～400 元；2=400～600 元；3=600～800 元；4=800～1 000 元；5=1 000 元以上
解释变量	土地流转面积（亩）		X_1	—（连续变量）
	土地权证剩余年限		X_2	—（连续变量）
	土地类型		X_3	0=旱地；1=水浇地；2=水田
	区域位置		X_4	0=江西省；1=山东省；2=广东省；3=湖北省
	水电网情况	供水条件	X_5	0=无；1=有
		供电条件	X_6	0=无；1=有
		网络状况	X_7	0=无；1=有
	水源条件	灌溉水源	X_8	0=浅层地下水；1=地表水
		防洪排涝能力	X_9	0=一般健全；1=基本健全；2=健全
		地下水埋深	X_{10}	0=10 米以下；1=10～20 米；2=20～50 米；3=50 米以上
		水源质量情况	X_{11}	0=轻微污染；1=无污染
	土壤条件	表面土壤质地	X_{12}	0=砾石土；1=砂土；2=黏土；3=壤土
		土壤酸碱度	X_{13}	0=5.5～6.5，微酸；1=6.5～7.5，中性；2=7.5～8.0，微碱
		有机质含量	X_{14}	0=0.6%～1%；1=1%～2%；2=2%～3%；3=3%～4%；4=4%以上
	周边环境	所在市上年度人均收入	X_{15}	0=3 万元以上；1=1 万～3 万元；2=0.5 万～1 万元；3=0.5 万元以下
		城市化率	X_{16}	0= 40%以下；1=40%～50%；2=50%～60%；3=60%～70%；4=70%以上
		城市常住人口	X_{17}	0=小城市；1=中等城市；2=大城市；3=特大城市；4=超大城市

假设所有变量是有序的，做如下假设：

（1）土地流转面积对预期租金的影响。分散的粮田地块不利于粮田规模化经营，进而不利于租金的提升，因此假设面积越大，租金越高。

（2）集体土地承包经营权剩余年限对流转有积极的影响。剩余年限越长，租金越高，这也符合土地估价理论中的土地剩余年限修正。

（3）土地类型对预期租金的影响。一般认为，水田租金＞水浇地租金＞旱田租金。

（4）地块所在区域位置对预期租金的影响。根据全国范围内耕地产粮能力分析，东部高于中部，中部高于西部。因此假设：湖北省＞广东省＞山东省＞江西省。

（5）水电网情况对预期租金的影响。水电网条件越好，预期租金越高。

（6）水源情况对预期租金的影响。地表水比浅层地下水更容易预期租金提高；相对健全的防洪排涝能力对预期租金也有积极的正向影响；地下水埋设越深，土地水源状况越好，土地预期租金越高；水源质量越无污染，土地预期租金越高。

（7）土壤条件对预期租金的影响。假设四种类型的土壤质地从好到坏依次为：壤土＞黏土＞砂土＞砾石土。并假设：微碱性的土壤利于预期租金的提高；有机质含量越高，土地预期租金越高。

（8）所在市年度人均收入对土地预期租金的影响。所在市年度人均收入越高，当地农户对土地的依赖越小，对土地流转预期租金越少。

（9）城市化率对土地预期租金的影响。积极影响是：城市化率越高，农民对土地的规模利用意识越强，土地预期租金越高。消极影响是：城市化率越高，农民对土地的依赖程度越低，土地预期租金越低。

（10）城市常住人口数量对土地预期租金的影响。积极影响是：人口数量越高，说明城市的级别越高，经济越发达，农民对土地的规模利用意识越强，土地预期租金越高。消极影响是：人口数量越高，说明城市的工业化、城镇化水平高，农民对土地的依赖程度不高，土地流转时收益期望不大，预期租金不高。暂且假设积极影响超过消极影响。

本研究采用 SPSS19.0 进行数据处理，相关结果见表 5－2～表 5－6。

从当下几个比较前沿的土地流转交易信息平台收集数据：土流网、土地资源网、地合网。在 141 个土地预期租金影响因素的案例数据中，如表 5－2 所示，土地流转预期租金在 400～600 元的占 31.0%，另有 31.8%租金集中在 200～400 元和 600～800 元两个区间段，预期租金在 1 000 元以上的占 28.7%。由表 5－3 可知，在模型中未引入自变量时，－2 对数似然值为 396.586；引入自变量后，－2 对数似然值减少至 246.337，卡方为 150.249，显著性 0.000<0.05，表明至少有一个自变量的偏回归系数不为 0，最终的模型有统计上的显著意义。同时从拟合度检验结果可知（表 5-4），Pearson 和偏差值分别为 0.000 和 1，偏差较大主要是由于自变量中土地面积、剩余年限等连续性变量的存在致使检验值较大。由表 5-5 可知，伪 R^2 值较大，综合来看拟合优度较好。由表 5-6 可知，回归系数估计中，城市常住人口（X_{17}）越多，价格越低，与假设不符，说明城镇化水平越高，农民对土地的依赖程度相对减弱；所在市上年度人均收入（X_{15}）、城市化率（X_{16}）等可能由于变量的交互影响或案例采集数量较少，呈现不明显的显著影响；相比之下，供电条件（X_6）、网络状况（X_7）、灌溉水源（X_8）、防洪排涝能力（X_9）、水源质量情况（X_{11}）的偏回归系数均小于 0（β_6、β_7、β_8、β_9、β_{11} 小于 0），对应的 OR_6、OR_7、OR_8、OR_9、OR_{11} 小于 1，说明与水、电、网络条件较好及防洪排涝能力较好相比，水、电、网络条件不好的粮田流转价格处于较低级别；在 5%显著水平下，与粮田流转标准价格（Y）显著相关的有土地类型（X_3）、地下水埋深（X_{10}）、土壤酸碱度（X_{13}）。

表 5-2 案例数据处理

变量解释	变量名	变量赋值	样本数（个）	边际百分比（%）
土地预期租金	Y	0=200 元以下	1	0.8
		1=200～400 元	17	13.2
		2=400～600 元	40	31.0
		3=600～800 元	24	18.6
		4=800～1 000 元	10	7.8
		5=1 000 元以上	37	28.7
土地类型	X_3	0=旱地	41	31.8
		1=水浇地	31	24.0
		2=水田	57	44.2
区域位置	X_4	0=江西省	4	3.1
		1=山东省	11	8.5
		2=广东省	109	84.5
		3=湖北省	5	3.9
供水条件	X_5	0=无	91	70.5
		1=有	38	29.5
供电条件	X_6	0=无	97	75.2
		1=有	32	24.8

（续）

变量解释	变量名	变量赋值	样本数（个）	边际百分比（%）
网络状况	X_7	0＝无	124	96.1
		1＝有	5	3.9
灌溉水源	X_8	0＝浅层地下水	19	14.7
		1＝地表水	110	85.3
防洪排涝能力	X_9	0＝一般健全	1	0.8
		1＝基本健全	7	5.4
		2＝健全	121	93.8
地下水埋深	X_{10}	0＝10 米以下	111	86.0
		1＝10～20 米	7	5.4
		2＝20～50 米	7	5.4
		3＝50 米以上	4	3.1
水源质量情况	X_{11}	0＝轻微污染	1	0.8
		1＝无污染	128	99.2
表面土壤质地	X_{12}	0＝砾石土	1	0.8
		1＝砂土	2	1.6
		2＝黏土	6	4.7
		3＝壤土	120	93.0
土壤酸碱度	X_{13}	0＝ 5.5～6.5，微酸	23	17.8
		1＝ 6.5～7.5，中性	103	79.8
		2＝ 7.5～8.0，微碱	3	2.3
有机质含量	X_{14}	0＝0.6%～1%	3	2.3
		1＝1%～2%	8	6.2
		2＝2%～3%	34	26.4
		3＝3%～4%	43	33.3
		4＝4%以上	41	31.8
所在市上年度人均收入	X_{15}	0＝3 万元以上	30	23.3
		1＝1 万～3 万元	83	64.3
		2＝0.5 万～1 万元	15	11.6
		3＝0.5 万元以下	1	0.8

（续）

变量解释	变量名	变量赋值	样本数（个）	边际百分比（%）
城市化率	X_{16}	0= 40%以下	4	3.1
		1=40%～50%	25	19.4
		2=50%～60%	47	36.4
		3=60%～70%	32	24.8
		4=70%以上	21	16.3
城市常住人口	X_{17}	0=小城市	2	1.6
		1=中等城市	10	7.8
		2=大城市	79	61.2
		3=特大城市	27	20.9
		4=超大城市	11	8.5
	有效		129	100
	缺失		0	
	合计		129	

表 5－3　模型拟合信息

模型	−2 对数似然值	卡方值	*df* 值	显著性
仅截距	396.586			
最终	246.337	150.249	35	0.000

表 5－4　拟合度

拟合检验	卡方值	*df* 值	显著性
Pearson	2 754.741	450	0.000
偏差	246.337	450	1.000

表 5－5　伪 R^2 统计量

指标	Cox & Snell 统计量	Nagelkerke 统计量	McFadden 统计量
伪 R^2	0.688	0.721	0.379

表 5-6　回归系数估计

变量解释	变量名	变量赋值	估计	标准误	*Wald*	*df*	显著性	95%置信区间	
								下限	上限
土地预期租金	Y	0=200 元以下	6.838	5.73	1.424	1	0.233	−4.393	18.069
		1=200～400 元	10.585	5.702	3.446	1	0.063	−0.59	21.76
		2=400～600 元	14.058	5.77	5.936	1	0.015	2.749	25.366
		3=600～800 元	16.061	5.8	7.668	1	0.006	4.693	27.43
		4=800～1 000 元	17.037	5.825	8.554	1	0.003	5.62	28.454
		5=1 000 元以上	0*	—	—	0	—	—	—
土地流转面积	X_1		0.001	0.001	0.928	1	0.336	−0.001	0.002
土地权证剩余年限	X_2		−0.027	0.021	1.557	1	0.212	−0.069	0.015
土地类型	X_3	0=旱地	−2.709	0.699	15.033	1	0	−4.078	−1.339
		1=水浇地	−3.93	0.812	23.403	1	0	−5.523	−2.338
		2=水田	0*	—	—	0	—	—	—
区域位置	X_4	0=江西省	0.109	3.394	0.001	1	0.974	−6.544	6.761
		1=山东省	22.274	1 746.439	0	1	0.99	−3 400.683	3 445.231
		2=广东省	14.15	1 746.436	0	1	0.994	−3 408.803	3 437.102
		3=湖北省	0*	—	—	0	—	—	—
供水条件	X_5	0=无	0.028	0.69	0.002	1	0.968	−1.325	1.381
		1=有	0*	—	—	0	—	—	—
供电条件	X_6	0=无	−0.145	0.747	0.038	1	0.846	−1.608	1.319
		1=有	0*	—	—	0	—	—	—
网络状况	X_7	0=无	−1.196	2.154	0.308	1	0.579	−5.418	3.026
		1=有	0*	—	—	0	—	—	—
灌溉水源	X_8	0=浅层地下水	−0.142	0.833	0.029	1	0.865	−1.775	1.492
		1=地表水	0*	—	—	0	—	—	—
防洪排涝能力	X_9	0=一般健全	−15.071	1 746.438	0	1	0.993	−3 438.026	3 407.884
		1=基本健全	−3.278	1.159	8.006	1	0.005	−5.549	−1.007
		2=健全	0*	—	—	0	—	—	—
地下水埋深	X_{10}	0=10 米以下	−11.132	3.895	8.166	1	0.004	−18.767	−3.497
		1=10～20 米	−10.041	4.33	5.378	1	0.02	−18.528	−1.555
		2=20～50 米	−14.925	3.144	22.53	1	0	−21.088	−8.762
		3=50 米以上	0*	—	—	0	—	—	—

（续）

变量解释	变量名	变量赋值	估计	标准误	*Wald*	*df*	显著性	95%置信区间	
								下限	上限
水源质量情况	X_{11}	0=轻微污染	−16.785	1 746.436	0	1	0.992	−3 439.737	3 406.167
		1=无污染	0*	—	—	0	—	—	—
表面土壤质地	X_{12}	0=砾石土	3.478	5.953	0.341	1	0.559	−8.19	15.146
		1=砂土	−1.134	2.364	0.23	1	0.631	−5.767	3.498
		2=黏土	2.13	2.111	1.018	1	0.313	−2.007	6.267
		3=壤土	0*	—	—	0	—	—	—
土壤酸碱度	X_{13}	0=5.5～6.5，微酸	23.036	0.597	1 486.951	1	0	21.865	24.207
		1= 6.5～7.5，中性	25.613	0	—	1	—	25.613	25.613
		2= 7.5～8.0，微碱	0*	—	—	0	—	—	—
有机质含量	X_{14}	0=0.6%～1%	7.756	5.273	2.164	1	0.141	−2.578	18.09
		1=1%～2%	0.504	1.3	0.15	1	0.699	−2.045	3.052
		2=2%～3%	1.369	0.8	2.928	1	0.087	−0.199	2.936
		3=3%～4%	3.136	0.711	19.427	1	0	1.741	4.53
		4=4%以上	0*	—	—	0	—	—	—
所在市上年度人均收入	X_{15}	0=3 万元以上	2.429	1.618	2.253	1	0.133	−0.743	5.601
		1=1 万～3 万元	−0.798	1.534	0.271	1	0.603	−3.806	2.209
		2=0.5 万～1 万元	0*	—	—	0	—	—	—
		3=0.5 万元以下	0*	—	—	0	—	—	—
城市化率	X_{16}	0= 40%以下	−7.06	4.23	2.785	1	0.095	−15.352	1.231
		1=40%～50%	2.383	0.974	5.984	1	0.014	0.474	4.292
		2=50%～60%	1.214	1.046	1.346	1	0.246	−0.837	3.265
		3=60%～70%	−1.987	1.096	3.287	1	0.07	−4.135	0.161
		4=70%以上	0*	—	—	0	—	—	—
城市常住人口	X_{17}	0=小城市	0*	—	—	0	—	—	—
		1=中等城市	−13.582	1 746.435	0	1	0.994	−3 436.532	3 409.368
		2=大城市	−12.691	1 746.435	0	1	0.994	−3 435.64	3 410.259
		3=特大城市	−9.213	1 746.435	0	1	0.996	−3 432.162	3 413.737
		4=超大城市	0*	—	—	0	—	—	—

注：* 表示该参数是冗余的，所以将其设为 0。

由上述模型结果可以看出，在 17 个影响粮田流转价格的变量中，土地类型（X_3）、地下水埋深（X_{10}）、土壤酸碱度（X_{13}）对粮田流转价格影响最大，可以看出，这三个因素都是粮田的自然因素，是决定一块粮田好坏的最直接、最关键的因素。粮田类型以旱田、水田、水浇地为主，土地类型是农民判断粮田好坏的重要标准。地下水埋深（X_{10}）这个因素的偏回归系数小于 0，说明地下水埋深值越大，粮田流转价格越低，因为地下水埋深值越大，越不利于粮田获取水源。土壤酸碱度（X_{13}）对粮田流转价格的影响表明，微碱性的土壤利于粮田流转价格的提升。模型测算表明，粮田流转价格影响因素中，最主要的影响因素还是自然因素，如粮田肥沃程度、水利情况、区位因素等。

从上述平台中收集 455 份土地流转案例（原来为 141 份，现增加到 455 份。其中，黑龙江 52 份，吉林 47 份，河南 43 份，山东 54 份，江西 57 份，江苏 47 份，湖北 46 份，广东 109 份）。案例分布在粮田综合特征表现较好的区域，如适宜且优化发展农业东北区、黄淮海区、长江中下游区、华南区。西部地区农业发展差距相对较大，不做考虑。

通过前述运算，删去不重要指标。在对指标进行冗量精简的基础上，将其信息整理到影响因素分析模型中，采用 SPSS17.0 软件进行数据处理。研究显示，土地类型直接决定粮田流转价格，粮田所在区域对流转价格有很大影响。在大样本条件下，影响粮田流转标准价格的仍然以自然因素为主。刘寒梅和刘任（2013）认为，土壤肥力、地理位置是影响粮田流转价格的两个决定性因素。土壤肥力是决定土地产出的重要因素，也相应决定了粮田流转价格。在土地承包经营权转出期内，土地使用权的价格可以将级差地租的超额利润和总地租等作为依据来决定土地的流转价格[53]。张振华（2013）也认为，研究流转价格的形成，不仅要考虑社会经济因素的影响，还需考虑自然环境因素对土地流转价格的影响。自然环境因素主要包括土地自然肥力、保水能力、土地区位因素等，具体体现为：地下水水位、土壤品质、土层厚度、土壤有机质含量、土地规模、土地地理位置、水利灌溉条件等[68]，李晓璐（2016）认为这也是地租形成的关键因素[128]。

为了进一步验证影响粮田流转标准价格的主要因素，课题组向 10 位农业专家（包括学者、农村工作委员会干部、国土部门干部、乡镇农业领导）发放了《影响粮田流转价格主要因素问卷表》。有 9 位农业专家（占问卷调研人数的 90%）认为影响粮田流转价格的主要因素还是自然因素，如土地肥沃程度、区位因素和水利情况等；另有 1 位专家虽然没有将上述三个因素都列入主要因素，但仍然把土地肥沃因素排在第一位。在我国由传统农业向现代农业转型的过程中，在 2/3 以上农户还没有参与粮田流转的情况下，自然因素仍然是影响农户收益的最重要因素，农户在流转粮田时首先要考虑自己粮田的肥沃情况、水利情况和区位情况，根据粮田粮食生产能力确定粮田流转价格。对于粮田流入方来讲，粮食生产投资收益率更是首选因素，地块好坏是他们定价的关键因素，对于土壤肥沃、位置较好的粮田，给出的租金要高一些；反之，对于比较偏僻、贫瘠的粮田，给出的租金就要少一些。综合模型分析、文献资料和专家意见，在我国农业还不发达的情况下，提取影响粮田流转标准价格模型主要指标中自然因素指标为主要影响指标，包括粮田的肥沃程度、水利因素、区位因素等，这些自然因素指标影响了粮田的粮食生产纯收益，进而从根本上决定了粮田流转标准价格的高低。

5.3 粮田流转标准价格模型评估方法比较

5.3.1 6种常用基本方法

土地估价学中，常用的6种基本方法分别是收益还原法、市场比较法、成本逼近法、剩余法、评分估价法和基准地价修正法[47]，其中前四种方法比较常用。

(1) 收益还原法。收益还原法就是利用土地现在或未来的收益，将其还原成土地的价格。土地价格和土地收益之间必然存在一个关系。土地收益=土地价格/回报率，因此土地价格=土地年收益/土地还原率。收益还原法是将预计的待估土地未来正常年纯收益（地租），以一定的土地还原利率将其统一还原为评估时点后累加，以此估算待估土地的客观合理价格的方法。预计土地未来地租的资本化是其基本原理。

(2) 市场比较法。市场比较法是比较成熟通用的一种方法，因为经典运用得比较广泛。它的原理是：为了评估某一土地的价格，先寻找类似土地的交易价格，然后与估价对象进行比较，以条件的差异确定土地价格的差异。根据市场中的替代原理，将待估土地与具有替代性的，且在估价时点近期市场上交易的类似地产进行比较，并对类似地产的成交价格作适当修正，以此估算待估土地客观合理价格的方法。在同一公开市场中，两宗以上具有替代关系的土地价格因竞争而趋于一致。

①基本公式。基本公式可以表示如下：

$$PD = PB \times A \times B \times D \times E \qquad (5-10)$$

式中：PD 表示待估宗地价格；PB 表示比较案例价格；A=待估宗地情况指数/比较案例宗地情况指数=正常情况指数/比较案例宗地情况指数；B=待估宗地估价期日地价指数/比较案例宗地交易日期指数；D=待估宗地区域因素条件指数/比较案例宗地区域因素条件指数；E=待估宗地个别因素条件指数/比较案例宗地个别因素条件指数。

②间接比较公式。间接比较公式可以表示如下：

$$PD = PB \times A \times B \times C \times D \times E \qquad (5-11)$$

式中：PD、PB、A、B、D、E 的含义同式（5－10）；C＝标准宗地条件评价系数/比较案例宗地条件评价系数。

(3) 成本逼近法。成本逼近法的原理，源自成本角度测算，也是站在流入方的角度衡量土地的价值，是由成本累加得到土地的价值。土地价值由土地的各项成本共同作用形成，细分此成本，包括土地取得成本（包括相关税费）、土地开发成本两项。因此，投资土地的代价＝取得土地成本＋开发土地的成本＋投入资金利息＋投入资金成本产生的利润。成本逼近法是以开发土地所耗费的各项费用之和为主要依据，再加上一定的利润、利息、应缴纳的税金和土地所有权收益来确定土地价格的方法。一般地价公式包括：①新开发土地，地价＝土地取得费＋土地开发费＋利息＋利润＋土地所有权收益＝成本价格＋土地所有权收益；②已开发土地，地价＝土地重新开发成本（开发原价）－减价修正。

(4) 剩余法。剩余法是基于土地价值剩余原理。土地价值剩余原理认为，土地价值（或地租）由土地产品价格所决定，是扣除其他生产费用的余额。用公式表示为：土地分摊价值＝不动产价值－建筑开发成本－成本利息－开发利润－相关税费。剩余法又名假设开发法。剩余法是在预计开发完成后不动产正常交易价格的基础上，扣除预计的正常开发成本及有关专业费用、利息、利润和税收等，以价格余额来估算待估土地价格的方法。其基本公式为：待估土地的价格 V＝总开发价值或开发完成后的不动产总价值 A－（整个开发项目的开发成本 B＋开发商合理利润 C）。

5.3.2 粮田流转标准价格评估适用的方法

在我国，粮田流转是使用权的流转，不是所有权的流转。因此，对粮田流转进行价值评估更适合使用会计学上的无形资产评估。按照国际资产评估原则和我国评估资产惯例，收益还原法是最合适的评估方法。同时，由于我国特殊国情和农村土地特殊产权，对粮田流转价值进行评估至少需要两种方法，以相互补充、相互完善。成本逼近法是对收益还原法的补充完善，是粮田流转标准价格的底线，粮田流转标准价格不能低于粮田开发成本。基于对粮田土地的权利、用途等土地估价学因素性质的考虑，决定采取土地估价学中的收益还原法和成本逼近法作为此次模型构建的基本方法。在上面介绍的 4 种常用的基本方法中，收益还原法最为适合，它的原理普适于任何产生收益的土地，而对于粮田，这种收益恰恰是经营农业生产而从土地上直接产生的农业收益，更加直接地体现粮田土地用于粮食种植生产的地力程度。直接考虑粮田土地上粮食生产能力的大小是评价用于发展粮食种植土地的价值的唯一客观公正的依据。相比于其他方法，成本逼近法仅次于收益还原法，也较适用于粮田土地价格的评估。可以采用粮田土地用于粮食种植所产生的全部成本费用作为评价粮田土地价值大小的依据。但成本逼近法在实际应用中，一般测算出来的价值稍微偏离实际土地的价值，小于实际市场的客观价值。这就需要在采用成本逼近法时根据所研究的对象特点来评估其成本费用，保证与收益还原法协调配合。

市场比较法则不太适合本书的研究评估对象。市场比较法的基本原理是：在条件允许的情况下，任何一个潜在的投资者在决定投资某项资产时，他所愿意支付的价格不会超过市场交易的最新价格。市场比较法的基本思路是：通过收集市场上最近成交的农村土地承包经营权交易实例作为参照物，分析比较评估对象与参照物的异同并进行调整，最终得到评估对象的流转价格。评估公式为：流转价格＝参照物的价格×调整系数。

市场比较法有两个重要的适用前提：①要有公开活跃的交易市场；②可以取得相关的比较参数。如果具备这两个适用前提，采用市场比较法评估土地承包权流转价格应该是一种较好的选择。因为市场比较法能充分反映土地的市场交易情况，结果容易被双方所理解和接受。但在目前，市场比较法在我国受到很多应用限制：我国农村土地承包经营权流转市场不发达，很难找到足够多的参照物；土地本身的特点决定需要考虑的差异因素复杂，相关指标体系尚未建立，调整系数难以确定[45]。要求待估对象的临近周围有成熟的可比实例。我国曾经有一段时期粮田不能流转，没有历史价格可以参考，所以不适合用市场比较法研究粮田地标准价格问题。剩余法较适用于新开发的土地，用于投资建设的土地。对于农业生产，投资的收益范围和可能性很小，农业生产主要是用于保障国家粮田稳定，保障粮食生产安全。此外，剩余法对粮田土地开发评价不适用。

5.4 基于收益还原法和成本逼近法的粮田流转标准价格评估模型

5.4.1 模型假定

假定 1：粮田流转标准价格的评估对象是粮田，而粮田的产出收益有两种来源：一种是直接生产经营产生的收益，即农产品年收益；另一种是把粮田租出去，租赁经营产生的年收益。两种收益来源不同，本评估模型不考虑粮田租赁经营产生收益的情况，只考虑粮田粮食生产经营所带来的收益。

假定 2：假定粮田土地上生长的粮食作物有限且种类固定，能为国家粮食生产安全提供基础保障。

假定 3：一种评估方法有局限性，需要两种评估方法相互补充。粮田流转标准价格评估以收益还原法为主，以成本逼近法为辅。

5.4.2 组合与公式

收益还原法从土地上生长农产品所能带来的粮食效益出发，对土地进行资本化的还原得到土地的潜在价值，也是土地的真实价值。符合用于粮田用途的土地价值的获取。成本逼近法则是以让土地达到理想粮田规模化的大农业经营状态为前提，测算对土地进行整理、基础农耕设施建设，甚至开垦土地所要耗费的各项成本费用。显然，出于不同原理的估算方法，估算价值有差异。成本逼近法适用于测量偏低的土地价值。根据土地估价实务的一般经验，对两种方法的结合会有一个比例，本书研究将采用两种方法分别测度，不考虑组合结果。

5.4.2.1 收益还原法及其扩展

在土地评估学中，收益还原法是指将预计的待估土地未来正常年纯收益，以一定的土地还原利率将其统一还原为评估时点后累加，以此估算待估土地的客观合理价格的方法。根据马克思地租地价理论，土地未来地租的资本化是地价。

$$P=R/i \tag{5-12}$$

式中：P 表示粮田承包经营权无限期流转价格（以下简称粮田转让价格）；R 表示土地年预期纯收益；i 表示土地还原率。

粮田转让价格主要取决于两个因素：①预期收益大小。根据投资回报原理，农村土地承包经营的预期收益应该是纯收益。粮田的土地年纯收益就是粮田种植粮食所产生的直接收益，这个收益等于粮田种植粮食产生的一年总收益减去一年总费用。粮田种植粮食产生的一年总收益用农产品的年收入代替。农产品年收入是指农用地用于粮食生产过程中，每年平均的粮食生产产品的收入，包括主产品收入和副产品收入。收入的计算根据其产量和估价期的正常市场价格进行。年总费用是指待估农用地的使用者在进行生产经营活动中所支付的年均客观总费用。在确定年总费用时应根据待估农用地生产经营活动的方式，进行具体分析。总费用＝农用地维护费＋生产农副产品的费用。如果有补贴收入，也应计入纯收益。预期收益是土地未来的预期收益额，可以依据土地的历史收益或现实收益确定。预期收益应该是土地的客观收益，即应按当地的平均耕种和收益水平确定而非个体水平。②还原率的确定。还原率是一种期望投资报酬率，是投资者针对特定投资风险，对投资所期望的回报率。其计算公式为：折现率＝无风险报酬率＋风险报酬率。实践中一般将同期国债利率作为无风险报酬率。风险报酬率的确定一般是将风险进行区分量化得到。农村土地承包经营权的风险一般包括政策风险、自然风险、经营风险、市场风险等。

所以得到粮田转让价格的拓展公式如下：

$$R=a_1-a_2 \tag{5-13}$$

$$P=(a_1-a_2)/i \tag{5-14}$$

式中：R 表示粮田年预期纯收益；P 是指粮田转让价格；a_1 为粮田的年平均总收入；a_2 为粮田的年平均总成本；i 为粮田土地还原率。

用收益还原法计算的流转价格公式如下：

$$P^*=(a_1-a_2)/i[1-1/(1+i)^n] \tag{5-15}$$

式中：P^* 为粮田流转标准价格；n 为粮田流转年限；其他变量含义同式(5-14)。

现实中，更多的粮田流转是有流转年限的，是有期限的流转。因此要考虑预收多年地租未来收益的贴现。此时 P^* 为粮田承包经营权有限期流转价格（以下简称粮田流转标准价格），不再是粮田无限期流转价格（即粮田转让价格）。n 为粮田流转年限，当粮田流转年限为无穷大时，粮田流转标准价格就转化为粮田转让价格。用收益还原法算出的粮田流转标准价格是粮田纯经济价值，与收益期密切相关。收益期是指农村土地承包经营权具有的获利能力持续时间。估测收益期时应注意法律、法规所规定的承包期限。《农村土地承包法》规定：耕地的承包期为 30 年，草地的承包期为 30～50 年，林地的承包期 30～70 年，特殊林木的林地承包期经国务院林业行政主管部门批准可以延长。具体的承包经营权流转收益期应根据法律、法规的要求扣除已承包年限后确定。法律、法规的规定一般为承包年限上限，但应根据具体承包合同进行调整。根据产品寿命周期等其他因素进行估测。农业生产的特殊性决定了收益期往往和所生产的农业产品的寿命周期密切相关。因此，在具体确定时要根据重要性水平充分考虑其他因素的影响[45]。

5.4.2.2 成本逼近法及其扩展

成本逼近法的基本公式如下：

$$P^*=E_a+E_d+T+R_1+R_2+R_3 \tag{5-16}$$

式中：P^* 表示粮田流转标准价格；E_a 表示土地取得费；E_d 表示土地开发费；T 表示税费；R_1 表示利息；R_2 表示利润；R_3 表示土地增值。

对于粮田流转标准价格的评估，基于前面的分析，粮田主要是指国有农场的土地和实行家庭承包经营的那部分土地。国有农场土地的取得方式是国家划拨，因此不存在实际意义的土地取得费。实行家庭承包经营那部分土地是集体土地，它是有取得费的。因此采用成本逼近法测度粮田流转价格会出现所有权不同的粮田在价格上有差异的现象。但从粮田流转的目的来看，粮田要从种植小户流向种植大户，实现土地的规模经营。目前，种植小户的粮田就是指家庭承包经营的那部分耕地，分布比较分散，不能很好地连接成片或使之依附于与其相毗邻的大片区的农场用地进行规模化种植。而种植大户的粮田就是指成规模化经营的粮田耕地，种植大户可能是国有大型农场，也可能是集体种植大户。粮田流转价格评估的研究对象实际上就是种植小户的土地，也就是实行家庭承包经营的那部分集体承包耕地。而成本逼近法的使用主要针对这部分土地。

土地开发费则是土地获取之后对其进行改造所产生的成本费用。粮田土地用于农业耕种，要对其进行改造或将其建设成理想状态下的粮田从而实现粮田的大规模经营目标，就需要土地的开垦与整理。对土地的开垦和整理包括很多项目，如农田平整、处理耕作层等。但是开垦成本也会随着想要达到的粮田等级而变化。对粮田的投入成本会占用资金，因此产生各项资金成本，即利息和利润，假定产生的各项税费暂时不做讨论。在对土地进行各项投入后，粮田的生产能力得到提高，而引起了土地的增值，也是粮田的增值收益。因此，扩展后的成本逼近法公式可以写成：

$$P^{*}=E_{a}+E_{d}+R_{1}+R_{2}+R_{3} \tag{5-17}$$

式中：P^{*} 表示粮田流转标准价格；E_{a} 表示土地取得费；E_{d} 表示土地开发费；R_{1} 表示利息；R_{2} 表示利润；R_{3} 表示粮田增值收益。

6 粮田流转标准价格测度实证分析与差异性评价

6.1 全国粮田区域划分

6.1.1 全国最宜粮食区域划分

保障粮食安全的重要承载是耕地资源。随着我国农业长期的高投入、高产出，耕地资源被高强度、超负荷利用。耕地资源“只用不养”曾经影响了农业生产很长一段时间。如今，耕地资源“用养结合”意识逐渐受到重视，“藏粮于地”是粮食安全新战略的基础内容。长时间的耕地质量退化、耕地面积污染加大、耕地基础地力缺乏补充，使得有效耕地资源在面积上有所减少、在质量上有所退化。因此，“藏粮”于什么样的“地”是一个关键问题。“藏粮于地”的前提是关注耕地的可持续生产力。2014 年，《国土资源部关于发布全国耕地质量等别调查与评定主要成果的公告》出台；同年，农业部发布《关于全国耕地质量等级情况的公报》。其中，根据国土资源部公布的数据成果，全国耕地被评定为 15 个等别，耕地质量大体呈现四个层次：东部沿海区域耕地质量较好，其次为东北部地区，再次为中部地区，最后为西部地区。在此基础上，结合中国农业区划，若将整个中国作为粮田流转标准价格的研究范围，可划分为四大区域：东北部、东部沿海、中部和西部地区。

6.1.2 测算宜耕系数

农业部于 2014 年发布的《关于全国耕地质量等级情况的公报》将全国耕地按质量分为十个等级，十个等级的耕地分布在全国各农业区比例见表 6-1。经测算，东北部地区的粮田宜耕系数为 6 120，东部沿海地区的粮田宜耕系数为 4 900，中部地区的粮田宜耕系数为 4 030，西部地区的粮田宜耕系数为 2 440。可以看出，东北部地区、黄淮海区、长江中下游区、西南部地区集中了全国大部分的质量相对较好的耕地。根据区域耕地质量的平均等级（一共 10 个等级），得到区域宜耕程度的计算公式：宜耕程度＝10－耕地质量平均等级。因此，粮田宜耕系数可以据此在粮田转让基本价格计算结果的数量级别上建立得到。

表 6-1　2014 年全国各综合农业区耕地质量等级面积占比

单位：%

区域	耕地质量等级									
	一等	二等	三等	四等	五等	六等	七等	八等	九等	十等
东北部地区	6.57	11.33	25.21	24.36	17.24	8.86	4.9	1.54	0	0
内蒙古及长城沿线区	1.98	3.31	5.62	8.39	11.62	15.19	15.35	15.45	14.44	8.64
黄淮海区	5.97	10.86	17.41	19.11	16.77	12.31	7.52	4.05	2.68	3.31
黄土高原区	3.68	4.29	5.8	6.46	7.63	9.84	12.09	16.39	17.58	16.23
长江中下游区	5.3	6.46	12.95	16.78	19.6	13.36	9.87	7.26	5.45	2.96
西南部地区	3.84	5.03	12.31	16.68	18.83	16.6	12.97	7.9	3.9	1.93
华南部地区	5.45	6.45	9.29	16.72	13.68	10.98	9.76	9.33	9.74	8.6
甘肃和新疆地区	5.78	13.03	11.92	10.33	7.95	9.9	22.15	12.45	5.18	1.31
青海和西藏地区	1.35	0.07	1.97	0.54	5.42	7.3	24.89	28.92	25.26	4.29

6.2　收益还原法测算全国各地区粮田流转标准价格：以 2014 年为例

6.2.1　数据采集

在测算粮田流转标准价格时，涉及最重要的两个数据变量，年纯收益和还原率。两个变量采取的数据内容不同，得到的粮田流转标准价格的实际含义也不同。粮田土地的年纯收益来自粮田种植粮食的纯收益。本书拟研究全国范围内 26 个省份（不含北京、上海、天津、青海、西藏、香港、澳门及台湾）或地区的粮田流转标准价格，因此需收集各个省份和地区的农产品纯收益数据。由于考虑到需要 26 个省份及地区的粮田纯收益数据，获取的数据需要统一计价单位才有一定的横向比对意义。因此拟选定某一自然年度，以此年度为基准来收集该年度全国粮田纯收益及还原率数据。由于 2014 年我国正式实施农村土地“三权分置”，因此本书选择 2014 年为基准年。

由于研究的是粮田流转标准价格，在我国，保障粮食根本安全的主要粮食作物就是水稻、小麦和玉米，因此本书研究粮田流转标准价格中的农产品的纯收益，也是限定这三种主要粮食作物农产品的纯收益价值，不考虑其他粮食作物或经济作物。

农产品的年纯收益等于农产品的年总收益减去年总费用成本。其中，农产品的年总收益是指种植水稻、小麦、玉米三种主要粮食作物农产品的产值，包括主产品收入和副产品收入；年总费用是指种植水稻、小麦、玉米的过程中产生的生产成本，概括说有物资成本和人工成本，其中物资成本就是维护农业生产配套设施的基本费用，如农药费、材料费、水电费、农具费等。

2014年我国26个省份三大主要农产品的产值合计（包括主产品产值和副产品产值）及生产成本数据见表6-2。由于我国幅员辽阔，地域差异性大，水稻种植多样性并存。其中，籼稻生长期短，在无霜期长的地方一年可多次成熟；粳稻生长期长，一般一年只能成熟一次。而由于不同地域光照的时间不同，水稻的品种又分为早稻、中稻、晚稻。

表6-2　2014年我国三大主产粮食的产值与成本情况

单位：元/亩

地区		水稻				小麦	玉米
		早籼稻	中籼稻	晚籼稻	粳稻		
浙江	总产值	1 157.47		1 456.09			
	总成本	1 041.05		1 152.47			
	纯收益	116.42		303.62			
安徽	总产值	1 177.29				1 084.74	
	总成本	1 031.43				803.90	
	纯收益	145.86				280.84	
福建	总产值	1 305.03	1 431.97				
	总成本	1 373.96	1 281.49				
	纯收益	−68.93	150.48				
江西	总产值	1 132.86		1 338.33			
	总成本	987.87		1 016.68			
	纯收益	144.99		321.65			
湖北	总产值	1 117.95				782.57	
	总成本	1 035.23				680.76	
	纯收益	82.72				101.81	
湖南	总产值	1 032.99		1 356.84			
	总成本	959.08		1 181.73			
	纯收益	73.91		175.11			
广东	总产值	1 189.49		1 374.33			
	总成本	1 202.52		1 236.77			
	纯收益	−13.03		137.56			

（续）

地区		水稻				小麦	玉米
		早籼稻	中籼稻	晚籼稻	粳稻		
广西	总产值	1 208.25		1 284.38			
	总成本	1 247.10		1 186.38			
	纯收益	−38.85		98.00			
海南	总产值	1 078.09		757.56			
	总成本	1 022.80		975.77			
	纯收益	55.29		−218.21			
江苏	总产值		1 555.62			1 042.19	
	总成本		1 024.73			881.83	
	纯收益		530.89			160.36	
河南	总产值					1 153.45	1 100.94
	总成本					1 012.65	1 015.02
	纯收益					140.80	85.92
重庆	总产值		1 240.87				1 042.63
	总成本		1 289.97				1 295.34
	纯收益		−49.10				−252.71
四川	总产值		1 312.30				1 066.48
	总成本		1 117.86				1 154.11
	纯收益		194.44				−87.63
贵州	总产值		1 431.53				1 007.88
	总成本		1 760.22				1 374.72
	纯收益		−328.69				−366.84
云南	总产值		1 603.45				1 043.62
	总成本		1 547.94				1 466.03
	纯收益		55.51				−422.41
陕西	总产值		1 392.15			965.03	
	总成本		1 485.15			1 003.03	
	纯收益		−93.00			−38.00	
河北	总产值					1 158.72	1 133.34
	总成本					1 023.66	931.54
	纯收益					135.06	201.80

（续）

地区		水稻				小麦	玉米
		早籼稻	中籼稻	晚籼稻	粳稻		
内蒙古	总产值					1 234.52	1 272.14
	总成本					1 107.19	895.95
	纯收益					127.33	376.19
辽宁	总产值				1 936.21		
	总成本				1 423.75		
	纯收益				512.46		
吉林	总产值				1 666.01		
	总成本				1 466.33		
	纯收益				199.68		
黑龙江	总产值				1 647.20		
	总成本				1 320.28		
	纯收益				326.92		
山东	总产值					1 160.14	1 221.56
	总成本					990.07	962.34
	纯收益					170.07	259.22
宁夏	总产值				1 693.21	978.78	
	总成本				1 486.52	1 083.47	
	纯收益				206.69	−104.69	
山西	总产值					953.38	1 272.29
	总成本					1 001.69	1 084.82
	纯收益					−48.31	187.47
甘肃	总产值					847.82	1 494.24
	总成本					1 168.40	1 844.35
	纯收益					−320.58	−350.11
新疆	总产值					1 195.19	1 406.08
	总成本					1 018.40	1 108.03
	纯收益					176.79	298.05

资料来源：亩均纯收益根据国家发展和改革委员会价格司于2015年出版的《全国农产品成本收益资料汇编》中的数据计算整理得出。

6.2.2 收益还原法模型应用

（1）计算年纯收益。其中，东北部地区一年一季，长江以南一年二季，西北部地区一年两季。

（2）确定土地还原率。在实际评估中，土地还原率有三种确定方法：①租价比方法；②安全利率加风险调整值法；③投资风险与投资收益率综合排序插入法。其中，安全利率加风险调整值法最为常见。安全利率加风险调整值法的计算公式为：土地还原率＝安全利率＋风险调整值[129]。其中，安全利率一般采用当地一年期定期存款年利率；结合粮田流转引发的农业投资风险，涉及农业生产所遇到的灾害性天气、评估对象所处地区的社会经济发展水平和农用地市场等状况对其影响程度，确定不同地区风险调整值。2014 年前后一段时期的金融机构人民币存款基准利率调整如表 6-3 所示。2014 年的一年期定期银行存款利率是 2.75%～3.00%，以 3.00%为安全利率。

表 6-3　金融机构人民币存款基准利率调整

单位：%

项目	调整时间				
	2011 年 7 月 7 日	2012 年 6 月 8 日	2013 年 7 月 6 日	2014 年 11 月 22 日	2015 年 3 月 1 日
定期/整存整取/ 一年期存款年利率	3.50	3.25	3.00	2.75	2.50

资料来源：《中国金融年鉴 2015》。

农业投资风险主要来源于三个方面：①自然灾害风险，如干旱、台风、低温灾害等。经过调研，旱灾是导致农作物损失最主要的灾害。我国旱灾主要集中在北方的辽宁、吉林、内蒙古、河北、山西、甘肃、宁夏和陕西等 8 个省份；洪涝高风险区为重庆、湖南、湖北、安徽和江西；低温灾害集中于我国西北部和海南省；风雹高风险区为我国北部；台风集中于华南沿海[130]。②区域社会经济发展风险。社会经济发展风险由西到东呈逐渐加强的态势。经济发展较快的地区，社会经济发展风险更强。由此可知，沿海一带经济发展风险最强。③区域粮田流转的市场风险。粮田流转的市场风险伴随着经济发展风险，因此应与经济社会发展风险的分布趋势相一致。由此得到我国 26 个省份自然灾害风险、经济社会发展风险和粮田转让市场风险总要度分布表，见表 6-4。以“1”为一个重要度，其中自然灾害风险可根据不同风险的权重求得自然风险综合重要度。

调研现行农用地使用权市场价格的评估，在我国东部地区一般采取 4%作为风险调整综合值。结合各省份和地区风险调整综合重要度，在 4%的水平基础上予以修正，得到各地区平均风险调整值，最终得到 26 个省份的区域平均安全利率和区域平均风险调整值之和土地还原率，见表6-5。

表6-4 各地区农业投资各风险重要度计算

区域	自然灾害风险重要度						经济社会发展风险重要度	转让市场风险重要度	综合风险重要度
	旱灾（权重0.5）	洪涝灾害（权重0.2）	低温灾害（权重0.1）	风雹（权重0.1）	台风（权重0.1）	综合重要度			
浙江					1	0.1	1	1	0.7
安徽		1				0.2	1	1	0.7
福建					1	0.1	1	1	0.7
江西		1				0.2	1	1	0.7
湖北		1				0.2	0.6	0.6	0.5
湖南		1				0.2	0.6	0.6	0.5
广东					1	0.1	1	1	0.7
广西						0	0.6	0.6	0.4
海南			1			0.1	1	1	0.7
江苏						0	1	1	0.7
河南						0	1	1	0.7
重庆		1				0.2	0.6	0.6	0.5
四川						0	0.2	0.2	0.1
贵州						0	0.6	0.6	0.4
云南						0	0.6	0.6	0.4
陕西	1			1		0.6	0.6	0.6	0.6
河北	1			1		0.6	1	1	0.9
内蒙古	1			1		0.6	0.6	0.6	0.6
辽宁	1			1		0.6	1	1	0.9
吉林	1			1		0.6	0.6	0.6	0.6
黑龙江				1		0.1	0.6	0.6	0.4
山东						0	1	1	0.7
宁夏	1			1		0.6	0.6	0.6	0.6
山西	1			1		0.6	0.6	0.6	0.6
甘肃	1		1			0.6	0.6	0.6	0.6
新疆			1	1		0.2	0.2	0.2	0.2

表 6-5　土地还原率确定

单位：%

区域	区域平均安全利率	区域平均风险调整值	土地还原率	区域	区域平均安全利率	区域平均风险调整值	土地还原率
浙江	3.00	2.80	5.80	贵州	3.00	1.60	4.60
安徽	3.00	2.93	5.93	云南	3.00	1.60	4.60
福建	3.00	2.80	5.80	陕西	3.00	2.40	5.40
江西	3.00	2.93	5.93	河北	3.00	3.47	6.47
湖北	3.00	1.87	4.87	内蒙古	3.00	2.40	5.40
湖南	3.00	1.87	4.87	辽宁	3.00	3.47	6.47
广东	3.00	2.80	5.80	吉林	3.00	2.40	5.40
广西	3.00	1.60	4.60	黑龙江	3.00	1.73	4.73
海南	3.00	2.80	5.80	山东	3.00	2.67	5.67
江苏	3.00	2.67	5.67	宁夏	3.00	2.40	5.40
河南	3.00	2.67	5.67	山西	3.00	2.40	5.40
重庆	3.00	1.87	4.87	甘肃	3.00	2.40	5.40
四川	3.00	0.53	3.53	新疆	3.00	0.80	3.80

（3）计算粮田转让价格和粮田流转标准价格。其计算公式已在上一章有过详细介绍，这里总结如下：

①粮田转让价格基本公式。见式（5-12）。

$$P=R/i \tag{5-12}$$

式中：P 表示粮田转让价格；R 表示土地年预期纯收益；i 表示土地还原率。

②粮田转让价格拓展公式。见式（5-13）和式（5-14）。

$$R=a_1-a_2 \tag{5-13}$$

$$P=(a_1-a_2)/i \tag{5-14}$$

式中：P 为粮田转让价格；a_1 为粮田的年平均总收入；a_2 为粮田的年平均总成本；i 为粮田土地还原率。

③粮田流转标准价格基本公式。见式（5-15）。

$$P^*=[(a_1-a_2)/i][1-1/(1+i)^n] \tag{5-15}$$

式中：P^* 为粮田流转标准价格；n 为粮田流转年限；其他变量含义同式（5-14）。

利用上述公式计算 2014 年全国 26 个省份（不含北京、上海、天津、青海、西藏、香港、澳门及台湾）的粮田流转标准价格和粮田转让价格，计算结果见表6-6。

表6-6 粮田流转标准价格和粮田转让价格计算结果

区域	土地纯收益（元/亩）	土地还原率（%）	粮田流转标准价格（元/亩）	粮田转让价格（元/亩）	区域	土地纯收益（元/亩）	土地还原率（%）	粮田流转标准价格（元/亩）	粮田转让价格（元/亩）
浙江	420.04	5.80	396.87	7 242.07	贵州	—	4.60	—	—
安徽	426.7	5.93	402.95	7 195.62	云南	—	4.60	—	—
福建	81.55	5.80	77.05	1 406.03	陕西	—	5.40	—	—
江西	466.64	5.93	440.67	7 869.14	河北	336.85	6.47	316.55	5 206.34
湖北	184.53	4.87	138.27	3 789.12	内蒙古	504.02	5.40	477.89	9 333.70
湖南	249.02	4.87	237.26	5 113.35	辽宁	512.46	6.47	482.08	7 920.56
广东	124.56	5.80	117.69	2 147.59	吉林	199.68	5.40	189.33	3 697.78
广西	59.15	4.60	56.58	1 285.87	黑龙江	326.92	4.73	312.41	6 911.63
海南	—	5.80	—	—	山东	429.29	5.67	406.58	7 571.25
江苏	691.25	5.67	638.47	12 191.3	宁夏	102	5.40	96.71	1 888.89
河南	226.72	5.67	214.72	3 998.58	山西	139.16	5.40	131.95	2 577.04
重庆	—	4.87	—	—	甘肃	—	5.40	—	—
四川	106.81	3.53	93.85	3 025.78	新疆	474.84	3.80	457.34	12 495.79

注：计算结果保留两位小数。

（4）计算结果分析。

①粮田流转标准价格。从以上26个省份的粮田流转标准价格最终结果可以看出，江苏、安徽、江西、内蒙古、辽宁、山东、新疆等省份的粮田流转标准价格较高；浙江、河北、黑龙江次之；湖北、湖南、广东、河南、吉林、山西、四川又次之；福建、广西、宁夏、海南、贵州、云南、陕西、甘肃等省份的粮田流转标准价格较低。

②粮田转让价格。若按四个区域（东北部、东部沿海、中部和西部地区）划分，全国四个区域的土地平均纯收益、还原率及计算出来的区域平均粮田转让价格见表6-7。由东部到西部，粮田转让价格区域平均值呈梯度渐次降低。东部沿海地区最高，其次就是东北部地区，然后是中部地区，西部地区最少。可以看出，从保障全国粮食安全角度出发评定全国各大区域粮田转让价格，东部沿海地区是全国范围内地力等级普遍较高的区域，耕地优质。东北部地区价格仅次之，说明东北部地区粮食的产出投入比还是相对较高，在全国范围内适宜种植商品粮，是最大的商品粮生产区域。相对于东北部和东部区域，中部地区粮田转让价格较低，西部地区又次之。

表 6-7 四区域综合平均粮田地价

项目	东部沿海	东北部	中部	西部
区域平均纯收益（元/亩）	347.25	346.41	342.93	205.77
区域平均还原率（%）	5.5	5.61	5.16	4.07
区域平均基本地价（元/亩）	6 313.63	6 174.86	6 646.09	5 055.77
年限（修正）	0.80	0.81	0.78	0.70
宜耕系数	6 120	4 900	4 030	2 440
区域平均地价结果（元/亩）	11 170.9	9 901.64	9 213.95	5 979.04

6.3 利用收益还原法确定的粮田流转标准价格比较稳定

在假定各年粮田亩产纯收益和土地还原率不变、在流转期限为 1 年的前提下，粮田流转标准价格是稳定的，这种流转价格可以称为标准地租，也可以称为粮田农业核算价格，因为粮田流转的目的还是种粮，而不是改为其他“非农”用途或者“非粮”用途。在粮食价格没有较大上涨的情况下，种粮比较经济效益一直较低，因此核算出来的粮田流转标准价格就相对较低，有的甚至出现负数。以东北部地区的辽宁、东部地区的江苏、中部地区的湖北和西部地区的四川为例，计算 2008—2016 年这 4 个省份的粮田流转标准价格，结果见表 6-8 和表 6-9。

表 6-8 2008—2016 年辽宁、江苏、湖北和四川四个省份粮田流转标准价格测算

单位：元/亩

区域	年份	粮田转让价格	粮田流转标准价格	粮田纯收益	总收益	总成本
辽宁省	2008	3 049.05	208.25	223.80	1 085.26	861.46
	2009	6 113.86	403.52	432.25	1 326.49	894.24
	2010	6 945.90	391.05	414.67	1 452.08	1 037.41
	2011	6 993.36	425.20	452.47	1 662.02	1 209.55
	2012	5 978.72	376.66	401.77	1 754.22	1 352.45
	2013	3 692.89	224.53	238.93	1 673.24	1 434.31
	2014	8 238.91	482.80	512.46	1 936.21	1 423.75
	2015	7 204.02	389.74	412.07	1 934.13	1 522.06
	2016	8 293.16	392.27	412.17	1 965.54	1 553.37

（续）

区域	年份	粮田转让价格	粮田流转标准价格	粮田纯收益	总收益	总成本
江苏省	2008	7 240.37	444.56	473.52	1 598.78	1 125.26
	2009	8 511.65	502.19	533.68	1 712.93	1 179.25
	2010	12 182.98	599.40	629.86	1 873.76	1 243.90
	2011	11 631.75	624.63	659.52	2 096.12	1 436.60
	2012	8 055.41	450.30	476.88	2 158.68	1 681.80
	2013	8 962.96	481.31	508.20	2 299.14	1 790.94
	2014	12 421.59	638.47	673.25	2 579.81	1 906.56
	2015	9 072.56	425.50	446.37	2 435.65	1 989.28
	2016	9 156.59	366.26	381.83	2 391.49	2 009.66
湖北省	2008	6 202.27	336.78	356.01	1 304.73	948.72
	2009	4 076.78	211.58	223.00	1 267.01	1 044.01
	2010	5 738.44	240.44	250.77	1 407.39	1 156.62
	2011	4 470.84	207.47	217.73	1 556.03	1 338.30
	2012	2 273.83	110.74	116.42	1 704.92	1 588.50
	2013	2 516.22	116.75	122.54	1 822.02	1 699.48
	2014	3 128.35	138.27	144.53	1 900.52	1 755.99
	2015	1 788.59	70.82	73.69	1 818.26	1 744.57
	2016	692.28	22.56	23.33	1 697.28	1 673.95
四川省	2008	15 719.55	661.79	691.66	1 759.56	1 067.90
	2009	10 330.99	410.14	426.67	1 565.83	1 139.16
	2010	20 489.44	602.39	620.83	1 957.74	1 336.91
	2011	17 345.04	591.47	612.28	2 229.36	1 617.08
	2012	13 326.46	485.08	503.74	2 437.11	1 933.37
	2013	10 457.51	356.60	369.15	2 515.61	2 146.46
	2014	2 951.52	93.85	96.81	2 378.78	2 271.97
	2015	—	—	−10.75	2 345.18	2 355.93
	2016	—	—	−107.49	2 283.14	2 390.63

资料来源：亩均纯收益根据国家发展和改革委员会价格司出版的2009—2017年《全国农产品成本收益资料汇编》中的数据计算整理得出。

表 6-9　辽宁、江苏、湖北和四川 2008—2016 年粮田流转标准价格

单位：元/亩

省份	2008 年	2009 年	2010 年	2011 年	2012 年	2013 年	2014 年	2015 年	2016 年
辽宁	208.25	403.52	391.05	425.20	376.66	224.53	482.80	389.74	392.27
江苏	444.56	502.19	599.40	624.63	450.30	481.31	638.47	425.50	366.26
湖北	336.78	211.58	240.44	207.47	110.74	116.75	138.27	70.82	22.56
四川	661.79	410.14	602.39	591.47	485.08	356.60	93.85	—	—

利用收益还原法确定的粮田流转标准价格比较稳定，其主要原因是，粮田流转标准价格的影响因素较少。从粮田流转标准价格理论模型看，影响粮田流转标准价格因素主要有三个：粮田纯收益、土地还原率和流出期限。一方面，粮田亩产纯收益比较稳定。在农业科学技术和组织化程度没有较大突破情况下，粮田每亩的产量在短期内不会较大的变化，水稻亩产约为 500 千克、小麦亩产约为 300 千克、玉米亩产约为 400 千克。粮食价格在短期内也不会有较大的波动，水稻 2.6 元/千克，小麦 2.2 元/千克，玉米 2.0 元/千克，所以在平均亩产和价格稳定的情况下，粮田亩均纯收益往往是一个较稳定的数值，在短期内不会有太多的变化。另一方面，银行存款利率比较稳定。在通货膨胀稳定时期，银行利率基本维持在 3%左右，土地还原率在短期内也是无法改变的。如果以土地流出为 1 年期计算，流转后仍然用于种植粮食的粮田流转价格应该是一个比较稳定的基数，它不应该处于剧烈波动状态，因为粮食价格较稳定，银行利率较稳定。国际金融危机后，各国经济发展进入一个相对衰退期。实体经济投资意愿不足，导致银行存款利率一直处于较低状态。2008 年以来，为了拉动经济增长，降低实体经济发展成本，我国银行业存款利率一直处于回落的状况，处于低利率下降通道。见表 6-10。

表 6-10　2008—2016 年我国 1 年期银行存款基准利率

单位:%

项目	2008 年	2009 年	2010 年	2011 年	2012 年	2013 年	2014 年	2015 年	2016 年
年利率	3.87	3.6	2.5	3.0	3.25	3	2.75	2.25	1.5

资料来源：根据中国人民银行统计年鉴整理得出。

6.4　粮食流转标准价格与粮食流转成交价格的差异程度

受供求关系、通货膨胀、其他土地价格、社会保障作用以及议价能力多重因素影响，粮田流转实际成交价格与粮田流转标准价格之间存在较大差距。在我国早期粮田流转中，粮田流转标准价格往往高于粮田流转实际成交价格，对粮田流出方农民造成了损害。但近些年来粮田实际成交价格越来越高于粮田流转标准价格，对流入方新型农业经营主体造成了伤害，抑制了粮田适度规模经营者生产粮食的积极性，影响了国家粮食安全战略，是一个亟待引起重视的重大问题。以辽宁、江苏、湖北、四川 4 个省份为例，2008—2016 年粮田流转标准价格与实际成交价格的差异见表 6－11。

表 6－11　2008—2016 年粮田流转标准价格与实际成交价格差异程度分析

区域	年份	粮田流转标准价格（元/亩）	粮田流转实际成交价格（元/亩）	两者绝对差异（元/亩）	两者相对差异（%）
辽宁省	2008	208.25	200	－8.25	－3.96
	2009	403.52	291	－112.52	－27.88
	2010	391.05	325	－66.05	－16.89
	2011	425.20	407	18.20	4.28
	2012	376.66	502	125.34	33.27
	2013	224.53	600	375.47	167.22
	2014	482.80	724	241.20	49.96
	2015	389.74	763	373.26	95.77
	2016	392.27	800	407.73	103.94
江苏省	2008	444.56	400	－44.56	－10.02
	2009	502.19	460	－42.19	－8.40
	2010	599.40	500	－99.40	－16.58
	2011	624.63	600	－24.63	－3.94
	2012	450.30	700	249.70	55.45
	2013	481.31	820	338.69	70.37
	2014	638.47	895	256.53	40.18
	2015	425.50	1 000	574.50	135.02
	2016	366.26	1 160	793.74	216.71
湖北省	2008	336.78	175	－161.78	－48.03
	2009	211.58	211	－0.58	0
	2010	240.44	287	46.56	19.36
	2011	207.47	354	146.53	70.62
	2012	110.74	500	389.26	351.51
	2013	116.75	800	683.25	585.22
	2014	138.27	1 000	861.73	623.22
	2015	70.82	1 100	1 029.18	1 453.23
	2016	22.56	1 120	1 097.44	4 864.54

（续）

区域	年份	粮田流转标准价格（元/亩）	粮田流转实际成交价格（元/亩）	两者绝对差异（元/亩）	两者相对差异（%）
四川省	2008	661.79	400	−261.79	−39.56
	2009	410.14	455	44.86	10.97
	2010	602.39	500	−102.39	−16.99
	2011	591.47	548	−43.47	−7.34
	2012	485.08	652	166.92	34.41
	2013	356.60	704	347.40	97.42
	2014	93.85	809	715.15	762.01
	2015	—	1 210	—	—
	2016	—	1 283	—	—

在工业化、城镇化和农业现代化进程中，许多因素交织推动了粮田实际成交价格不断上升。

在我国，在确定粮田流转实际成交价格的过程中，需要考虑粮田供求关系、通货膨胀、社会保障价值、农户议价能力和粮田流出方以及粮田流入方预期价格等诸多因素。因此我国粮田流转实际成交价格与粮田流转标准价格存在较大的背离。近年来，粮田实际成交价格一直高于粮田流转标准价格。由于地租成本不断上升，导致粮食适度规模经营者种粮效益低下甚至亏损，严重影响了种植粮食的积极性，威胁了国家粮食安全。

6.4.1 供求关系的影响

在新一轮农村土地改革中，粮田可以出租，粮田也可以转让，这表明粮田是商品，粮田流转实际成交价格一定会受到市场规律的制约，供求关系将影响粮田流转实际成交价格（图 6-1）。在粮田流出方占优势（粮田供给较少，但粮田需求较大）的市场条件下，粮田流转实际成交价格就高；在粮田流入方占优势（粮田供给较多，但粮田需要者较少）的市场条件下，粮田流转实际成交价格就低；当粮田流出量与粮田需要量相等时，粮田流转实际成交价格将趋向粮田流转标准价格。

在对东北三省的调查中发现，如果农民外出就业机会多、务工收入高，同时粮田需求大户较少，此时粮田流转实际成交价格较低，流转时间较长。例如，吉林省通化市柳河县张姓种植大户，2015 年流入了 50 亩粮田种植水稻，因为流出方农户大部分是朝鲜族人，去韩国务工的较多，年收入 10 万元以上，因此张姓大户流入的粮田流转成交价格较低，每亩仅为 400 元，并且流转期限

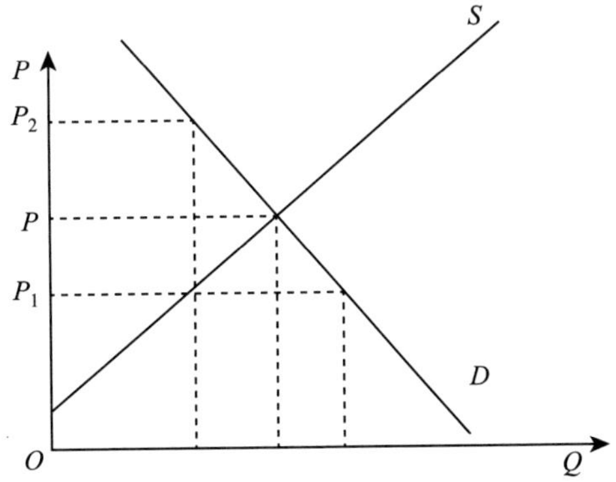

P——流转标准价格；P_1，P_2——流转实际成交价格

图 6－1　粮田供求关系决定粮田流转实际成交价格

到 2028 年第二轮承包期结束。由于水稻品种好，张姓大户又是当地有名的种粮能手，除去各种成本，张姓种粮大户年净收入能达到 20 万元左右。

6.4.2　通货膨胀的影响

物资的稀缺性，决定了物价总水平的年年上涨。农户是理性的“经济人”，他们能预测到年年上涨的物价水平给他们生活带来的影响。因此在确定粮田流转价格时，他们必然会把通货膨胀因素考虑在内，要求每隔 2～5 年粮田流转价格要按一定物价比例上升，以抵消通货膨胀给他们生活带来的影响。所以粮田流转价格实际确定模型可以称为引入通货膨胀预期的价格模型，即：

$$P_0=(a_1-a_2)/i[1-1/(1+i)^n](1+Inf) \qquad (6-1)$$

式中：P_0 为粮田流转实际成交价格；Inf 为通货膨胀率。

粮田流转实际成交价格要考虑到通货膨胀因素的影响。在江苏省盐城市调查中发现粮田流转合同规定，每 2～3 年粮田流转价格要上升 5%左右。

6.4.3　粮田流出方预期价格的心理因素影响

农村土地流转价格与流转行为人的意愿密切相关，因此，研究流转行为人（农户）的预期土地流转价格，对完善我国农村土地定价理论和推进土地流转实践具有积极意义。骆东奇和任海钰（2011）从流转主体农户的属性出发，分析影响农村土地流转预期价格的因素。他们认为农村土地流转预期价格是自然环境因素、社会经济条件、农户属性等因素不同程度量化的结果。设自然环境因素为 u，社会经济因素为 w，农户属性因素为 x，其中各影响因子为 u_1、u_2、u_3，w_1、w_2、w_3，x_1、x_2、x_3。根据各因子影响权重，可建立农村土地

预期流转价格函数 $f(u,w,x)$。结果表明，农村土地流转预期价格与被调查者距场镇距离、被调查者家庭人均年农作物经济收入呈正相关，与被调查者家庭在校学生数呈负相关。这些结论可以为我国农村土地流转价格的确定提供一定的理论依据和参考[37]。

6.4.4 社会保障功能的影响

在我国欠发达的农村地区，粮田仍然是农户的基本保障。虽然我国农村的医疗保障水平和社会养老保障水平正在不断完善，但与城市相比较，还处于较低水平。对于农民而言，农用地的社会保障功能主要包括养老保障功能和医疗保障功能。因此，对式（6-1）加以改进，可得

$$P_0=(a_1-a_2)/i[1-1/(1+i)^n](1+Inf)(1+Ins) \quad (6-2)$$

式中：Ins 为农户社会保险费率，包括医疗保险费率和养老保险费率。

农用地社会保障价值的计算公式如下：

$$U=U_1+U_2 \quad (6-3)$$

式中：U_1 为农用地最低生活保障费用；U_2 为医疗保险费用。

农用地最低生活保障费用可参考征地补偿中的安置补助费，即按照需要安置的农业人口计算。每个需要安置的农业人口的安置补助费标准为该耕地被征用前 3 年平均年产值的 4～6 倍。U_1＝前 3 年的平均年产值×农业人口数×补助标准（暂取 5 倍）。据统计资料，查得该地区农民的人均年医疗费支出（分年龄段更好），以此为基数乘以时间和比例系数除以人均耕地数，求得医疗保险价格。U_2＝人均年医疗费×支出时间×土地可保障系数/人均耕地数。其中，土地可保障系数＝人均土地的社会保障额/人均社会保障额＝农民人均年农业纯收入/农民人均年纯收入。

钟士宇等（2014）用模型来阐述社会保障功能对农村土地流转的抑制。农户由于自身条件的限制，工作机会很难确定，随着农村社会保障水平的提高，农户愿意流出自己的粮田。研究表明社会保障水平的高低决定了农村土地流转水平的高低，决定了农村土地流转租金的数额的大小，土地租金的高低决定了土地流转的规模[131]。

6.4.5 粮田用途“非粮化”的影响

近年来，土地“非粮化”凸显，并呈现进一步加剧的趋势。相对于粮食作物来说，种植经济作物收益明显较好。在棉花、烤烟、西瓜、黄瓜、辣椒、莲藕 6 种经济作物与双季稻的对比中，种植效益最低的烤烟，每亩效益是双季稻的 2.4 倍，种植效益最高的莲藕，其每亩效益是种粮效益的 7.97 倍，6 种经济作物的平均每亩效益是种粮效益的 4.37 倍[132]，都远高于粮食作物的种植收

益。粮田流转实际成交价格是与粮田流转后效益密切相关的。粮田流转标准价格之所以低廉，是因为粮田流转后用途没有任何的改变，仍然种植粮食，粮食比较效益低，导致粮田流转标准价格也较低。但是，一旦粮田流转后用途发生了改变，即便是仍然用于农业，例如变成了种植经济作物或者变成了从事养殖业，粮田流转后的经济效益迅速增长，粮田流转实际成交价格必然上涨，这是符合土地估价学的收益还原法定价规律的。

6.4.6 粮田用途“非农化”的影响

部分基层政府在农村土地改革中存在职能缺位，例如在工商企业租赁农户承包耕地准入和监管制度方面，对工商资本租赁农户承包地缺乏明确的上限控制，缺乏健全资格审查、项目审核、风险保障金三项制度，同时缺少定期对租赁土地企业的流转承包地用途和风险防范能力、农业经营能力、合同履行情况、土地利用情况等开展监督检查。这种缺位导致很多农用地不再用于其原本的农业生产，而是另做他用，如改为建设用地、交通运输用地等，也就是现在所说的粮田流转后的“非农化”现象。造成这种现象的原因很复杂，既有自然原因，也有人为的原因，如“政府需要粮食”“农民需要钱”“企业需要效益”等。近年来，工商资本大量进入农业，由于土地农用的效益确实不高，很多农民为了获取更多的利益，情愿将粮田另做他用或者发展休闲农业。同时，随着我国工业化和城市化进程的加快，农用地变为非农建设用地的规模日益扩大，如今“非农化”问题已经成为一个社会焦点问题。使用土地的方式不同，单位时间内土地产生的价值是不同的，所以粮田“非农化”后土地的价格自然也会上涨。

6.4.7 议价能力的影响因素

在土地经营权流转市场上，不同的市场主体对经营权有不同的讨价还价能力，即议价能力。土地经营权在不同主体之间的配置将决定流转增值的大小，影响资源最优化的实现。对于经营权流出方的主体农民来讲，其议价能力的大小和土地流转增值的实现是影响其增收的重要因素。在当前流出方市场环境下，在双方关于土地流转价格的博弈中，主动采取行动的通常是流入方，而居于主导地位的却是流出方。流转双方对土地价值的评估是决定土地经营权转让价格的最主要因素（图 6－2）；买卖双方经过不断讨价还价，形成了最终交易价格。流转双方的议价技巧和耐心，对流转价格的形成起到一定作用。高洪洋和黄城（2016）在分析了完全信息对称条件下农户议价能力的基础上，又对完全信息非对称条件下的农户议价能力和不完全信息条件下农户的议价能力进行了博弈分析[133]。

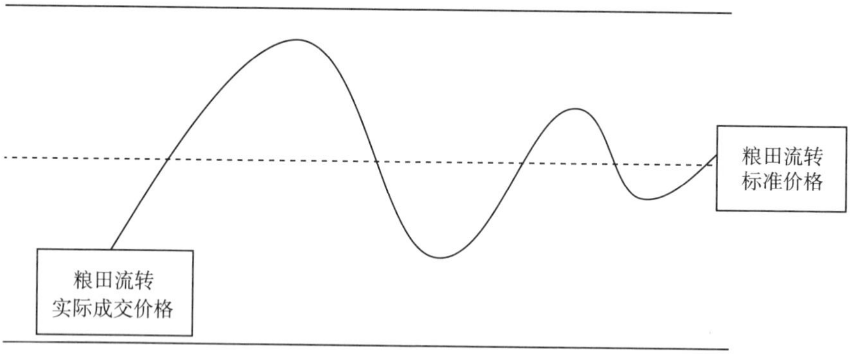

图 6－2　粮田流出方和流入方的粮田流转价格博弈

（1）完全信息非对称条件下。 在完全信息非对称条件下的议价博弈模型中，可通过纳什积最大化求出议价均衡解。其数学表达式为：

$$\mathrm{Max}V=(V_1-P)^{1-\alpha}(P-V_2)^{\alpha} \qquad (6-4)$$

式中：$\mathrm{Max}V$ 表示议价均衡解；V_1 表示流入方获得土地经营权后，实行规模经营所带来的总收益；V_2 表示流出方选择自主经营时土地带来的总收益；P 为土地经营权市场成交价格；$1-\alpha$ 表示流入方议价能力；α 表示流出方议价能力，且 $0<\alpha<1$。

可得

$$P=\alpha V_1+(1-\alpha)V_2 \qquad (6-5)$$

流入方纯收益为

$$V_1-P=(1-\alpha)(V_1-V_2) \qquad (6-6)$$

流出方纯收益为

$$P-V_2=\alpha(V_1-V_2) \qquad (6-7)$$

（2）不完全信息条件下。 在不完全信息条件下的议价博弈中，例如在现实生活中，流出方不清楚流入方在获得土地条件下的总收益。为简化分析，不妨假设流入方获得土地后，土地所带来的总收益存在两种状态：高收益 V_h 和低收益 V_l（$V_h>V_l>V_2$）。一方面，流入方清楚土地流转给自身所带来的总收益，而流出方不清楚土地流转后流入方的具体收益状态，只知道其概率分别为 θ 和 $1-\theta$（$0<\theta<1$）；另一方面，假设流入方和流出方均知道土地流转前流出方土地收益 V_2 的真实值。由于不完全信息，流出方不知道 V_1 的真实值，因此在流入方和流出方议价过程中，需要分别考虑流入方所面临的高收益和低收益两种状态。当 $V_1=V_h$ 时，即流入方在获得土地后为高收益状态，且此时土地经营权市场成交价格为 P_h，根据纳什积最大化有 $\mathrm{Max}V=(V_h-P_h)^{1-\alpha}(P_h-V_2)^{\alpha}$ 可得：$P_h=\alpha V_h+(1-\alpha)V_2$。流入方纯收益为：$V_h-P_h=(1-\alpha)(V_h-V_2)$，

流出方纯收益为：$P_h - V_2 = \alpha(V_h - V_2)$[133]。

6.4.8 农业补贴的影响

2004年以前，我国农业没有补贴，因为种粮经济效益低，许多农民将自家的粮田以较低的价格转给其他农户种，自己外出务工，有的流出土地农户年底只要几袋谷子就行，还有的倒贴把粮田给别人种植。2004年，我国开始有了粮食直补，以后又有了农机具购置补贴、农业生产资料综合补贴等。农业补贴的力度逐年加大，补贴的领域逐渐铺开。虽然与农民外出务工的收入相比，每亩地百元左右的收入不算多，但对务农的农户来说就是一笔不小的收入，占农户每亩纯收益的一半左右。在西部粮田纯收益较低的地区，这甚至是粮田主要的纯收益来源。在农业补贴作用下，粮田纯收益逐年上涨，必然带来粮田流转实际成交价格的逐年上涨。在实际调研中，对于农业补贴究竟应该给粮田流出方，还是给粮田流入方，争议较大，有的人认为补贴应该给流出方，认为谁拥有承包权，谁就有补贴收益权；也有人认为补贴应该给粮食适度规模经营者，认为谁种植粮食，就应该给谁。当补贴归粮田流出方时，粮田流转价格就要低一些；当补贴归粮田流入方时，粮田流转价格就要高一些。不论补贴给流出方还是流入方，粮田流转实际成交价格自2008年以来都要远远高于2004年以前的粮田流转价格，从中可以看出农业补贴对粮田流转价格上升的重要推动作用。

在农业补贴、社会保障功能、粮田“非粮化”、粮田“非农化”和农民议价能力不断提升的情况下，粮田流转实际成交价格自2008年以来急速上涨，大幅超过了粮田流转标准价格。急剧上升的地租成本和粮食价格的长期低迷，造成了粮食适度规模经营者生产经营亏损，影响了粮食生产的可持续发展，威胁了我国粮食安全战略。

土地是一种稀缺资源。工业化和城镇化用地紧缺，造成了城市土地价格的上升，必然波及农村土地价格，也推高了粮田流转实际成交价格。现在农民正把粮田当作一种重要的资产，渴望粮田资产与城市土地资产一样，价格不断攀升，为他们带来可观的收益。伴随着农业现代化，国家加大了农业补贴力度，农民预期国家会进一步增加对农业的投入，粮田只会越来越值钱，所以他们期望流转价格也越来越高。实际调研中发现，粮田在农户之间流转，主要用于粮食种植的，流转价格并不高，每亩达到400元已经算是很高的价格了，通常也就是300元左右。但是如果是工商资本下乡，从事粮食生产、禽畜养殖、经济作物种植等，粮田流转价格就会成倍增长，带动了当地粮田流转价格总体上涨，使得粮田流转后种植粮食的流转价格与种植“非粮化”作物流转价格趋同。例如，2019年8月，笔者在吉林省通化市柳河县姜家店乡调研时发现，工商资本下乡成片流转土地后，导致当地粮田流转价格由2014年的400元/亩上升为750元/亩。在工业化、城镇化和农业现代化大背景下，工商资本下乡已经成为一种趋势，但工商资本大多数投到非粮食生产经营领域，在赚得丰富经济利润的同时，推高了农村土地流转价格，也带动了粮田流转价格的快速上升，为国家粮食生产安全带来了隐患。

7 我国粮田流转价格补贴宏观调控与区域空间分类

粮食对人类生存的重要性和其具有的半公共品性，决定了粮食是一种战略性安全物资，因此也决定了粮田的半公共性和战略安全重要性。在我国粮田流转改革的伟大实践中，不能缺少政府的宏观调控作用。从我国 2008—2016 年粮田流转实际成交价格与粮田流转标准价格的关系看，粮田流转实际成交价格的波动不是一个收敛型蛛网，也不是一个封闭型蛛网，而是一个发散型蛛网，需要政府通过财政手段和扶持政策使粮田流转实际成交价格趋向粮田流转标准价格。我国农村地域辽阔，农产品纯收益、土地还原率等千差万别，应当根据东北部、东部、中部和西部地区粮田流转价格实际情况，区别对待、分类指导，增强流转价格补贴的精准性。

7.1 粮田流转市场失灵需要政府引导粮田流转实际成交价格

7.1.1 在我国粮田流转市场上，主要发挥市场机制的决定性作用

在市场机制作用下，由供求双方自行协商决定粮田流转实际成交价格。但是市场发挥决定性作用的前提条件是，要有一个统一、完整、开放的粮田流转市场。目前我国农村土地流转市场有待完善，许多地方没有农村土地流转市场，粮田流转往往是私下交易，粮田流转价格很难反映真实的粮田供求关系，其结果是，要么实际成交价格远远低于标准价格，要么实际成交价格远远高于标准价格，粮田流转实际成交价格剧烈波动，既给流出方农户带来损害，也给流入方农户造成了困难。即便一些地方有了粮田流转市场，但还处于初始时期，人员不整、设备不全、缺少专业评估人员，无法准确评估出粮田流转的理性价格。

7.1.2 要发挥好政府在粮田流转市场建设中的初期组织作用、中期引导作用和后期监督作用

在粮田流转市场失灵的情况下，政府的顶层设计作用就不能缺少。首先，政府在粮田流转初期可以发挥组织作用，在人员编制、场地、设备、专业评估

手段上要加强投入，建设好粮田流转市场，建立一个统一、开放、完整的农村粮田市场，为形成合理的粮田流转价格机制提供坚实的运作环境；其次，运用财政、金融和保险等手段及时调控粮田流转实际成交价格，在粮田流转市场失灵的状态下，更需要政府基于国家粮食安全和农民就业的长远目标，引导粮田流转实际成交价格，通过降低粮食生产成本，推进农业供给侧结构性改革，赋予农村经济发展新活力；最后，要加强对粮田流转实际成交价格的监督作用，我国粮田流转实际成交价格近几年上涨较快，一个重要因素是工商资本下乡从事“非粮化”和“非农化”项目导致粮田流转价格暴涨的带动效应，因此对工商资本下乡占用粮田项目要实施最严格的管制，加大违法处罚力度，对项目建设破坏基本农田的，情节严重的要追究刑事责任。

7.1.3 我国粮田流转实际成交价格波动符合发散型蛛网动态模型分布，要求政府管控粮田流转实际成交价格

以辽宁、江苏、湖北和四川4个省份为例。可以看出，粮田流转实际成交价格波动并不是以粮田流转标准价格为中心，围绕均衡价格上下波动，最后趋向均衡价格，而是以粮田流转标准价格为基点向外振荡发散。近些年来这种振荡发散表现得更加明显，其原因主要有以下几点：

（1）粮田这种商品的本期供应量决定于前一期的价格，即：$Q_s=Q(P_{t-1})$。例如，2009年的市场粮田供应量取决于2008年的粮田流转价格，因为农民在2008年就要决定在2009年是外出务工还是在家种地。如果在2009年才做决定就会耽误外出务工的时间。

（2）粮田这种商品本期的需求量决定了本期的价格，即：$P_t=Q_d$。当年的粮田流转价格是多少，归根结底是由粮田市场需求所决定的，确切讲是由粮田流转的边际效用所决定的。粮田当年流转供求关系、城市土地价格、粮田用途、粮食价格等决定了当年的粮田流转价格。

（3）粮田商品需求弹性小于供给弹性，符合发散型蛛网模型的前置条件，如图7-1所示。相对于Q轴，粮田需求线D要陡一些，供给线S要缓一些。也可以反过来说，相对于P轴，线D斜率的绝对值小于线S斜率的绝对值，也就是相对于P轴，线D要缓一些，而线S要陡一些。粮田需求缺乏弹性，因此粮田流转价格虽然有下降，但由于粮田种植效益比较低，对粮田流转需求数量并不会因此有较大上升。粮田流转供给弹性较大，因此当粮田流转价格上升时，粮田流转供应量会有较大增加。于是，在流入方垄断粮田流转市场的情形下，粮田流转实际成交价格越来越小于粮田流转标准价格，例如江苏省2011年以前粮田流转实际成交价格的波动情况就是这样；相反，在流出方垄断粮田流转市场的情形下，粮田流转实际成交价格越来越高于粮田流转标准价

格，例如江苏省 2011 年以来粮田流转实际成交价格的波动情况就是如此。粮田流转实际成交价格的波动呈发散型蛛网的特征启示我们，政府对粮田流转价格形成不能放任不管，要加强宏观调控[134]。

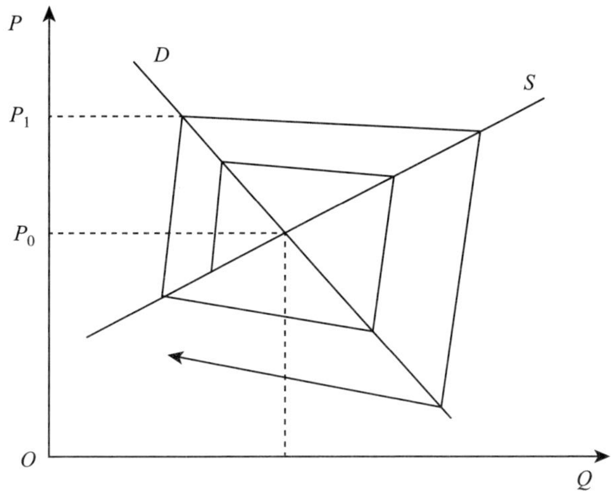

P_0为粮田流转标准价格；P_1为实际成交价格

图 7－1　粮田流转实际成交价格波动的发散型蛛网模型

7.1.4　政府对粮田流转价格的补贴可以根据具体情况实行灵活的双向补贴

国家对粮田流转实际成交价格要调控，首先，采用财政补贴等手段稳定粮田流转实际成交价格；然后，通过粮田流转价格补贴的引导，使得粮田流转实际成交价格尽量靠近均衡价格，让粮田流转实际成交价格波动处于理性区间，减少粮田流转后“非农化”和“非粮化”问题，切实维护国家长远粮食安全。早期，政府对粮田流转价格的调控应该以补贴流出方为主，因为流出方粮田流转实际成交价格低于粮田均衡价格，流出方农户经济利益受到了损害。近些年，政府对粮田流转价格的调控应该以补贴流入方种粮能手、家庭农场、农民合作社、专业大户和农业企业为主，因为粮田流转实际成交价格越来越大于均衡价格，导致新型农业经营主体从事规模经营时出现亏损，影响了粮食适度规模经营者种粮的经济效益，影响了他们继续种粮的积极性。长此以往，粮田流转后继续种粮的农业经营主体将减少，威胁到国家粮食安全。

7.2　国家可以对东北部地区小幅度补贴粮田流转费用

从东北部地区来讲，2008—2016 年的 9 年间，辽宁省粮田流转标准价格均价一直稳定在400元左右，粮田流转实际成交价格平均为500元左右，两者相差100元左右；黑龙江省粮田流转标准价格均价9年间稳定在300元左右，粮田流转实际成交价格平均为400元左右，两者相差100元左右；吉林省粮田流转标准价格9年来一直稳定在300元左右，粮田流转实际成交价格平均为400元左右，两者相差100元左右。总体来看，东北三省粮田流转后实际成交均价背离粮田流转标准均价的幅度并不很大，三省9年来在40%左右。主要原因是东北三省以粮食产区为主，经济相对不发达，工商资本下乡较少，农村土地价格一直处于低位稳定状态，所以粮田流转实际成交价格与粮田流转标准价格接近。因此对于东北三省粮田流转价格的补贴只要达到亩均补助100元（表7-1和表7-2），东北三省粮食适度规模经营者就能达到自立的目的。

表7-1　东北三省2008—2016年粮田流转标准价格测算

区域	年份	亩均纯收益（元/亩）	银行存款利率（%）	区域风险利率修正（%）	土地还原率（%）	粮田流转转让价格（元/亩）	粮田流转标准价格（元/亩）
		R	J	F	$i=J+F$	R/i	$(R/i)[1-1/(1+i)]$
辽宁省	2008	223.80	3.87	3.47	7.34	3 049.05	208.25
	2009	432.25	3.60	3.47	7.07	6 113.86	403.52
	2010	414.67	2.50	3.47	5.97	6 945.90	391.05
	2011	452.47	3.00	3.47	6.47	6 993.36	425.20
	2012	401.77	3.25	3.47	6.27	5 978.72	376.66
	2013	238.93	3.00	3.47	6.47	3 692.89	224.53
	2014	512.46	2.75	3.47	6.22	8 238.91	482.80
	2015	412.07	2.25	3.47	5.72	7 204.02	389.74
	2016	412.17	1.50	3.47	4.97	8 293.16	392.27
吉林省	2008	224.04	3.87	2.40	6.27	3 573.21	210.82
	2009	292.38	3.60	2.40	6.00	4 873.00	275.81
	2010	530.01	2.50	2.40	4.90	10 816.53	505.13
	2011	492.21	3.00	2.40	5.40	9 115.00	466.69
	2012	363.31	3.25	2.40	5.65	6 430.26	344.02
	2013	41.69	3.00	2.40	5.40	772.04	39.52
	2014	199.68	2.75	2.40	5.15	3 877.28	189.99
	2015	191.35	2.25	2.40	4.65	4 115.05	182.71
	2016	289.79	1.50	2.40	3.90	7 430.51	278.64

（续）

区域	年份	亩均纯收益（元/亩）	银行存款利率（%）	区域风险利率修正（%）	土地还原率（%）	粮田流转转让价格（元/亩）	粮田流转标准价格（元/亩）
		R	J	F	$i=J+F$	R/i	$(R/i)[1-1/(1+i)]$
黑龙江省	2008	137.82	3.87	1.73	5.60	2 461.07	130.44
	2009	252.12	3.60	1.73	5.33	4 730.21	239.35
	2010	451.04	2.50	1.73	4.23	10 662.88	432.91
	2011	400.31	3.00	1.73	4.73	8 463.21	382.54
	2012	302.45	3.25	1.73	4.98	6 073.29	287.87
	2013	218.10	3.00	1.73	4.73	4 610.99	208.42
	2014	326.92	2.75	1.73	4.48	7 297.32	313.06
	2015	260.24	2.25	1.73	3.98	6 538.69	250.43
	2016	270.30	1.50	1.73	3.23	8 368.42	261.93

资料来源：亩均纯收益根据国家发展和改革委员会价格司出版的2009—2017年《全国农产品成本收益资料汇编》中的数据计算整理得出。

表7-2　东北三省财政补贴粮田流转价格幅度预测

区域	年份	粮田流转标准价格（元/亩）	粮田流转实际成交价格（元/亩）	两者绝对差异	两者相对差异（%）
辽宁省	2008	208.25	200	−8.25	−3.96
	2009	403.52	291	−112.52	−27.88
	2010	391.05	325	−66.05	−16.89
	2011	425.20	407	−18.20	−4.28
	2012	376.66	502	125.34	33.27
	2013	224.53	600	375.47	167.23
	2014	482.80	724	241.20	49.96
	2015	389.74	763	373.26	95.77
	2016	392.27	800	407.73	103.94
黑龙江省	2008	130.44	260	129.65	99.32
	2009	239.35	273	−33.65	−14.06
	2010	432.91	309	−177.00	−36.42
	2011	382.54	325	−57.54	−15.04
	2012	287.87	400	112.13	38.95
	2013	208.42	435	226.58	108.71
	2014	313.06	450	136.94	43.74
	2015	250.43	440	189.57	75.70
	2016	261.93	500	238.07	90.89

（续）

区域	年份	粮田流转标准价格（元/亩）	粮田流转实际成交价格（元/亩）	两者绝对差异	两者相对差异（%）
吉林省	2008	210.82	105	−105.82	−50.19
	2009	275.81	230	−45.81	−16.61
	2010	505.13	250	−255.13	−50.50
	2011	466.69	380	−86.69	−18.57
	2012	344.02	450	105.80	30.75
	2013	39.52	500	460.48	1 165.18
	2014	189.99	560	370.01	194.75
	2015	182.71	670	487.29	266.70
	2016	278.64	800	521.36	187.10

2015 年 8 月，笔者到吉林省通化市柳河县调研粮田流转价格问题。柳河县农业经济管理局韩局长介绍，近年来柳河县粮田流转适度规模经营发展较快，一些大型农业企业如国信米业、蛙田米业介入粮田流转，统一使用超级稻优质种子，从整治粮田、播种、打药到收割全部推行了农机化，粮田适度规模经营发展势头良好。在他的推荐下，我们来到柳河县姜家店乡粮食适度规模经营大户王法庆家调研。王法庆承包水田 390 亩，旱田 110 亩，总计粮田 500 亩，流转后全部种植水稻和玉米，没有改变粮食用途。他拥有 70 式拖拉机、手扶插秧机、烘干设备和粮食仓库，农业机械化设备齐全，就差无人飞机打药了。这个乡很多人都去韩国务工，将粮田流转给他这个种粮大户耕种，流转期限到 2028 年第二轮承包期结束为止，因为想流出粮田的农户多，而需要流入方较少，因此粮田流转价格较低，流转价格为 420 元/亩。在王法庆的精心耕种下，每年他能得到 20 万～30 万元的纯收益。从调研中可以看出。400 元左右的粮田流转价格，对于东北部地区的粮田适度规模经营者而言是一个理想价格。就目前东北部地区粮田流转实际成交价格与理想价格相比，如果国家能为此补助 100 元，东北部地区粮田流转就能取得较好经营效益。

7.3 国家对中部地区粮田流转费用的补贴力度要加大

对中部地区来讲，2008—2016 年粮田流转实际成交价格与粮田流转标准价格波动较大，特别是产粮大省安徽省表现最为明显，粮食流转标准价格一直处于低位运行，但粮田流转实际成交价格却一直处于快速上升通道。中部地区是我国重要粮食产区，过高的粮田流转价格对我国粮食可持续增长非常不利。因此从维护国家粮食安全的角度出发，要加大中部地区粮田流转价格补贴力度。河南省 9 年来粮田流转标准价格均价是 232.09 元，粮田流转实际成交价格均价是 592.55 元，两者相差 360.46 元；安徽省 9 年来粮田流转标准价格均价是 268.49 元，粮田流转实际成交价格均价是 546.67 元，两者相差 278.18 元。对于河南省和安徽省两个国家产粮大省，国家应当给予重点扶持，亩均补助要达到 300 元左右，在粮田流转价格补贴上要予以倾斜，以降低产粮大省粮食适度规模经营者成本，调动他们种粮的积极性。就中部省份而言，还可以区别对待。湖北省 9 年来粮田流转标准价格均价是 161.71 元，粮田流转实际成交价格均价 616.33 元，两者相差 454.62 元，国家可以予以重点补贴扶持。江西省 9 年来粮田流转标准价格均价与粮田流转实际成交均价基本持平，山西省在我国粮食安全中地位不是特别重要，两个省份可以不作为重点省份补贴扶持（表 7-3 和表 7-4）。

表 7-3 中部六省 2008—2016 年粮田流转标准价格测算

区域	年份	亩均纯收益（元/亩）	银行存款利率（%）	区域风险利率修正（%）	土地还原率（%）	粮田流转转让价格（元/亩）	粮田流转标准价格（元/亩）
		R	J	F	$i=J+F$	$P=R/i$	$P=(R/i)[1-1/(1+i)]$
河南省	2008	556.36	3.87	2.67	6.54	8 507.03	522.33
	2009	438.82	3.60	2.67	6.27	6 998.72	412.92
	2010	427.67	2.50	2.67	5.17	8 272.14	405.33
	2011	518.84	3.00	2.67	5.67	9 150.61	491.38
	2012	221.84	3.25	2.67	5.92	3 747.30	209.47
	2013	60.94	3.00	2.67	5.67	1 074.78	57.72
	2014	226.72	2.75	2.67	5.42	4 183.03	215.01
	2015	36.46	2.25	2.67	4.92	741.26	29.20
	2016	47.34	1.50	2.67	4.17	1 135.25	45.44
安徽省	2008	290.49	3.87	2.93	6.80	4 271.91	273.40
	2009	394.71	3.60	2.93	6.53	6 044.56	368.72
	2010	372.23	2.50	2.93	5.43	6 855.06	349.61
	2011	260.30	3.00	2.93	5.93	4 389.54	245.81
	2012	360.96	3.25	2.93	6.18	5 840.78	338.76
	2013	211.92	3.00	2.93	5.93	3 573.69	200.12
	2014	426.70	2.75	2.93	5.68	7 512.32	405.66
	2015	205.23	2.25	2.93	5.18	3 961.97	194.93
	2016	25.16	1.50	2.93	4.43	567.99	23.86

（续）

区域	年份	亩均纯收益（元/亩）	银行存款利率（%）	区域风险利率修正（%）	土地还原率（%）	粮田流转转让价格（元/亩）	粮田流转标准价格（元/亩）
		R	J	F	$i=J+F$	$P=R/i$	$P=(R/i)[1-1/(1+i)]$
湖南省	2008	399.12	3.87	1.87	5.74	6 953.31	377.56
	2009	323.79	3.60	1.87	5.47	5 919.38	307.21
	2010	355.39	2.50	1.87	4.37	8 132.49	340.75
	2011	489.40	3.00	1.87	4.87	10 049.28	466.29
	2012	446.09	3.25	1.87	5.12	8 712.70	424.31
	2013	148.60	3.00	1.87	4.87	3 051.33	141.58
	2014	268.91	2.75	1.87	4.62	5 820.56	257.27
	2015	287.88	2.25	1.87	4.12	6 987.38	276.70
	2016	108.72	1.50	1.87	3.37	3 226.11	105.17
湖北省	2008	356.01	3.87	1.87	5.74	6 202.26	336.78
	2009	223.00	3.60	1.87	5.47	4 076.78	211.58
	2010	250.77	2.50	1.87	4.37	5 738.44	240.44
	2011	217.73	3.00	1.87	4.87	4 470.84	207.47
	2012	116.42	3.25	1.87	5.12	2 273.83	110.74
	2013	122.54	3.00	1.87	4.87	2 516.22	116.75
	2014	144.53	2.75	1.87	4.62	3 128.35	138.27
	2015	73.69	2.25	1.87	4.12	1 788.59	70.82
	2016	23.33	1.50	1.87	3.37	692.28	22.56
江西省	2008	423.97	3.87	2.93	6.80	6 234.85	397.16
	2009	466.86	3.60	2.93	6.53	7 149.77	438.28
	2010	368.75	2.50	2.93	5.43	6 790.98	350.42
	2011	589.21	3.00	2.93	5.93	9 939.46	556.61
	2012	422.53	3.25	2.93	6.18	6 837.06	396.55
	2013	401.73	3.00	2.93	5.93	6 774.54	379.37
	2014	466.64	2.75	2.93	5.68	6 774.54	440.67
	2015	440.67	2.25	2.93	5.18	6 762.36	350.29
	2016	273.76	1.50	2.93	4.43	6 179.68	261.93

（续）

区域	年份	亩均纯收益（元/亩）	银行存款利率（%）	区域风险利率修正（%）	土地还原率（%）	粮田流转转让价格（元/亩）	粮田流转标准价格（元/亩）
		R	J	F	$i=J+F$	$P=R/i$	$P=(R/i)[1-1/(1+i)]$
山西省	2008	201.90	3.87	2.40	6.27	3 220.10	189.99
	2009	208.80	3.60	2.40	6.00	3 480.00	196.97
	2010	270.54	2.50	2.40	4.90	5 221.22	243.83
	2011	507.14	3.00	2.40	5.40	9 391.48	480.84
	2012	375.52	3.25	2.40	5.65	6 646.37	355.58
	2013	27.82	3.00	2.40	5.40	515.19	26.37
	2014	139.16	2.75	2.40	5.15	2 702.14	132.40
	2015	−18.10	2.25	2.40	4.65	—	—
	2016	−298.50	1.50	2.40	3.90	—	—

资料来源：亩均纯收益根据国家发展和改革委员会价格司出版的2009—2017年《全国农产品成本收益资料汇编》中的数据计算整理得出。

表7-4　中部六省财政补贴粮田流转价格幅度预测

区域	年份	粮田流转标准价格（元/亩）	粮田流转实际成交价格（元/亩）	两者绝对差异	两者相对差异（%）
河南省	2008	522.33	250	−306.36	−55.06
	2009	412.92	285	−153.82	−35.05
	2010	405.33	330	−97.67	−22.84
	2011	491.38	375	−143.84	27.72
	2012	209.47	450	228.16	102.84
	2013	57.72	750	689.06	1 130.72
	2014	215.01	850	623.28	274.91
	2015	29.20	1 100	1 063.54	2 917.00
	2016	45.41	1 200	1 152.66	2 434.85
安徽省	2008	273.40	200	−73.35	−26.83
	2009	368.72	273	−99.34	−26.67
	2010	349.61	340	−14.75	−4.16
	2011	245.81	390	14.32	58.02
	2012	338.76	520	178.21	52.14
	2013	200.12	700	499.07	248.38
	2014	405.66	720	314.34	77.48
	2015	194.93	777	580.75	295.92
	2016	23.86	1 000	975.81	4 033.94

（续）

区域	年份	粮田流转标准价格（元/亩）	粮田流转实际成交价格（元/亩）	两者绝对差异	两者相对差异（%）
湖南省	2008	377.56	256	−121.56	−32.20
	2009	307.21	290	−17.21	−5.60
	2010	340.75	325	−15.75	−4.62
	2011	466.29	350	−116.29	−24.94
	2012	424.31	410	−14.31	−33.73
	2013	141.58	473	331.42	234.09
	2014	257.27	825	567.73	220.67
	2015	276.70	1 000	723.30	261.40
	2016	105.17	1 200	1 094.83	1 041.01
湖北省	2008	336.78	175	−161.78	−48.03
	2009	211.58	211	−0.58	0
	2010	240.44	287	46.56	19.36
	2011	207.47	354	146.53	70.63
	2012	110.74	500	389.26	351.5
	2013	116.75	800	683.25	585.22
	2014	138.27	1 000	861.73	738.10
	2015	70.82	1 100	1 029.18	1 453.23
	2016	22.56	1 120	1 097.44	4 864.53
江西省	2008	397.16	180	−217.16	−54.68
	2009	438.28	200	−238.28	−54.37
	2010	350.42	320	−30.42	−8.68
	2011	556.61	350	−206.61	−37.12
	2012	396.55	420	23.45	5.91
	2013	379.37	460	80.63	21.25
	2014	440.67	490	49.33	11.19
	2015	350.29	500	149.71	42.74
	2016	261.93	650	388.07	148.16
山西省	2008	189.99	315	125.01	65.79
	2009	196.97	350	153.05	77.69
	2010	243.83	380	136.17	57.97
	2011	480.84	475	−5.84	−1.22
	2012	355.58	550	194.42	54.68
	2013	26.37	600	573.63	2 175.32
	2014	132.40	700	567.6	428.70
	2015	—	500	—	—
	2016	—	650	—	—

2015 年，笔者利用寒假，和课题组到河南省安阳市内黄县梁庄镇小柴村农村调研粮田流转价格问题。村支书王书记向我们介绍，村中一共 200 多户，1 230 口人，2 000 亩地，人均 2 亩地，土质不好，砂地多，粮田向外转包，每亩 700～1 000 元。课题组来到邵姓人家，一家五口人，老人一个 66 岁，一个 64 岁，一个女儿不工作，有三个孩子，女婿在北京务工，一个儿子上大学。这个家庭有 12 亩地，以每亩 800 元流转出去 3.5 亩地，剩下的粮田自己耕种。夏季种小麦，秋季种花生，每亩纯收益均值是 300 元左右。收益主要供一个孩子上大学，还有村里的人情往来。在流转粮田的过程中，由于粮田规模效益较差，规模经营者跑路，流转出去的粮田一直收不回来，引起土地纠纷。外出务工者每年能收入 3 万～4 万元，因为有风险，外出务工的农民并不积极进行粮田流转，而是将粮田种上树。粮田种树不仅损害了粮田土壤，而且树长起来以后，又遮挡了其他粮田的阳光，使其他粮田粮食减产。

7.4 中央和省可以共同承担东部地区粮田流转费用补贴额度

对东部地区来讲，2008—2016 年粮田流转价格一直处于快速上升通道。主要原因是东部地区在我国属于经济发达地区（河北、海南、福建除外），工业化、城镇化和农业现代化发展迅速。工商资本进入农业领域较多，项目多为养殖和经济作物。工商资本以较高流转价格大面积租地，带动了周围粮田流转价格的节节攀升。江苏省 9 年来粮田流转标准价格均价是 503.62 元，粮田流转实际成交价格均价是 726.11 元，两者相差 222.49 元；山东省 9 年来粮田流转标准价格均价是 346.72 元，粮田流转实际成交价格均价是 708.88 元，两者相差 362.16 元；浙江省 9 年来粮田流转标准价格均价是 450.47 元，粮田流转实际成交价格均价是 771.67 元，两者相差 321.20 元；广东省 9 年来粮田流转标准价格均价是 328.82 元，粮田流转实际成交价格均价是 981.00 元，两者相差 652.18 元。东部地区粮田流转实际成交价格偏离粮田流转标准价格过多，使得在发达地区搞粮食适度规模经营的主体往往容易亏损，许多种粮大户因此放弃粮食经营，转而从事养殖业和种植经济作物，造成粮田流转后的“非农化”和“非粮化”，这种现象在东部发达地区表现最为明显。地区发达并不意味着粮食生产不重要，有的发达地区从传统历史看仍然是我国粮食生产大省，如江苏省。保护好这些粮食生产大省粮食种植大户生产粮食的积极性，对于维护我国的粮食安全具有不可替代的重要意义。由于东部发达地区粮食适度规模经营者本身经济实力较强，国家可以不必用像补贴中部省份那样去补贴东部发达地区，亩均补助 300 元中，中央承担 200 元，可以由发达地区省份承担 100 元，这些省份财力雄厚，完全可以加大对粮食适度规模经营者补贴投入（表 7 - 5 和表 7 - 6）。

表 7 - 5　东部七省 2008—2016 年粮田流转标准价格测算

区域	年份	亩均纯收益（元/亩）	银行存款利率（%）	区域风险利率修正（%）	土地还原率（%）	粮田流转转让价格（元/亩）	粮田流转标准价格（元/亩）
		R	J	F	$i=J+F$	$P=R/i$	$P^{*}=(R/i)[1-1/(1+i)]$
浙江省	2008	552.27	3.87	2.80	6.67	8 279.91	517.49
	2009	551.55	3.60	2.80	6.40	8 617.97	518.80
	2010	515.38	2.50	2.80	5.30	9 724.15	489.12
	2011	736.17	3.00	2.80	5.80	12 692.58	695.55
	2012	554.60	3.25	2.80	6.05	9 166.94	523.43
	2013	446.69	3.00	2.80	5.80	7 701.55	422.05
	2014	420.04	2.75	2.80	5.55	7 568.28	398.09
	2015	187.86	2.25	2.80	5.05	3 720.00	178.56
	2016	324.74	1.50	2.80	4.30	7 552.09	311.15
山东省	2008	411.73	3.87	2.67	6.54	6 295.57	386.55
	2009	596.41	3.60	2.67	6.27	9 512.12	561.21
	2010	554.27	2.50	2.67	5.17	10 720.89	526.40
	2011	569.95	3.00	2.67	5.67	10 052.03	538.09
	2012	443.35	3.25	2.67	5.92	7 489.02	402.16
	2013	242.92	3.00	2.67	5.67	4 284.30	228.35
	2014	429.29	2.75	2.67	5.42	7 920.48	407.11
	2015	28.00	2.25	2.67	4.92	569.11	26.69
	2016	43.06	1.50	2.67	4.17	1 032.61	41.37
广东省	2008	312.49	3.87	2.80	6.67	4 685.01	292.81
	2009	388.23	3.60	2.80	6.40	6 066.09	365.18
	2010	336.45	2.50	2.80	5.30	6 348.11	319.31
	2011	609.12	3.00	2.80	5.80	10 502.07	575.51
	2012	320.63	3.25	2.80	6.05	5 299.67	302.08
	2013	−77.79	3.00	2.80	5.80	—	—
	2014	124.53	2.75	2.80	5.55	2 243.78	118.02
	2015	−4.42	2.25	2.80	5.05	—	—
	2016	−40.37	1.50	2.80	4.30	—	—

（续）

区域	年份	亩均纯收益（元/亩）	银行存款利率（%）	区域风险利率修正（%）	土地还原率（%）	粮田流转转让价格（元/亩）	粮田流转标准价格（元/亩）
		R	J	F	$i=J+F$	$P=R/i$	$P^*=(R/i)[1-1/(1+i)]$
江苏省	2008	473.52	3.87	2.67	6.54	7 240.37	444.56
	2009	533.68	3.60	2.67	6.27	8 511.65	502.19
	2010	629.86	2.50	2.67	5.17	12 182.98	599.40
	2011	659.52	3.00	2.67	5.67	11 631.75	624.63
	2012	476.88	3.25	2.67	5.92	8 055.41	450.30
	2013	508.20	3.00	2.67	5.67	8 962.96	481.31
	2014	673.25	2.75	2.67	5.42	12 421.59	638.47
	2015	446.37	2.25	2.67	4.92	9 072.56	425.50
	2016	381.83	1.50	2.67	4.17	9 156.59	366.26
福建省	2008	506.11	3.87	2.80	6.67	7 587.86	475.00
	2009	541.75	3.60	2.80	6.40	8 464.84	509.58
	2010	407.63	2.50	2.80	5.30	7 691.13	386.86
	2011	469.97	3.00	2.80	5.80	8 102.93	444.04
	2012	273.34	3.25	2.80	6.05	4 518.02	257.53
	2013	−76.39	3.00	2.80	5.80	—	—
	2014	81.55	2.75	2.80	5.55	1 469.37	77.28
	2015	0.75	2.25	2.80	5.05	148.51	0.71
	2016	60.88	1.50	2.80	4.30	1 415.81	58.33
海南省	2008	367.42	3.87	2.80	6.67	5 508.55	344.28
	2009	149.23	3.60	2.80	6.40	2 331.72	140.37
	2010	97.71	2.50	2.80	5.30	1 843.58	92.73
	2011	240.02	3.00	2.80	5.80	4 138.28	226.78
	2012	158.22	3.25	2.80	6.05	2 615.21	149.07
	2013	135.28	3.00	2.80	5.80	2 332.41	127.82
	2014	−16.30	2.75	2.80	5.55	—	—
	2015	−196.50	2.25	2.80	5.05	—	—
	2016	−31.87	1.50	2.80	4.30	—	—

（续）

区域	年份	亩均纯收益（元/亩）	银行存款利率（%）	区域风险利率修正（%）	土地还原率（%）	粮田流转转让价格（元/亩）	粮田流转标准价格（元/亩）
		R	J	F	$i=J+F$	$P=R/i$	$P^{*}=(R/i)[1-1/(1+i)]$
河北省	2008	297.14	3.87	2.80	6.67	4 454.88	278.43
	2009	504.21	3.60	2.80	6.40	7 878.28	474.27
	2010	440.96	2.50	2.80	5.30	8 320.00	418.50
	2011	530.51	3.00	2.80	5.80	9 146.72	501.24
	2012	380.91	3.25	2.80	6.05	6 296.03	358.87
	2013	313.08	3.00	2.80	5.80	5 397.93	295.81
	2014	336.86	2.75	2.80	5.55	6 069.55	319.26
	2015	−39.46	2.25	2.80	5.05	—	—
	2016	−95.44	1.50	2.80	4.30	—	—

资料来源：亩均纯收益根据国家发展和改革委员会价格司出版的2009—2017年《全国农产品成本收益资料汇编》中的数据计算整理得出。

表7-6 东部七省财政补贴粮田流转价格幅度预测

区域	年份	粮田流转标准价格（元/亩）	粮田流转实际成交价格（元/亩）	两者绝对差异	两者相对差异（%）
浙江省	2008	517.49	460	−57.49	−11.10
	2009	518.80	500	−18.80	−3.62
	2010	489.12	550	60.88	12.44
	2011	695.55	600	−95.55	−13.74
	2012	523.43	755	231.57	44.24
	2013	422.05	820	397.95	94.28
	2014	398.09	900	501.91	126.08
	2015	178.56	1 110	931.44	521.64
	2016	311.15	1 250	938.85	301.74
山东省	2008	386.55	400	13.45	3.48
	2009	561.21	450	−111.21	−19.82
	2010	526.40	500	−26.40	−5.00
	2011	538.09	560	21.91	4.07
	2012	402.16	650	247.84	61.63
	2013	228.35	770	541.65	237.20
	2014	407.11	880	472.89	116.16
	2015	26.69	1 020	993.31	372.17
	2016	41.37	1 150	1 108.63	2 679.79

（续）

区域	年份	粮田流转标准价格（元/亩）	粮田流转实际成交价格（元/亩）	两者绝对差异	两者相对差异（%）
江苏省	2008	444.56	400	−44.56	−10.02
	2009	502.19	460	−42.19	−8.40
	2010	599.40	500	−99.40	−16.58
	2011	624.63	600	−24.63	−3.94
	2012	450.30	700	249.70	55.45
	2013	481.31	820	338.69	70.37
	2014	638.47	895	256.53	40.18
	2015	425.50	1 000	574.50	135.02
	2016	366.26	1 160	793.74	216.71
广东省	2008	292.81	700	407.19	139.06
	2009	365.18	894	528.82	144.81
	2010	319.31	940	620.69	194.38
	2011	575.51	956	380.49	66.11
	2012	302.08	905	602.92	199.58
	2013	—	999	—	—
	2014	118.02	1 100	981.98	832.05
	2015	—	1 135	—	—
	2016	—	1 200	—	—
福建省	2008	475.00	320	−155.00	−32.63
	2009	509.58	382	−127.58	−25.04
	2010	386.86	421	34.14	8.82
	2011	444.04	463	18.96	4.27
	2012	257.53	509	251.47	97.65
	2013	—	999	—	—
	2014	77.28	697	619.72	810.92
	2015	7.13	764	756.87	10 615.29
	2016	58.33	826	767.67	1 316.09
海南省	2008	344.28	300	−44.28	−12.86
	2009	140.37	354	213.63	152.19
	2010	92.73	400	307.27	331.36
	2011	226.78	516	289.22	127.53
	2012	149.07	542	392.93	263.58
	2013	127.82	450	322.18	252.06
	2014	—	487	—	—
	2015	—	523	—	—
	2016	—	623	—	—

（续）

区域	年份	粮田流转标准价格（元/亩）	粮田流转实际成交价格（元/亩）	两者绝对差异	两者相对差异（%）
河北省	2008	278.43	390	111.57	40.07
	2009	474.27	425	−49.27	−10.39
	2010	418.50	450	31.50	7.52
	2011	501.24	500	−1.24	0.00
	2012	358.87	600	241.13	67.19
	2013	295.81	725	429.19	145.09
	2014	319.26	800	480.74	150.58
	2015	—	829	—	—
	2016	—	900	—	—

2015 年末，课题组在河北省调研粮田流转价格情况。河北省农村正处于城市工商资本下乡的热潮期。由于城市经济的不景气，一些河北企业纷纷到农村租地，种植紫薯等经济作物。工商资本下乡带来粮田流转价格的暴涨。2012 年粮田流转价格每亩仅为 400 元，2015 年每亩达到 1 000 元，有的甚至达到每亩 1 200～1 400 元，有个智能合作社竟然达到每亩 1 680 元。工商资本下乡带动了粮食规模经营粮田流转价格上涨，粮田流转价格原来是 500 元左右，现在让农户用每亩 800 元流转粮田以种植粮食，农户不愿意干，因为其他流转粮田用于种植经济作物的流转价格都在 1 000 元以上了。农户反映 800 元是粮田流转经营的风险底线，如果超过这个底线，经营就会出现亏损。工商资本下乡推动粮田流转热潮，地租上涨过快，许多工商资本出现亏损。由于工商资本下乡带动了地租上升，粮食规模经营主体的地租也在非理性上升，造成粮食种植的大面积亏损，无法准确推算出粮田流转标准价格。河北省 9 年来粮田流转标准价格均价是 378 元，粮田流转实际成交价格均价是 624 元，两者相差 246 元；福建省 9 年来粮田流转标准价格均价是 276 元，粮田流转实际成交价格均价是 598 元，两者相差 322 元；海南省 9 年来粮田流转标准价格均价是 180 元，粮田流转实际成交价格均价是 466 元，两者相差 286 元。国家对河北、福建、海南这三个东部欠发达省份可以亩均补助 300 元。

7.5 国家可以对西部地区粮田流入方和粮田流出方进行双向补贴

土壤条件和地理位置导致西部地区农业亩均纯收益较少，粮田流转标准价格较低，但在全国粮田流转实际成交价格上升的带动下，西部粮田流转实际成交价格也呈现逐年上升态势，而且上升幅度较大。粮食适度规模流转是有条件的，一个基本前提是农民有新的稳定的“非农”就业岗位，周围有较发达的城市和用工需求，例如江苏苏北地区面临上海和苏州大市场。从西部来看，离中心城市较远，交通不便一直是困扰农民出外务工的重要因素，特别是近几年由于城市生活成本的急剧上升，许多农民工选择了返乡创业。在此情况下，在西部地区目前不宜大规模推动粮食适度规模经营，必须适应经济发展自然规律，在西部工业化、城镇化和农业现代化达到一定程度后，再推动粮食适度规模经营的展开。因此如果对西部地区粮田流转价格实行补贴，应该以补贴流出方农户为主，以提高广大西部农民收入为目标，以带动西部农民脱贫。中央财政支农资金可以更大幅度投向西部农民。也可以对流入方和流出方农户进行双向补贴，既支持了脱贫步伐，又稳定了西部农民就业。2008—2016 年，四川省 9 年来粮田流转标准价格均价是 457.33 元，粮田流转实际成交价格均价是 729 元，两者相差 271.67 元；广西壮族自治区 9 年来粮田流转标准价格均价是 246.06 元，粮田流转实际成交价格均价是 749.44 元，两者相差 503.38 元；陕西省 9 年来粮田流转标准价格均价是 364.55 元，粮田流转实际成交价格均价是 676.56 元，两者相差 312.01 元；云南省 9 年来粮田流转标准价格均价是 255.22 元，粮田流转实际成交价格均价是 671.67 元，两者相差 416.45 元；甘肃省 9 年来粮田流转标准价格均价是 133.40 元，粮田流转实际成交价格均价是 386.67 元，两者相差 253.27 元（表 7-7 和表 7-8）。粮田流转费用补贴可以达到每亩 400 元左右，流入方 200 元，流出方 200 元。在财力增长允许的前提下，继续加大对西部农业农民扶持，努力降低西部农业农民种粮成本，提高种粮经济效益，稳定西部农民收入，减少贫困人口。

表 7-7 西部代表性省份 2008—2016 年粮田流转标准价格测算

区域	年份	粮田纯收益（元/亩）	银行存款利率（%）	区域风险利率修正（%）	土地还原率（%）	粮田流转转让价格（元/亩）	粮田流转标准价格（元/亩）
		R	J	F	$i=J+F$	$P=R/i$	$P^*=(R/i)[1-1/(1+i)]$
四川省	2008	691.66	3.87	0.53	4.40	15 719.55	661.79
	2009	426.67	3.60	0.53	4.13	10 330.99	410.14
	2010	620.83	2.50	0.53	3.03	20 489.44	602.39
	2011	612.28	3.00	0.53	3.03	17 345.04	591.47
	2012	503.74	3.25	0.53	3.78	13 326.46	485.08
	2013	369.15	3.00	0.53	3.53	10 457.51	356.60
	2014	96.81	2.75	0.53	3.28	2 951.52	93.85
	2015	−10.75	2.25	0.53	2.78	—	—
	2016	−107.49	1.50	0.53	2.03	—	—

（续）

区域	年份	粮田纯收益（元/亩）	银行存款利率（%）	区域风险利率修正（%）	土地还原率（%）	粮田流转转让价格（元/亩）	粮田流转标准价格（元/亩）
		R	J	F	$i=J+F$	$P=R/i$	$P^*=(R/i)[1-1/(1+i)]$
广西壮族自治区	2008	346.28	3.87	1.60	5.46	6 342.13	328.90
	2009	274.80	3.60	1.60	5.20	5 284.62	261.90
	2010	277.30	2.50	1.60	4.10	6 763.42	266.63
	2011	435.38	3.00	1.60	4.60	9 464.78	416.45
	2012	176.09	3.25	1.60	4.85	3 630.72	166.61
	2013	37.51	3.00	1.60	4.60	815.43	35.89
	2014	−25.67	2.75	1.60	4.35	—	—
	2015	−42.77	2.25	1.60	3.85	—	—
	2016	−25.67	1.50	1.60	3.10	—	—
云南省	2008	362.28	3.87	1.60	5.47	6 623.04	343.74
	2009	253.01	3.60	1.60	5.20	4 865.58	240.36
	2010	284.31	2.50	1.60	4.10	6 934.39	273.21
	2011	170.98	3.00	1.60	4.60	3 716.96	163.55
	2012	—	3.25	1.60	4.85	—	—
	2013	—	3.00	1.60	4.60	—	—
	2014	—	2.75	1.60	4.35	—	—
	2015	—	2.25	1.60	3.85	—	—
	2016	—	1.50	1.60	3.10	—	—
陕西省	2008	−231.00	3.87	2.40	6.27	—	—
	2009	251.87	3.60	2.40	6.00	4 197.83	237.60
	2010	451.11	2.50	2.40	4.90	9 267.57	432.80
	2011	551.28	3.00	2.40	5.40	10 208.89	522.69
	2012	279.83	3.25	2.40	5.65	4 952.74	264.97
	2013	−114.77	3.00	2.40	5.40	—	—
	2014	−13.10	2.75	2.40	5.15	—	—
	2015	−163.83	2.25	2.40	4.65	—	—
	2016	−232.35	1.50	2.40	3.90	—	—
甘肃省	2008	50.98	3.87	2.40	6.27	813.07	47.97
	2009	38.30	3.60	2.40	6.00	638.33	36.12
	2010	188.34	2.50	2.40	4.90	3 843.67	179.50
	2011	309.02	3.00	2.40	5.40	5 722.60	292.99
	2012	116.64	3.25	2.40	5.65	2 064.42	110.45
	2013	—	3.00	2.40	5.40	—	—
	2014	—	2.75	2.40	5.15	—	—
	2015	—	2.25	2.40	4.65	—	—
	2016	—	1.50	2.40	3.90	—	—

（续）

区域	年份	粮田纯收益（元/亩）	银行存款利率（%）	区域风险利率修正（%）	土地还原率（%）	粮田流转转让价格（元/亩）	粮田流转标准价格（元/亩）
		R	J	F	$i=J+F$	$P=R/i$	$P^{*}=(R/i)[1-1/(1+i)]$
贵州省	2008	207.36	3.87	1.6	5.47	3 790.86	196.37
	2009	388.17	3.6	1.6	5.2	7 464.81	368.76
	2010	394.72	2.5	1.6	4.1	9 627.32	379.32
	2011	—382.78	3.0	1.6	4.6	—	—
	2012	—102.40	3.25	1.6	4.85	—	—
	2013	—1 003.82	3	1.6	4.6	—	—
	2014	—695.53	2.75	1.6	4.35	—	—
	2015	—745.65	2.25	1.6	3.85	—	—
	2016	—763.79	1.5	1.6	3.1	—	—

资料来源：亩均纯收益根据国家发展和改革委员会价格司出版的2009—2017年《全国农产品成本收益资料汇编》中的数据计算整理得出。

注：内蒙古自治区、宁夏回族自治区、西藏自治区、新疆维吾尔自治区和青海省以畜牧业为主，所以未包含在表内。

表7-8　西部代表性省份财政补贴粮田流转价格幅度预测

区域	年份	粮田流转标准价格（元/亩）	粮田流转实际成交价格（元/亩）	两者绝对差异	两者相对差异（%）
四川省	2008	661.79	400	—261.79	—39.56
	2009	410.14	455	44.86	10.97
	2010	602.39	500	—102.39	—16.99
	2011	591.47	548	—43.47	—7.34
	2012	485.08	652	166.92	34.41
	2013	356.60	704	347.40	97.42
	2014	93.85	809	715.15	762.01
	2015	—	1 210	—	—
	2016	—	1 283	—	—
广西壮族自治区	2008	328.90	350	21.10	6.42
	2009	261.90	420	158.10	60.37
	2010	266.63	660	393.37	147.53
	2011	416.45	666	249.55	59.92
	2012	166.61	789	622.39	373.56
	2013	35.89	800	764.11	2 129.03
	2014	—	960	—	—
	2015	—	1 000	—	—
	2016	—	1 100	—	—

（续）

区域	年份	粮田流转标准价格（元/亩）	粮田流转实际成交价格（元/亩）	两者绝对差异	两者相对差异（%）
云南省	2008	343.74	400	56.26	16.37
	2009	240.36	483	242.64	100.95
	2010	273.21	520	246.79	90.33
	2011	163.55	600	436.45	266.86
	2012	—	664	—	—
	2013	—	760	—	—
	2014	—	827	—	—
	2015	—	853	—	—
	2016	—	938	—	—
陕西省	2008	—	265	—	—
	2009	237.60	398	160.40	67.51
	2010	432.80	458	25.20	5.82
	2011	522.69	656	133.31	25.50
	2012	264.97	742	477.03	180.03
	2013	—	785	—	—
	2014	—	800	—	—
	2015	—	985	—	—
	2016	—	1 000	—	—
甘肃省	2008	47.97	280	232.03	483.69
	2009	36.12	300	263.88	730.56
	2010	179.50	310	130.50	72.70
	2011	292.99	350	57.01	19.45
	2012	110.45	370	259.55	234.99
	2013	—	420	—	—
	2014	—	450	—	—
	2015	—	480	—	—
	2016	—	520	—	—
贵州省	2008	196.37	380	183.63	93.51
	2009	368.76	476	107.24	29.08
	2010	379.32	544	164.38	43.34
	2011	—	586	—	—
	2012	—	680	—	—
	2013	—	750	—	—
	2014	—	880	—	—
	2015	—	930	—	—
	2016	—	1 022	—	—

国家统计局陕西调查总队 2015 年 7 月 4 日发布的《陕西土地流转对劳动力转移及农民收入影响报告》指出，对全省 10 个市县 100 户土地流出农户及 61 户有土地流入企业或农户进行现场问卷调查的结果显示，流转价格差异较大，定价机制单一。不改变粮食用途的流转价格每亩 200～300 元，流转后改种经济作物的流转价格为 800 元以上。由于地租上涨，“非粮化”问题严重，粮田流转后用于种植粮食的仅为 16.7%，种植药材、瓜果、蔬菜等经济作物的占 60%，其他用于养殖业和休闲农业。

8 粮田流转价格补贴测度的典型案例试验：以江苏省盐城市为例

为实际测量粮田流转价格补贴幅度，并征求基层意见，课题组于 2017 年 6—11 月，利用近 5 个月时间在江苏省盐城市进行了深入广泛的学理调查研究，对江苏省产粮大市盐城市 9 个县（市、区）进行了全面实地调查。调查采取问卷发放、专家咨询、召开座谈会、村民访谈和实地观测等方式进行，全面了解了粮食生产基层对粮田流转价格补贴的意向和幅度，为本课题研究提供了实践数据支撑。

8.1 江苏省盐城市基本概况

盐城古称“瓢城”。位于中国东部沿海地区，江苏省中北部，长江三角洲地区，东临黄海，南与南通接壤，西南与扬州、泰州为邻，西北与淮安相连，北隔灌河和连云港市相接。属于北亚热带季风气候。下辖盐都区等 2 区 3 市 4 县区人口，总人口 723.5 万人。2018 年地区生产总值为 5 487 亿元。新能源及其装备、大数据、节能环保、新能源汽车等新兴产业主营业务收入年均增长 30%以上[135]。主要经济指标增速位居全省前列，在全国地级市中排名前 40。盐城是国家可持续发展试验区，国家创新城市示范区，国家现代农业发展重要基地。

8.1.1 盐城土地面积全省第一，耕地资源优势突出

盐城拥有江苏省最大的沿海滩涂、最长的海岸线、最广的海域面积、最深的开发腹地，具备空间大、岸线长、滩涂多等沿海资源优势。盐城是江苏沿海大市，空间大。盐城位于江苏沿海中部，承南启北，腹地广阔，地处江淮平原，东临黄海，土地面积约 1.6 万千米^2，其中耕地面积占全省的 1/6。东部有很长一段海岸线，其海岸线长达 582 千米，占全省的 56%。沿海滩涂面积大，达到 680 多万亩，沿海滩涂占全省的 66%，约占全国滩涂面积的 1/7，土地后备资源丰富，滩涂每年成陆 5 万亩，拥有江苏和全国其他地区无法比拟的独特滩涂资源优势。风能资源则占全省的 2/3，风能和光能资源丰富，盐城沿海及海上风电资源达 1 470 万千瓦，占全省的 70%，年平均日照 1 400 小时左

右。城市河流交错曲折，水乡特性明显，地势平坦开阔，交通较为发达，有丰富的自然资源，素有“百河之城”“鱼米之乡”美称。盐城东临黄海，具有显著海洋气候，不仅有利于水稻、小麦、棉花生长发育，并且对大豆、油菜、花生和其他蔬菜、果树和油料作物的生长具有促进作用，同时也有利于鱼、蟹、虾类、贝类养殖等。

8.1.2 立体综合交通网络正在形成，区位优势逐步显现

盐城是江苏沿海中心枢纽城市，“贯通南北、东出西连、通江达海”的综合交通网络正在形成。2014 年组建盐城南洋机场有限责任公司，盐城南洋机场航线达 25 条，通达 17 个国内大中城市和 5 个国际（地区）城市，北京、上海、广州、成都、重庆、武汉、沈阳、昆明、长沙、大连等航班均达到每天一班以上，加密对内对外航线，江苏沿海中心机场航线网络布局基本完成。盐城港成为中韩陆海联运、粮食储运、进口木材、进口活牛、整车进出口 5 大特色基地。临海高等级公路全线贯通，2016 年建成盐丰高速、省道 125 市区段、滨海海港大道，推进省道 233、351 等干线公路建设。盐城至南通（通达上海）高速铁路开工建设，盐城至南京、徐州高速铁路开展路基桥梁施工，盐城至连云港快速铁路完成轨道铺设[136]。沿海综合交通体系基本形成。临空临港的双重优势为盐城加大对外开放提供了有利契机。临空临港经济区对于要素集聚具有强大的吸引力和集散功能，是地方物资集散、要素转化、资金配置、信息交换、人才集聚的重要平台。

8.1.3 加强生态功能区保护，生态优势彰显

盐城市空气质量极佳，空气质量排名曾居全国第四位，仅次于海岛城市海口、舟山和高原城市拉萨。为了提升环境品质，近些年盐城加强秸秆综合利用，秸秆禁烧连续两年实现“零火点”；为全面淘汰落后产能，近两年先后关闭了盐城热电厂等 10 家污染企业。盐城秉持绿色发展理念，坚定不移推进生态文明建设，否决各类污染项目 480 多个，淘汰整治锅炉 102 台。坚持把生态环境保护与建设列为公共财政支出的重点，自 2012 年以来，全市累计投入达 300 多亿元，其中，市财政每年安排 2 000 万元生态文明建设专项经费、500 万元生态市创建工作经费和 1 000 万元城乡环境综合整治奖补资金，使全市环保投入占地区生产总值的比例保持在 3.5%以上。盐城注重加强生态功能区保护，将 2009 年明确的 29 个重要生态功能保护区优化调整为 49 个，保护区面积在全省最大，占盐城国土面积的 21.77%。在此基础上，盐城市提出“县（市、区）生态红线保护区域确保占国土面积的比例 20%以上”的要求，全市生态红线陆域总面积在省级基础上提升 1.7 个百分

点，达到23.5%。

8.1.4 后发优势明显，新经济发展日益壮大

良好的资源优势、区位优势和生态优势，为盐城新经济发展创造了优良的外部条件。近几年盐城新能源产业、信息产业、大数据、云计算、环保产业、海洋装备、生物制药和海洋产业等新经济取得新的发展，创新型经济集群呈现出较快增长，正在成为经济增长新的动力。2014年，105家企业被批准为国家高新技术企业，高新技术产业产值增长17%；大力发展“4+3”新兴产业，主营业务收入突破1 500亿元。建设市开发区、高新区、环保科技城、智慧科技城“两区两城”标志性产业创新高地，获批国家创新型试点城市。全社会研发投入占地区生产总值的比例比2010年提高一倍。实施“515”人才引进三年行动计划，全民创业蓬勃兴起，新增各类企业3.8万家[137]。

自2009年江苏沿海地区开发上升为国家战略以来，盐城沿海地区成为活力最强、增长最快的重要经济板块。盐城是江苏省第一农业大市，盐城市粮食总产量连续27年位居江苏省第一，连续3年获得全国粮食先进市称号，占全国粮食总产量的1%以上。射阳、阜宁、响水、滨海等四个县为全国粮食先进县。2016年，盐城耕地1 200万亩，承包耕地830万亩，其中流转耕地530万亩，流转比例达到63.86%，远高于全国31%的水平，属于全国东部地区粮田流转较快的地区。各县（市、区）普遍对粮田流转新型经营主体实施了财政补贴政策，2016年盐城市对适度规模经营主体发放800万元财政补助资金，2017年又发放1 000万元财政补助资金，集中对盐都区、大丰区和亭湖区家庭农场进行了流转补助。在农村土地流转加速推进下，盐城市现代农业示范园区、农产品加工区、招商引资和新型农业经营组织获得了明显成效。促进了专业化、集约化和社会化的现代农业大发展，盐城成为全国农业强市。

8.2 2010—2016年江苏省盐城市粮食生产情况

8.2.1 粮食产量逐年递增

粮食生产是关系我国经济发展，社会和谐稳定的重大问题。盐城十分重视粮食生产安全，严格耕地保护红线，努力扩大粮田面积，粮食生产呈现逐年增加的良好态势。盐城的粮食产量分别由2010年的651.66万吨增长到2016年的687.3万吨。见表8-1。盐城由于土地资源丰富，是江苏沿海最大的农业大市，在粮食生产方面独领风骚，盐城粮食年产量大约为连云港和南通的两倍。

表 8-1 2010—2016 年江苏沿海三市粮食生产情况

单位：万吨

市别	粮食产量						
	2010 年	2011 年	2012 年	2013 年	2014 年	2015 年	2016 年
连云港	339.36	345.98	361.40	354.73	359.33	362.15	360.80
盐城	651.66	661.79	672.70	666.50	703.10	708.10	687.30
南通	324.94	329.12	332.97	333.46	334.02	337.15	325.20

资料来源：2010—2016 年《连云港市国民经济和社会发展统计公报》，2010—2017 年《盐城市国民经济和社会发展统计公报》，2010—2017 年《南通市国民经济和社会发展统计公报》。

8.2.2 农林牧渔业总产值逐年增加，占地区生产总值的比重逐年下降

2010—2015 年随着江苏沿海地区粮食产量逐年增加，农林牧渔业总产值也在逐年增加。2010—2015 年，盐城、南通、连云港的农林牧渔业总产值每年有大约 40 亿元的增加值。农林牧渔业总产值占地区生产总值的比重开始下降，农业经济结构调整加快。江苏盐城地区伴随工业化和城镇化进程，农林牧渔业总产值占地区生产总值的比重开始下降，表明盐城农业现代化步伐在加快。

8.2.3 农业机械化水平较高

盐城是农业大市，又是农业强市。近几年江苏沿海地区农业综合机械化水平正逐步提高，农业综合机械化水平率已经超过 70%，农业机械化水平率先实现了由中级阶段向高级阶段的跨越。其中尤以盐城的农业机械化总动力提高最为显著。2016 年末，盐城拥有农业机械总动力 678.4 万千瓦，比 2015 年增长 1.7%；大中型拖拉机、联合收割机、水稻插秧机保有量分别达到 27 608 台、25 727 台和 23 960 台。

8.2.4 农田水利现代化水平得到提升，农田骨干排灌水系已基本形成

盐城共有 94 个水功能区，沟渠纵横，农田水利条件较好，基本具备新滩涂开发的引水改良条件。2011 年以来，盐城市水利投资约 93.81 亿元，实施了盐龙湖工程建设、南水北调水源调整、沿海挡潮闸下移、海堤达标、中小河流治理、农村饮水安全、城市防洪、农田水利等一大批水利基础设施项目，为加快推进水利现代化建设奠定了坚实根基。2016 年，盐城的有效灌溉面积达到了 406.7 万公顷，新增有效灌溉面积 4.1 万公顷，新增节水灌溉面积

19.2 万公顷；新增设施农业面积 3.4 万公顷。

8.2.5 高效农业发展迅速，现代农业园区方兴未艾

2014 年现代农业规模扩大。盐城新增设施农业面积 22.7 万亩，增量、增幅均位居全省第一。全市拥有无公害农产品 1 775 个、绿色食品 244 个、有机农产品 63 个。新增市级示范家庭农场 100 家。农村劳动力转移 199.1 万人，其中劳务输出 125 万人。2015 年全市高效设施农业发展取得显著成效。2015 年，累计新增设施农业 20.8 万亩，总规模达 207.8 万亩，占耕地面积比重 16.9%。新建千亩以上连片设施农业基地 36 个、百亩以上连片基地 298 个，16 个“菜篮子”工程蔬菜新增 4.9 万亩、总规模达 19.88 万亩。全市拥有无公害农产品、绿色食品、有机农产品总数 2 009 个，年内新增 491 个[138]。2016 年，农业科技进步贡献率提高到 67%。休闲观光农业势头好，全市共新增休闲农业景点 23 个，农业观光采摘园有 198 个、农家乐 103 个。休闲观光农业综合收入 8.3 亿元。大丰荷兰花海和盐都龙冈桃园先后被中央电视台宣传报道。

8.2.6 农业规模经营加快发展，农业转型升级开始起步

盐城注重加快农业产业化，加速农业的转型升级。2016 年，盐城农业龙头企业达到了 1 661 个；农民专业合作组织 10 402 个，比上年增加 799 个；家庭农场达到 3 801 万家；农村劳动力 109.9 万人，新增培训人数 7.8 万人。

8.3 2012—2016 年盐城市粮田流转标准价格基本情况

8.3.1 2012—2016 年盐城市水稻和小麦亩均纯收益情况

盐城粮食生产主要是水稻和麦子。11 月开始种小麦，到来年 5 月小麦收割后接着种水稻。水稻和小麦的收益情况见表 8－2 和表 8－3。

表 8－2 盐城市水稻亩均纯收益情况

项目	单位	2012 年	2013 年	2014 年	2015 年	2016 年
省	个					
市	个	1	1	1	1	1
县	个	3	4	3	3	4
户	个	34	39	29	33	55
每亩主产品产量	千克	634.37	625.67	593.71	614.31	609.08

（续）

项目	单位	2012年	2013年	2014年	2015年	2016年
每亩产值合计	元	1 804.44	1 814.18	1 796.43	1 672.75	1 524.64
其中：主产品产值	元	1 776.67	1 786.37	1 766.05	1 641.50	1 494.21
副产品产值	元	27.77	27.81	30.38	31.25	30.43
每亩总成本	元	1 098.48	1 012.64	1 105.50	1 290.47	1 223.50
每亩生产成本	元	927.84	840.77	919.76	1 075.40	955.13
其中：物资与服务费用	元	582.55	568.51	591.78	649.26	596.58
人工成本	元	345.29	272.26	327.98	426.14	358.55
其中：家庭用工折价	元	319.01	269.79	289.18	389.52	337.20
雇工费用	元	26.28	2.47	38.80	36.62	21.35
每亩土地成本	元	170.64	171.87	185.74	215.07	268.37
其中：流转地租金	元	25.80	24.80	35.37	44.32	54.56
自营地折租	元	144.84	147.07	150.37	170.75	213.81
每亩净利润	元	705.96	801.54	690.93	382.28	301.14
每亩用工数量	日	10.29	8.46	8.00	8.54	7.02
每亩产品已出售数量	千克	342.63	386.39	285.24	337.78	415.74
每亩产品已出售产值	元	943.36	1 099.21	839.00	906.62	1 012.55
商品率	%	61.50	74.62	63.50	71.90	76.59
已出售率	%	54.01	61.76	48.04	54.99	68.26
每亩补贴收入	元	97.07	104.91	124.25	125.18	106.96
每亩成本外支出	元	20.40	19.46	19.69	18.51	18.69

表 8-3 盐城市小麦亩均纯收益情况

项目	单位	2012年	2013年	2014年	2015年	2016年
省	个					
市	个	1	1	1	1	1
县	个	4	4	4	4	4
户	个	42	42	42	41	55
每亩主产品产量	千克	288.07	418.86	429.09	411.51	361.10
每亩产值合计	元	556.80	904.61	1 001.14	941.16	681.98
其中：主产品产值	元	543.58	886.24	981.86	917.38	655.16
副产品产值	元	13.22	18.37	19.28	23.78	26.82

（续）

项目	单位	2012年	2013年	2014年	2015年	2016年
每亩总成本	元	680.32	699.83	795.86	875.77	889.84
每亩生产成本	元	513.50	525.95	613.67	668.23	654.11
其中：物资与服务费用	元	374.88	386.01	440.24	470.33	457.78
人工成本	元	138.62	139.94	173.43	197.90	196.33
其中：家庭用工折价	元	138.62	139.94	173.43	189.22	179.45
雇工费用	元				8.69	16.88
每亩土地成本	元	166.82	173.88	182.19	207.54	235.73
其中：流转地租金	元	24.99	25.92	32.82	36.86	45.92
自营地折租	元	141.83	147.96	149.37	170.68	189.81
每亩净利润	元	−123.52	204.78	205.28	65.39	−207.86
每亩用工数量	日	4.33	4.37	4.56	4.04	3.82
每亩产品已出售数量	千克	264.58	403.71	422.98	407.91	361.10
每亩产品已出售产值	元	500.20	853.08	967.88	909.26	655.16
商品率	%	94.74	97.33	98.90	99.45	100.00
已出售率	%	91.85	96.38	98.58	99.13	100.00
每亩补贴收入	元	67.54	76.14	86.59	87.38	102.67
每亩成本外支出	元	19.94	18.45	16.21	16.55	16.19

资料来源：盐城市物价局成本分局提供。

8.3.2 利用收益还原法求得盐城市粮田流转标准价格

（1）盐城市亩均总成本＝水稻总成本＋小麦总成本。

例如，2012年盐城市亩均总成本＝1 098.48＋680.32＝1 778.8（元）。2013年、2014年、2015年、2016年以此类推。

（2）盐城市亩均总收益＝水稻总收益＋小麦总收益（因为是一年两熟）。

例如，2012年盐城市亩均总收益＝1 804.4＋556.8＝2 361.2（元）。

（3）盐城市亩均纯收益＝盐城市亩均总收益－盐城市亩均总成本。

例如，2012年亩均纯收益＝2 361.2－1 778.8＝582（元）。

（4）土地还原率＝银行存款利率＋修正固定风险利率。

例如，2012年江苏省土地还原率＝3.25%＋2.67%＝5.92%。

（5）粮田转让价格＝亩均纯收益/土地还原率。

例如，2012 年盐城市粮田转让价格＝582/5.92%＝9 831（元）。

（6）粮田流转标准价格＝粮田转让价格×[1－1/(1＋土地还原率)]。

例如，2012 年盐城市粮田流转标准价格＝9 831×[1－1/(1＋5.92%)]＝549.47（元）。

（7）2016 年盐城市小麦受连续 31 天阴雨天气影响，发生了赤霉病，小麦市场价格为每千克 0.6 元，远远低于正常年景每千克 2 元的价格，小麦亩产纯收益急剧下滑，导致粮田流转标准价格失常（表 8－4）。

表 8－4　盐城市 2012—2016 年粮田流转标准价格情况

单位：元/亩

年份	粮田转让价格	粮田流转标准价格	粮田纯收益	总收益	总成本
2012	9 831	549	582	2 361	1 778
2013	16 993	951	1 006	2 719	1 713
2014	15 152	848	897	2 798	1 901
2015	7 568	423	448	2 614	2 166
2016	1 570	52	93	2 206	2 113

8.4　盐城市粮田流转实际成交价格的基本情况

8.4.1　水稻小麦亩均收益、亩均成本、亩均纯收益

在建湖县芦沟镇裴西村调研，访谈村支部书记董书记关于水稻、小麦产值、成本和利润情况。小麦 300 多千克/亩，毛收入约 600 元/亩；水稻 600 千克/亩，毛收入 1 600～1 700 元/亩。种地成本主要有：种子，自留种比较多，小麦大概一亩地 25 千克种子，自留成本是 60 元左右，如果是买的话就是 120 元；机耕费一般是每亩地 81 元，开沟费为每亩地 30 元左右；麦子肥料大约是 150 元成本，化学除草大约是每亩 30 元，农药每亩 20 元；收割正常是 70～80 元/亩，如果麦子倒伏就要 120～150 元/亩，人工每天 7～8 小时，费用 80～100 元不等。水稻种子自留成本是 30 元，买种子就是翻倍 60 元，机耕大约每亩 80 元，化学除草 50 元，农药 70～80 元/亩，化肥 156 元左右，抽水费 50 元，人工除草 80～100 元/天，收割费 70～80 元/亩。如果是农民自己耕种，算上人工部分，每亩大概收益 700～900 元。

8.4.2　粮田流转实际成交价格及影响因素

2017 年 8 月 29 日调研组在盐城市所辖响水县调研，与农委工作人员访

谈，了解粮田流转实际成交价格和它的影响因素。农委工作人员告诉我们，最高的价格为 1 200～1 300 元，低的在 700～800 元（表 8－5）。影响价格的因素有多种原因。例如，如果农民不想种地，主动将土地进行土地流转，那么价格就比较低。但是有些时候遇到企业需要发展的时候，把土地进行流转就会开出高价。这就是有时候土地流转价格很高的原因。如果小镇的政府急需用地的话，那么这块地的价格也有可能很高。如果是老百姓私下流转的，基本上都是每亩 600～700 元。

表 8－5　2012—2016 盐城市粮田流转实际成交均价

单位：元

时间	2012 年	2013 年	2014 年	2015 年	2016 年
粮田流转实际成交均价	700	800	930	1 000	1 200

资料来源：课题组根据 2017 年 6—11 月盐城各县区实地调研整理得来。

2017 年 8 月 30 日调研组在射阳县调研，与农委干部张主任和王主任座谈，继续了解粮田流转实际成交价格和它的影响因素。他们认为，土地流转规模化种植是一个趋势。影响土地流转的因素有很多：首先是国家的政策，土地流转价格在 2015 年曾经达到了 1 500 元/亩；其次是粮食的价格，有一年小麦的价格很低，土地流转价格就下降，粮食价格的不稳定导致了土地价格的不稳定；再次是土地质量，土地质量比较好，那么价格自然比较高，而靠近沿海地区的土地，它的价格比较低，毕竟产量在那里；最后是市场，在这个土地价格高的大环境下，流转价格就高。主要还是政策和质量影响土地价格。而农委资深专家王主任认为，盐城市下属射阳县粮田流转价格能达到 800～1 000 元。影响流转价格因素大致包括：①土地的质量问题，土地的质量问题影响产量，导致流转价格有所差别；②土地的位置，主要指交通是否便利；③土地的补贴问题，一般情况下土地的补贴是给农户的，也有给种粮大户的，这个是根据双方合同约定的；④土地流转的期限，期限长一点的话，租金可能要高一点。其他因素还包括土地是否进行整理，配套设施是否齐全。

8.4.3　粮田流转实际成交价格持续上升的危害性

粮田流转价格按种粮收益稳定在合理区间，对于粮食适度规模经营和我国粮食可持续发展意义非凡。调研中发现，由于近年来盐城市粮田流转实际成交价格不断上升，远远背离了粮田流转标准价格，出现了粮田流转后的“非粮化”较严重问题。2017 年 7 月 21 日在建湖县芦沟镇裴西村调查发现，这个村是由五星村和三沟村两个小村合并而来，共有 1 650 人，其中有 610 户为农户。目前农村在土地流转时会涉及两个方面——养殖和种田。村里有一位承包大户，原为上海大学生，到此地成立了成阳公司。起初他承包了 1 200 亩田地用于种植优质的水稻，经过三年的种植后，由于亏本又改做养殖，主要养殖龙虾。随后课题组与村支书到田地查看粮食和养殖情况，看到了许多粮田流转后种藕和养殖龙虾。董书记告诉我们，一亩地地租 1 000 元，一租 16 年。水稻田承包种水稻，每亩纯收益只有 200～300 元，而养螃蟹每亩收益 2 000 多元。2017 年 8 月 29 日，调研组到盐城市响水县调研，县农村工作领导小组办公室周主任告诉我们，大规模大范围土地流转，主要办农村现代示范园区。响水县南河镇就搞了一个农业现代示范园区，种植的是西蓝花，2017 年已经达到了 3 万亩的规模。2016 年是西蓝花历史上形势最好的一年，在地里面收的时候就有 7.6 元/千克，正常一亩地的收入能有 4 000 元左右。有些老百姓种植了二三百亩，纯收入一年能达到 60 多万元。目前南河镇通过政府领导搞了规模化种植。其最基本的形式是土地流转。

8.5　粮田流转标准价格的合理区间及补贴幅度

粮田流转实际成交价格高于粮田流转标准价格，是盐城市粮田流转后“非粮化”的主要原因。因此要促进粮食适度规模经营，保证粮食可持续增长，维护国家粮食安全，首先要降低不合理的粮田流转实际成交价格，通过财政手段，让粮田流转实际成交价格稳定在一个合理区间。就盐城市而言，粮田流转标准价格是多少？需要财政补贴又是多少呢？

8.5.1　粮田流转标准价格合理区间（一年两季熟作物）

2017 年 8 月 29 日调研组就“流转合适的价格大概是多少”这一问题在响水县调研，县农村工作领导小组办公室人员认为，800 元左右就可以了，实际土地流转的过程中能有 500 元左右就更好了。他有个战友包了 100 亩的土地，他说只要种植一季就可以赚到成本了，前提是在风调雨顺的时候。如果要赚钱的话，那么土地流转的成本大概要在 400 元左右。假如说是熟悉农业的人来搞农业生产，按照流转成本 500 元一亩计算，最起码在灾年的时候还可以保证不亏本，好的时候他就可以赚钱。人家承包土地的，本来的目的就是赚钱。如果按照 500 元一亩的土地流转成本计算，正常一年种下来可以赚到 400 元左右一亩地。关于这样的价格国家应该想办法稳定。要给出一个这样的区间，让投资者有利可图，才能提高农业生产者的种粮积极性。2017 年 8 月 29 日在射阳县调研就同样主题进行访谈时，县农村工作领导小组办公室张主任持同样观点，但他认为流转价格应该在 800～900 元/亩。

8.5.2 对粮田流转价格实施补贴及其幅度

调研组向射阳、滨海、建湖、阜宁、盐都区、亭湖区和盐城市的农委、农办、国土和物价部门人员和村镇干部共12位农业专家发放问卷表，咨询农村土地流转价格补贴及幅度问题。针对“对粮田流转价格进行补贴，您是否同意”这一问题，有10位专家回答同意，占比为83.33%；有一位不同意，没有说出理由；另一位则认为工作量较大，不赞同。在“对农村粮田流转价格补贴幅度的认同”问题下，分设100%、90%、50%、25%及其他5个层次。其中100%、90%幅度没有人赞同，50%有5位赞同，25%有5位赞同，其他有2位赞同。在响水县调研时，农办人员就补贴问题谈得较深入。他强调，种粮补贴应该给那些种植粮食的人，种粮可以说为国家战略做出了贡献，国家给予补贴是正确的。国家应该进行精准补贴，谁种了粮食，那么就给谁补贴，粮食补贴现在还有较大的漏洞，没有种植粮食的人也在拿粮食补贴。国家补贴一点，县里面再补贴一点，一定要保护好农民种粮积极性，再如何发展，一定要有粮食吃。在射阳县和东台市调研时，农委干部认为，我国粮食价格比国际粮价高，很重要的一个原因是我们有粮田流转费用问题，粮田流转成本占总收益比例2016年达到50.8%，占粮田总成本比例为75%①。因此要大力推进农业供给侧结构性改革，努力降低新型农业经营主体粮田流转价格成本，保证他们不论年景如何都有利润可赚，才能稳定我国粮食的可持续生产。有个农委干部甚至认为，如果国家全部承担地租，大家都愿意种植粮食，粮食安全肯定就有保障了。综合实际调研情况，盐城市粮田流转价格补贴每亩300元较为适宜，符合理论上对东部地区粮田流转补贴的推算。

① 资料来源：根据2017年6—11月课题组在江苏盐城市的田野调查录音资料整理形成。

9 提高农业精准补贴力度是维护国家粮食安全战略的大趋势

改革开放以来，我国农业补贴经历了由无到有、由少到多、由普惠制到精准制的历史变迁。早期，农业补贴是增加全体农民收入的重要手段，而如今，补贴正向“谁种植粮食就补贴谁，谁多打粮食就多补贴谁”的精准补贴阶段演进。粮食适度规模经营者是我国未来粮食安全战略实施的骨干力量，能够破解“未来谁来种地”的重大农业问题，理应成为农业补贴政策支持的重点方面。2016年以来，将农资综合补贴的20%、种粮大户补贴资金以及新增农业补贴集中投向新型农业经营主体，真正体现了对粮食适度规模经营者的精准补贴。在培育新型农业经营主体背景下，如何更好地对粮食适度规模经营者进行补贴？这是一个较新的课题。要适应粮食规模经营主体发展新形势新任务，在补贴力度、补贴范围、补贴形式等方面努力创新，不断开拓农业补贴新领域，促进粮食适度规模经营可持续发展，切实维护国家粮食安全。

9.1 我国农业补贴支持政策形成的历史背景

9.1.1 中国农业是典型的“生计型”农业

中国是发展中农业大国，人口基数庞大，人均农业资源严重不足。2013年世界人均可耕地面积为0.197公顷，中国人均耕地面积仅有0.08公顷，约为世界平均水平的2/5；2014年世界人均粮食生产用地为0.10公顷，中国为0.07公顷。可见，与美国、加拿大、巴西和法国等重要农业生产国相比，中国人均农业生产土地资源紧缺，仅稍高于近邻日本和韩国。

9.1.2 我国农业以小规模家庭农场经营为主

经营规模较小，效率较低，生产的农产品有相当部分是农民自给自足；农民收入较低，城乡贫富差距仍然较大。黑龙江是我国耕地资源最为丰富的省份，耕地面积近1 500万公顷，土地经营规模达到0.9公顷/人（13.56亩/人），但其余省份人均土地经营规模均在0.5公顷以下，多数省份都在0.1公顷左右。相关研究也显示，中国家庭户均农用地经营规模仅为0.66公顷，相当于韩国和日本的1/3、欧盟的1/40和美国的1/400[139]。

9.1.3 城乡收入差距绝对值有进一步扩大的趋势

我国农村居民农林牧渔业收入不断增长，其仍是农民收入的主要来源之一，尤其是粮食主产省，对农业收入的依赖性更强。加之我国城乡二元结构特征十分显著，工业化与城镇化进程是在工业生产率已达到很高水平情况下加速的，这使得城乡居民收入虽然不断增加，但城乡收入差距绝对值有进一步扩大的趋势。城乡户籍制度的限制使得教育、居住、就业、社保等社会功能出现差距，大量的农村富余劳动力涌入城市就业，但却难以得到身份上的转变，无法真正融入城市，大量的外出务工者最终仍会回到农村养老。因而，中国的农业和土地依然承担大量的农村养老、就业、维持基本生活等社会保障功能。中国许多省份的农村居民人均可支配收入位于城乡居民人均可支配收入的平均线之下，各地区农业农村发展不均衡，更好地发挥农业在消除贫困、提升生活质量方面的作用显得尤为重要。

在农业资源紧缺以及防止城乡收入差距绝对值进一步扩大的背景下，农业支持政策要不断优化。农业支持政策对于缓解我国结构矛盾、促进农民增收、提高农民生产的积极性方面有着重要的意义，也是我国全面建成小康社会和全面建成社会主义现代化强国的内在要求。

9.2 农业补贴短期目标、长期目标和阶段性政策支持体系

综合考虑上述背景下的中国农业和农村经济基本实际，我国农业支持政策应该是渐进的。短期来看，促进农民收入和保障粮食安全是解决当前以及今后较长一段时间内矛盾的关键。一方面，种粮比较利益持续降低，耕地、淡水等农业资源对粮食生产的约束日益增强，农民增收困难已经成为现阶段限制农业农村发展的突出问题，调动农民生产积极性难度越来越大，保障粮食生产的任务更加艰巨；另一方面，随着消费结构升级、城镇化发展和人口的增加，农产品消费需求将呈刚性增长，因此，短期农业支持政策目标必须始终立足于保障国内粮食基本自给和促进农民收入的增长。从长远来看，实现农业的可持续发展则是根本目的，长期内农业发展面临着水土资源紧缺、气候变化等严峻挑战，又肩负生态保护、生物多样性保护等重任，实现农业可持续发展将是长期艰巨的任务，必须加大对农业的支持。表 9－1 对我国十多年来实施过的农业支持政策进行了梳理总结。

农产品价格支持政策主要针对调节农产品市场价格，保证一定的价格水平，防止“谷贱伤农”，维护农产品生产者的利益，提高农民生产积极性。

表 9-1 中国农业支持政策汇总

农业支持政策		种植业				
		谷物	油料	糖料	纺织原料	蔬菜
价格支持	粮食最低收购价政策	2004—2015 年				
	临时收储政策	2008—2015 年	2008—2014 年		2008—2014 年	
	农产品目标价格政策	2014—2015 年	2014—2015 年		2014—2015 年	
直接补贴	农作物良种补贴政策	2003 年 4 月—2015 年（小麦/水稻，玉米）	2002 年 7 月—2015 年（大豆/油菜）		2007—2015 年	
	农机具购置补贴政策	2004—2015 年	2004—2015 年		2004—2015 年	
	种粮农民直接补贴政策	2004—2015 年				
	农资综合补贴政策	2006—2015 年				
	测土配方施肥补助政策	2012—2015 年	2012—2015 年	2012—2015 年	2012—2015 年	2012—2015 年
	农产品产地初加工补助政策	2013—2015 年				2013—2015 年
	土壤有机质提升补助政策	2012—2015 年				
	农作物病虫害专业化统防统治补贴政策	2011—2015 年				
	产粮大县奖励政策	2005—2015 年				
	粮棉油糖高产创建补贴政策	2010—2015 年	2010—2015 年	2010—2015 年	2010—2015 年	
	防灾减灾稳产增产关键技术良法补助政策	2012—2015 年				
	农业产业化发展支持政策	2008—2011 年	2008—2011 年	2008—2011 年	2008—2011 年	2008—2011 年
	“菜篮子”产品生产扶持政策					2012—2015 年
	农机报废更新补贴试点政策	2014—2015 年				
综合补助	农业保险补贴政策	2007—2015 年	2007—2015 年	2007—2015 年	2007—2015 年	2007—2015 年
	建设高标准农田支持政策	2010—2015 年				
	鲜活农产品“农超对接”政策					2010—2012 年
	鲜活农产品“绿色通道”政策					2005—2015 年
	建设小型农田水利支持政策	2009—2015 年	2009—2015 年	2009—2015 年	2009—2015 年	
	育繁推一体化种子企业支持政策	2014—2015 年	2014—2015 年	2014—2015 年		2014—2015 年
	农业标准化生产支持政策	2006—2015 年	2006—2015 年	2006—2015 年	2006—2015 年	2006—2015 年
	健全农业社会化服务体系政策	2014—2015 年				

注：此表以 2015 年为统计截止时间，但并不代表政策于 2015 年停止实施。

9.3 农业补贴政策阶段性演进的目的、重点内容和主要措施

9.3.1 粮食最低收购价政策

粮食最低收购价政策是在2004年全面放开粮食购销市场和价格的背景下制定的，旨在充分发挥市场机制的基础上实行宏观调控。2002—2004年，全国范围内逐步取消了之前实行的保护价政策，为保护种粮农民利益、保证粮食市场供应和保障国家粮食安全，国家对重点粮食品种实施最低收购价政策。2004年出台了稻谷最低收购价政策，2005年该政策正式启动，随后2006年实施了小麦最低收购价政策，政策适用于粮食主产区的稻谷和小麦。当粮食市场价格低于最低收购价格时，政府按照最低收购价格挂牌收购；当市场价格高于最低收购价格时，不启动该政策。据相关资料统计，截至2010年12月10日，累计收购最低收购价稻谷3 617万吨、小麦17 491万吨；2016年国家继续在粮食主产区实行小麦、稻谷最低收购价政策，小麦（三等）最低收购价格每50千克118元，与2015年相当，早籼稻、中晚籼稻和粳稻（三等）最低收购价格分别为每50千克133元、138元和155元，早籼稻最低收购价格比2015年下调2元，中晚籼稻和粳稻最低收购价格保持2015年水平不变[140]。

9.3.2 大宗农产品实施临时收储政策

2008年开始实施大宗农产品临时收储政策。这些临时收储的产品或者事关国家粮食安全，如作为口粮直接消费的水稻，或者对市场供给和稳定具有重要影响，如玉米等饲料粮和猪肉。该政策的实施主要是为了防止农产品价格剧烈波动对农民收入和国内市场稳定造成不良影响。在粮油临时收储方面，政府从2008年开始对玉米、大豆和油菜籽实施临时收储政策，与之前实施的最低收购价政策相比，临时收储政策具有两个特点：①收储的产品属于非口粮和产业链较长的产品，这些产品的国际化程度相对较高；②收储价格在产品快上市时才确定，主要根据市场价格来定，保证收储价格与市场价格相近，由国家委托企业来执行，由财政部支付国家粮油储备利息费用及差价补贴，其他方面企业自行销售、自负盈亏。食糖临时收储和猪肉临时收储政策始于2008年，同样为了调控市场、防止价格大幅波动，影响生产者利益和消费者日常生活。食糖的收购多通过公开竞价方式进行，国家猪肉储备能力有限，鼓励地方企业收储并自负盈亏，财政负责贷款利息费用补贴。2008—2009年，国家累计临时

收储稻谷、玉米、大豆和油菜籽数量分别为1 366万吨、4 066万吨、533万吨和556万吨；2015年玉米临时收储5 400万吨，国内玉米库存持续攀升，从2012年时的不足5 000万吨一路上升至2015年底的2.42亿吨，全球一半以上的玉米库存在中国，因此，2016年政府取消了玉米临时收储政策。2014年国家启动了新疆棉花、东北地区大豆目标价格改革试点，棉花、大豆临时收储政策取消，当市场价格低于目标价格水平时，由中央财政向试点地区生产者提供补贴。2016年国家继续深入推进东北地区和内蒙古大豆、新疆棉花目标价格改革试点[141]。

9.3.3 粮食直补政策

直接补贴政策包括了以四大补贴政策为首的一系列补助政策。种粮直补意在对种粮农户按照产量多少进行补贴，旨在促进生产。它推出的背景是：1999—2003年我国粮食总产量不断下滑，2003年仅为4.3亿吨，成为自1990年以来的历史最低产量，这引起了中央政府的高度重视。2004开始实施对种粮农户的直接补贴，旨在调动农民种粮积极性、促进粮食生产稳定发展，补偿粮食生产成本并使种粮农民获取适当收益。粮食直补品种由各省自主决定，如江苏只补贴水稻、山东只补贴小麦，黑龙江补贴水稻、小麦、玉米和大豆，各省不尽相同。2004—2007年，补贴总额和补贴标准逐渐提高，2008年以来变化不大。从实施方式上来看，种粮直补政策由于采取直接支付方式，不与生产的国际或国内价格相关，且与使用的生产要素无关，因此不具有对生产者提供价格支持的作用。实施过程中，虽然政策鼓励原则上按实际种植面积补贴，但很多省份甚至不考虑农户种植的是粮食作物还是经济作物。

9.3.4 农资综合补贴

2006年起政府安排实施了农资综合补贴，保障种粮合理收益，补贴对象为柴油、化肥、农药、农膜等农业生产资料投入品。农资综合补贴总额和标准不断提高，2006—2007年，补贴资金分别为120亿元、276亿元；2008年由于化肥、柴油等农资价格持续上涨，政府追加资金累计达716亿元；2009年起施行的动态调整机制要求“有增无减”，补贴资金主要根据农资价格的变化，2009年与2010年补贴资金分别为795亿元、835亿元。

9.3.5 农机购置补贴

旨在鼓励和支持农民使用先进适用的农业机械，推进农业机械化进程，提高农业综合生产能力，促进农业增产增效、农民节本增收。全国总体上执行30%的补贴比例，补贴方式为差价补贴，由财政部门统一与供货方结算。

2004 年是第一年实施该政策，中央财政补贴资金为 0.7 亿元，2009 年增长到 130 亿元，2010 年安排 154.9 亿元。

9.3.6 良种补贴

为促进农业区域化布局、规模化种植、标准化管理、产业化经营，2002 年起政府陆续对农民种植大豆、小麦、水稻、玉米、棉花、油菜籽、花生和马铃薯等农作物进行良种补贴。良种补贴从 2002 年的 1 亿元快速增长至 2009 年的 192 亿元，2010 年为 194 亿元。针对不同的品种有直接补贴和差价购买两种，补贴省份补贴渠道不同，农作物良种补贴政策属于特定产品“黄箱”政策。除此之外，环境保护政策也是我国农业支持政策的重要部分，例如退耕还林、退牧还草政策等。2010 年退耕还林、退牧还草（退耕还草）项目支出为 405.29 亿元，2015 年为 353.07 亿元。在粮食直补方面，北京和天津的补贴标准较高，其次有吉林、黑龙江和安徽；而金额支出省份较高的有吉林、黑龙江和河南等农业大省。东北部地区的农资综合补贴标准显著高于其他地区，不同地区不同作物的良种补贴有所差别，三种补贴中农资综合补贴的支出最大，其次是粮食直补和良种补贴。

9.3.7 农业“三项补贴”改革

需要说明的是，为提高农业补贴政策效能，2015 年，国家启动农业“三项补贴”改革，将种粮直补、农资综合补贴、良种补贴合并为“农业支持保护补贴”。政策目标调整为支持耕地地力保护和粮食适度规模经营。

9.4 农业补贴对不同规模农户粮食生产技术效率的实证分析

粮食补贴政策是中国农业支持保护制度的核心内容。在良种补贴、粮食直补、农资综合补贴“三项补贴”改革推广之时，应进一步评估这三项“粮食收入性补贴”的政策效应，特别是对中国粮食生产效率的影响。中国粮食收入性补贴究竟提高了农民的粮食生产效率，还是降低了农民的粮食生产效率，这可能关系未来中国农业补贴政策改革完善的方向。相关统计数据显示，中国粮食收入性补贴由 2002 年的 1 亿元、2004 年的 144.5 亿元快速增长到 2014 年的 1 436 亿元；目前农民每公顷耕地获得的补贴资金已经接近美国等一些发达国家水平[142]。我国政府花了大量的财政资金来补助农民，这就带来了一个直接的问题：粮食收入性补贴对粮食生产是否具有激励效应呢？粮食补贴政策是中国农业支持保护制度的核心内容，考察粮食收入性补贴的效果显得尤为重要。

现阶段，国内学者主要关注中国各项粮食补贴对生产要素投入的影响，对粮食生产效率的影响因此被严重忽视。技术效率反映了在既定投入下产出可增加的能力或在既定产出下投入可减少的能力，提高农业生产技术效率成为粮食增产的关键，因此分析粮食收入性补贴对技术效率的影响，有助于维护我国的粮食安全。有鉴于此，本书在前人研究的基础上，首先从理论上分析粮食收入性补贴影响粮食生产技术效率的影响机制，然后以三大主粮之首的“稻谷”为例，通过相关的农业生产数据，实证分析农业补贴对不同规模农户粮食生产技术效率的影响。

9.4.1 农业补贴影响粮食生产技术效率的机制

梳理文献发现，农业补贴影响粮食生产技术效率的路径主要分为四种，具体而言：①改变投入产品的相对价格，从而影响要素投入数量和结构；②通过收入效应，改变农民收入水平，进而影响投资决策，以及资本或劳动力在农业和非农之间的分配；③通过保险效应，改变农户的抗风险能力和风险规避行为；④通过农场规模扩张或退出行为影响生产效率水平。如果收入性补贴能够提供足够资金，帮助农户克服资金约束，引进先进技术和设备，进行有效的组织改造，则会导致生产效率的提高；如果提高收入性补贴减弱了农户改善生产性投资的动力，则会导致生产效率的降低。

然而，收入性补贴对粮食生产技术效率的影响还会受农户经营规模的影响。首先，小规模农户即使获得了收入性补贴，也还是会按照以往的传统经验进行农业生产，并不会使农业生产函数发生变化，有时可能会因为单纯追求产出，而存在过量使用化肥、农药等行为。因此对于小规模农户而言，收入性补贴并不一定会提升粮食生产效率，从而使得收入性补贴的效果不明显。其次，大规模农户一般拥有自己的机械设备，并具有一定的经营管理能力。收入性补贴在一定程度上会缓解他们的资金约束，他们很有可能会利用这笔资金来引进先进技术和设备，采用科学的方式进行农业生产，这会提升粮食种植技术效率，从而使得收入性补贴的效果明显。总体来看，收入性补贴对粮食生产技术效率的影响主要取决于收入性补贴能否提供足够资金、缓解农户对资金的需求。而不同经营规模的农户对资金的需求存在明显差异。

9.4.2 研究方法与数据来源

9.4.2.1 研究方法

（1）理论模型。当前，测算技术效率比较常见的方法有数据包络分析法（DEA）和随机前沿方法（SFA）。DEA方法属于非参数估计，主要通过线性规划方法求解效率，不需要对模型形式做出假设。虽然计算相对简单，但无法区分技术非效率和随机误差，结果受数据统计误差影响较大。SFA 方法属于参数估计，需要事先设定前沿生产技术的函数形式和随机扰动项的分布形式，可以有效区分技术非效率与随机误差，能较好地拟合现实中的不确定性因素。受测量误差以及气候、灾害等随机不可控因素的影响，农业生产近似于一个随机过程，因此在测度农业生产技术效率时，SFA 方法比 DEA 方法更适用。SFA 方法最早是由 Ainger et al.（1997）和 Meeusen et al.（1997）分别提出的，随后被学者们广泛运用于生产前沿的效率评价中[143-144]。其基本形式如下：

$$Y_i = f(X_i;\beta)\exp(v_i - u_i) \tag{9-1}$$

式中：Y_i 为产出；$f(\cdot)$ 为生产函数形式；X_i 为投入要素；β 为估计参数；$\exp(\cdot)$ 为以 e 为底的指数函数；v_i 为随机误差，服从独立于 u_i 的正态分布 $N(0,\delta_v^2)$；u_i 为技术无效率，表示技术非效率对产出的影响，服从独立于 v_i 的截断正态分布 $N^+(m,\delta_u^2)$。

对于随机前沿生产函数，在估计出式（9-1）后，根据相关估计系数即可计算出技术效率值，其计算公式如下：

$$TE_i = \frac{E(Y_i \mid u_i, X_i)}{E(Y_i^* \mid u_i = 0, X_i)} = \exp(-u_i) \tag{9-2}$$

式中：TE_i 为技术效率值；Y_i 为实际产出；Y_i^* 为给定投入下最大可能产出。技术效率值 $TE_i \in [0,1]$，且 TE_i 值越大，技术效率越高。

进一步地，技术非效率影响因素模型可以表示为如下形式：

$$m = \delta Z_{it} + w_{it} \tag{9-3}$$

式中：m 为技术非效率项；Z_{it} 为影响技术非效率的诸多因素；W_{it} 为随机扰动项；δ 为待估计参数。

需要说明的是，估计技术非效率项分为“一步法”和“两步法”。“两步法”即先估计出技术效率值，然后将技术效率值作为被解释变量，将影响技术效率的因素作为解释变量再进行回归；“一步法”即通过最大似然估计（ML）同时估计随机前沿生产函数模型和技术非效率影响因素模型。Wang & Schmidt（2001）指出“两步法”在两个阶段中对技术效率分布的假设不同，从而导致估计结果有偏且不一致[145]。所以，本书最终选择“一步法”估计。

（2）实证模型。在实证分析过程中，我们还需要对生产函数 $f(\cdot)$ 的形式做出假设。为了尽可能地降低设定误差，我们将生产函数设为超越对数形式（Trans-log）。相比于柯布-道格拉斯（Cobb-Douglas）函数，Trans-log 函数是一个包容性很强的变弹性生产函数，形式更为灵活。Trans-log 函数构造如下：

$$\ln Y_{it} = \beta_0 + \sum_{j=1}^{N}\beta_j \ln X_{jit} + \beta_t T + \frac{1}{2}\sum_{j=1}^{N}\sum_{k=1}^{N}\beta_{jk}\ln X_{jit}\ln X_{kit} + \sum_{j=1}^{N}\beta_{jt}\ln X_{jit} T + \frac{1}{2}\beta_{tt}T^2 + v_{it} - u_{it} \tag{9-4}$$

式中：i 和 t 分别表示省份和年份；Y_{it} 为稻谷种植的产出；X_{it} 为稻谷种植的投入要素，例如化肥、劳动力、机械、物资费用等；T 为时间项，用以反映技术进步；v_i 为随机误差；u_i 为技术无效率；β 为一系列待估计参数。在得到式（9－4）中的估计系数后，根据式（9－2），我们可以直接计算出稻谷种植的技术效率值 $TE_i = \exp(-u_i)$。

进一步地，技术非效率项可以表示为：

$$m = \gamma_0 + \gamma_1 \ln(butie) + \gamma_2 age + \gamma_3 edu + \gamma_4 gugongbi + \gamma_5 \ln(guimo) + \gamma_6 D + \omega \tag{9-5}$$

式中：m 为技术非效率项；$butie$ 为农户稻谷种植的补贴收入，包括良种补贴、粮食直补和农资综合补贴等“三项补贴”；age 为家庭农业决策者年龄；edu 为家庭农业决策者受教育年限；$gugongbi$ 为稻谷种植中雇工数量占总劳动力投入的比重；$guimo$ 为稻谷种植户的经营规模；γ_0，γ_1，γ_2，γ_3，γ_4，γ_5，γ_6 均为待估参数；ω 为随机扰动项。

9.4.2.2 数据来源及说明

（1）数据来源。使用的数据来源于2012—2017年江苏省物价局对江苏省13个地级市农户农产品生产成本收益的调查数据，调查内容包括我国种植业和养殖业主要品种的单位产量、产值、物资与服务费用、人工成本、土地成本等信息，《全国农产品成本收益资料汇编》统计的江苏省数据就是基于这套数据加权平均汇总的，故采用物价局调研的农户数据来研究江苏农业生产状况更具有代表性。

在数据处理过程中，我们首先删除了农业投入产出数据缺失和家庭农业决策者信息不完整的样本，其次保留了种植稻谷的样本。通过整理，共取得1 998户有效样本，其中，2012年、2013年、2014年、2015年、2016年、2017年的样本数依次为333户、335户、339户、334户、323户、334户，样本分布相对均匀，能够较好的反映江苏农户稻谷种植的状况。

（2）变量说明。

①稻谷种植技术效率。稻谷种植技术效率利用公式 $TE_i = \exp(-u_i)$ 计算，但这需要先估计出式（9－4）中的参数。需要说明的是，在估计式（9－4）时，选取稻谷产量作为产出变量；选取化肥施用折纯量、劳动力投入量、机械作业费、其他物资费用（除化肥费和机械作业费以外）等作为投入要素。

②稻谷种植补贴收入。在江苏省物价局调研的农户问卷中，直接询问了农户种植稻谷的补贴收入，稻谷补贴收入包括良种补贴、粮食直补和农资综合补贴等“三项补贴”。

③其他影响稻谷种植技术效率的因素。对于稻谷种植技术效率的影响因素，参照大多数学者的做法，拟从农户特征（农户年龄、农户受教育年限）、农业雇工占比（雇工数量占总劳动力投入的比重）、农作物品质、农用地经营规模等方面寻找控制变量。

表 9-2 展示了相关变量的定义及描述性统计结果。

表 9-2　相关变量的描述性统计结果

变量	变量定义	均值	标准差
稻谷产出	稻谷亩均产量（千克）	596.92	48.93
化肥投入	稻谷亩均化肥施用折纯量（千克）	34.48	6.92
劳动力投入	稻谷亩均劳动力投入量，包含家庭用工和农业雇工两部分（日）	5.93	2.39
机械投入	稻谷亩均机械费用（元）	174.50	64.23
其他物资费用	稻谷种植的亩均费用，除化肥费、机作业费以外的所有费用（元）	197.26	43.89
农业生产补贴	粮食生产的亩均补贴（元/亩）	104.89	28.02
农业决策者年龄	调查年份减去农业决策者出生年份（岁）	55.89	9.02
农业决策者受教育程度	1＝小学及以下；2＝初中；3＝高中；4＝大专及以上	2.36	0.66
雇工比重	雇工数量占总劳动力投入数量的比重	0.10	0.24
作物品质	0＝普通品质；1＝优质品质	0.65	0.48
家庭经营耕地面积	家庭经营耕地面积（亩）	42.97	172.92

9.4.3 实证结果与分析

9.4.3.1 稻谷种植技术效率

表 9-3 展示了稻谷种植随机前沿生产函数的估计结果。总体来看，模型的似然函数值（likelihood）为 2 374.086，处在较高水平，说明模型拟合的相对较好。值得注意的是，模型中的技术非效率项（U_{sigma}）、随机误差项（V_{sigma}）和噪声比（*lambda*）的估计系数均在统计学上高度显著，说明江苏稻谷种植同时存在效率损失和随机误差，这意味着采用随机前沿生产函数来测度稻谷种植的技术效率是合理的。

表 9-3 稻谷种植随机前沿生产函数的估计

变量名称	估计系数值	T 值	变量名称	估计系数值	T 值
$\ln X_1$	0.204	0.656	$\ln X_2 \times \ln X_3$	0.009	0.934
$\ln X_2$	-0.646^{***}	-5.249	$\ln X_2 \times \ln X_4$	0.106^{***}	5.899
$\ln X_3$	-0.239	-1.309	$\ln X_2 \times t$	-0.004	-1.485
$\ln X_4$	-0.158	-0.602	$\ln X_3 \times \ln X_4$	-0.017	-0.588
t	0.248^{***}	6.567	$\ln X_3 \times t$	-0.020^{***}	-6.159
$(\ln X_1)^2$	-0.040	-1.557	$\ln X_4 \times t$	-0.028^{***}	-5.654
$(\ln X_2)^2$	-0.037^{***}	-3.555	*_cons*	7.022^{***}	5.624
$(\ln X_3)^2$	0.047^{***}	2.950	*Usigma*	-4.735^{***}	-50.692
$(\ln X_4)^2$	0.075^{*}	1.735	*Vsigma*	-6.015^{***}	-61.057
t^2	0.000	0.660	*lambda*	1.896^{***}	294.220
$\ln X_1 \times \ln X_2$	0.034^{*}	1.810	地区虚拟变量	控制	
$\ln X_1 \times \ln X_3$	0.050^{**}	2.088	*likelihood*	2 374.086	
$\ln X_1 \times \ln X_4$	-0.061	-1.604			
$\ln X_1 \times t$	-0.000	-0.067			

进一步地，利用公式 $TE_i = \exp(-u_i)$ 计算了江苏稻谷种植的技术效率值，结果见表 9-4。总体来看，江苏省稻谷种植的技术效率均值为 0.930，处在相对较高水平。但不可否认的是，江苏稻谷种植也存在效率损失现象。目前来看，如果能够有效消除效率损失，在不改变投入的情况下，江苏稻谷产量还有 7%的提升空间。从时间上来看，2012—2017 年江苏稻谷种植技术效率由 0.935 变为 0.925，出现了略微下降的趋势，但总体相对稳定。从地区上来看，苏南、苏中、苏北稻谷种植的技术效率均值依次为 0.927、0.930、0.931，呈现出苏北、苏中、苏南依次递减的趋势。出现这种现象的可能原因是，苏北地区是江苏省粮食生产的主产区，种植历史悠久，耕地面积相对集中，因此稻谷种植的技术效率相对较高。

表 9-4 江苏省不同地区稻谷种植的技术效率值

区域	2012 年	2013 年	2014 年	2015 年	2016 年	2017 年	平均
苏南	0.928	0.925	0.930	0.949	0.919	0.909	0.927
苏中	0.935	0.935	0.915	0.941	0.928	0.928	0.930
苏北	0.942	0.933	0.910	0.925	0.940	0.936	0.931
全省	0.935	0.930	0.919	0.939	0.930	0.925	0.930

9.4.3.2 稻谷种植补贴与技术效率之间的关系

从表 9-5 中可以看出农户经营规模对数的估计系数在 1%的水平上显著为负，说明随着稻谷经营规模的增大，农户稻谷种植的技术效率在提升。其可能的原因是，随着经营规模的扩大，农户更容易获得规模收益，因而技术效率会高一些。

表 9-5 稻谷种植非效率的影响因素方程

变量名称	变量名称	估计系数值	*T* 值
ln*butie*	稻谷种植补贴的对数	0.001	0.305
ln*age*	农业决策者年龄的对数	−0.011**	−2.107
edu_1	农业决策者受教育程度	−0.002*	−1.662
gg_bi	雇工占总劳动力投入的比重	0.016**	2.176
dum_pinzhi	作物品质的虚拟变量	0.002	0.855
ln*guimo*	农户经营规模的对数	−0.001***	−3.681
_cons	常数项	−0.885***	−29.758
dum_diqu	地区虚拟变量	控制	

注：*、**、*** 分别表示在 10%、5%和 1%的水平下显著。

为进一步揭示稻谷种植补贴与技术效率之间关系在规模上的差异，借鉴高鸣等[146]（2016）、王善高等（2019）[147]的方法，同时考虑到江苏物价局调研农户的土地经营规模普遍偏小，将稻谷种植规模划分为了 0～3 亩、3～5 亩、5～10 亩、10 亩以上四个区间，并在每个区间考察稻谷种植补贴与技术效率之间的关系。

图 9-1 展示了不同规模上稻谷种植补贴与技术效率之间的关系。结果显示，在不同的经营规模上，稻谷种植补贴与经营规模之间存在不同的关系。具体而言：当经营规模在 0～3 亩时，稻谷种植补贴与技术效率之间存在负向关系，这说明稻谷补贴对技术效率没有产生促进作用。而当经营规模在 3～5 亩以及 5～10 亩时，稻谷种植补贴与技术效率之间存在明显的正向关系。

首先，来看 0～3 亩。在 0～3 亩区间稻谷种植补贴对数的估计系数虽然为正，但其在统计上不显著，说明在 0～3 亩区间稻谷种植补贴与稻谷种植技术效率之间不存在相互影响的关系，这意味着稻谷种植补贴对小规模农户稻谷种植的技术效率没有产生影响。一种可能的原因是，对小规模农户而言，他们即使获得了收入性补贴也还是会按照以往的传统经验进行农业生产，并不会引起农业生产函数发生变化，因此技术效率没有发生变化。

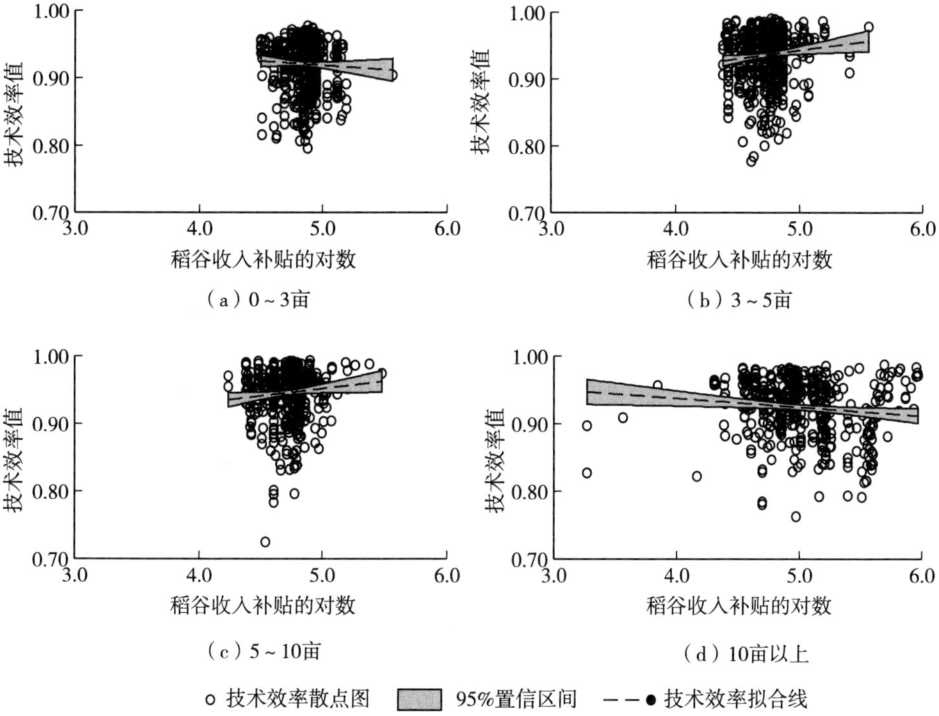

图 9－1 不同规模上稻谷种植补贴与技术效率之间的关系

其次，来看 3～5 亩和 5～10 亩。在 3～5 亩以及 5～10 亩区间，稻谷种植补贴对数的估计系数均在 5%的水平上显著为负，说明在这两个规模上稻谷种植补贴与稻谷种植技术效率之间存在正向关系。说明稻谷种植补贴对稻谷种植技术效率的影响在不同的稻谷种植规模上存在显著差异。出现这种现象的可能原因是，当农户稻谷种植的规模较小时，粮食收入性补贴接近于“脱钩”的收入补贴，没有任何生产激励效应，农户还会按照原来的方式种植稻谷，因此对技术效率没有产生影响，这与高鸣等（2016）的研究结果大体一致[146]。相反，当农户稻谷种植规模相对较大时，粮食收入性补贴在一定程度上会激励种植户增加资本投入，引进先进的机械设备以及种植技术，这在一定程度上会提升稻谷种植技术效率。

最后，值得注意的是，在控制变量方面，农业决策者的年龄、受教育程度以及经营规模等对农户稻谷种植的技术效率也会产生影响，而且这些控制变量的影响方向与稻谷种植的现实情况大体一致。考虑到本书的焦点是稻谷种植补贴与技术效率之间的关系，因此我们对控制变量的影响不再一一做解释，相关数据见表 9－6。

表 9-6　不同规模稻谷种植非效率的影响因素方程

变量名称	模型 1：0～3 亩	模型 2：3～5 亩	模型 3：5～10 亩	模型 4：10 亩以上
ln*butie*	0.013 (1.092)	−0.025** (−2.443)	−0.023** (−2.229)	−0.000 (−0.053)
ln*age*	−0.008*** (−2.853)	−0.013 (−1.224)	−0.002** (−2.151)	−0.020** (−2.449)
edu_1	0.001 (0.249)	0.001 (0.510)	−0.000 (−0.159)	−0.009*** (−2.739)
gg_bi	−0.026 (−0.530)	−0.008 (−0.270)	−0.019 (−0.725)	0.012 (1.101)
dum_pinzhi	−0.001 (−0.361)	−0.001 (−0.262)	0.002 (0.412)	0.000 (0.091)
ln*guimo*	0.000 (0.064)	−0.000 (−0.011)	−0.022** (−2.269)	0.001 (0.296)
_cons	−0.960*** (−14.070)	−0.768*** (−12.524)	−0.778*** (−11.263)	−0.835*** (−12.502)
dum_diqu	控制	控制	控制	控制

注：*、**、*** 分别表示在 10%、5%和 1%的水平下显著。

研究结果表明，稻谷种植补贴在一定程度上发挥了作用，促进了稻谷种植技术效率提升，但这是建立在适度规模的基础上的，即稻谷种植补贴对稻谷种植技术效率的影响存在明显的规模差异，对小规模种植户而言，稻谷种植补贴的影响效果较小，而对于适度规模种植户而言，稻谷种植补贴的影响效果较大。为此建议政府调整农业补贴方式，加大对适度规模农户的补贴力度，提高适度规模农户的粮食生产技术，发挥适度规模农户种粮的示范性。农业补贴向粮食适度规模经营者倾斜是未来农业发展的趋势，而且会带来明显的效果。

10 基于国家粮食安全战略的粮田流转价格补贴对策建议

对于拥有14亿人口的中国来说，粮食安全是保障我国经济社会安全的第一要务，是中国生存的命脉，“粮食稳，天下安”。确保国家粮食安全，把饭碗牢牢端在自己手上，是中国农业政策的底线和基石。面对中美贸易摩擦等复杂国际环境和新冠肺炎疫情的全球大流行，中国粮食安全问题又再次引发人们关注。

伴随着工业化和城镇化进程，传统农业向现代农业变迁，粮食适度规模经营成为我国未来粮食生产主要组织形式，培育粮食适度规模经营者正成为维护国家粮食安全的关键。土流网数据显示，经计算2016年有约43.47%的耕地面积流转后是用于非粮食生产，虽然转为非粮食生产的土地占总流转土地面积的比例逐年在以微弱的程度下降，但因为土地流转面积总基数的上升，耕地转非粮食生产的面积在大幅度上升，这不利于我国粮食安全及农业发展。市场机制导向下的土地流转并不倾向于粮食生产，而且就实际补贴情况看，现在有很多地区刺激土地承包者进行粮食生产的部分补贴依然是发给土地流出方，如粮食直补、农资综合补贴等，导致土地承包方的经济利益受到损失，不利于对土地承包方的粮食生产经营利益驱动。从物价总体稳定宏观调控目标来看，粮食价格在一个相当长的时间内不会出现过快上涨。要提高粮食适度规模经营者经济效益，保护他们的种粮积极性，就必须积极推进粮食生产供给侧结构性改革，降低粮食生产成本。从我国粮田流转实际情况看，流转费用占粮食适度规模经营成本的60%以上，因此降低流转费用是降低我国粮食生产成本的根本。对于粮田流转价格的非理性波动，政府不能放任不管，要通过财政、金融、保险和强化投资等补贴方式加以正确引导，让粮田流转价格始终保持在一个合理区间，管控好地租成本，为粮食适度规模经营者取得社会平均利润创造良好条件，促进国家粮食安全新战略的深入实施。

10.1 对政府的建议

政府要树立新发展理念，正确处理好粮田流转价格形成中的政府与市场关系。2017年，中共中央办公厅、国务院办公厅印发《关于加快构建政策体系培育新型农业经营主体的意见》。该文件明确提出，在坚持家庭承包经营的基础上，培育从事农业生产和服务的新型农业经营主体是关系我国农业现代化的重大战略。加快培育新型农业经营主体，加快形成以农户家庭经营为基础，以合作与联合为纽带、社会化服务为支撑的立体式复合型现代农业经营体系，对于推进农业供给侧结构性改革，引领农业适度规模经营发展，带动农民就业增收、增强农业农村发展新动能具有十分重要的意义。2018 年 9 月，在中共中央政治局第八次集体学习中，习近平总书记强调，要突出抓好农民合作社和家庭农场两类农业经营主体发展，赋予双层经营体制新的内涵，不断提高农业经营效率。2019 年 7 月，农业农村部办公厅和财政部办公厅出台了《关于支持做好新型农业经营主体培育的通知》，支持实施农民合作社规范提升行动和家庭农场培育计划。培育粮食适度规模经营主体，稳定粮田流转价格是关键。政府要加强粮田流转的宏观调控，调节农村承包土地经营权价格交易情况，保证粮田流转价格趋向稳定。在稳定粮田流转价格中，政府要树立新的发展理念。要解决好粮田流转过程中政府定位不当，政府直接充当粮田流转的主体、干预流转主体，部分地区忽视了农民的利益以及影响农民主体地位的问题。

一方面，要树立粮田流转价格主要由市场决定的理念。粮田是否流转，以什么价格流转，流转采取什么形式，由市场供求机制决定。为此，各级政府要做好以下工作：①要尽快完成粮田确权工作。粮田权利明晰，是农村承包地交易的前提条件。在农村承包土地所有权、承包权和经营权“三权分置”的情况下，要明确承包权和土地经营权权利的边界，进一步明确粮田流转合同中流转双方对土地的权利和义务，平等保护土地流出方和土地流入方，特别是，在当前经营户和地方政府抓粮食生产积极性不高的情况下，要注重对土地经营权拥有方的保护，稳定粮食生产局面。②各地要尽快建立一个相对成熟的粮田流转市场。一个完整、统一、开放的粮田流转市场是发现真实粮田流转价格的关键。当前粮田流转价格非理性波动重要原因是粮田流转市场的不成熟，流转价格往往是双方私下商定或者由村集体推动形成。由于信息不对称、不透明，导致流转价格信号失真，对流入方和流出方都造成了伤害，不利于粮食规模经营的可持续发展。③要建立健全粮田流转中介服务机构，提供流转前的法律咨询、流转中的价格评估、流转后的订立合同的服务，负责用地信息发布，转出地招租洽谈，以及协调矛盾等。加强粮田流转中介组织体系培育与建设，形成完整县、乡、村土地产权交易体系，发展粮田评估定级机构，公开评估指标，为粮田流转价格提供科学评估根据。

另一方面，要树立在不成熟粮田流转市场背景下也需要发挥好政府作用的理念。要发挥好政府管控粮田流转价格的作用。实际调研中，有一种普遍观点是粮田流转价格是农民自己的事情，政府没必要参与。但从调研结果整理看，这种放任自流的流转费用，在多种因素作用下，已经远远背离粮田流转均衡价格，严重影响了种粮大户生产粮食的积极性。因此从维护国家粮食安全角度出发，政府要参与到粮田流转价格形成机制中，政府以引导服务为主，做到监管与市场化运作的有机统一。为此，各级政府要做好以下工作：①政府要承担粮田交易市场的组织和推进职责。建立粮田流转服务平台。在市场为流转交易双方提供“窗口”服务，组建政府官网、电子政务平台，加强粮田流转信息传播，为土地交易者提供“一条龙式”细致服务。向供求双方传递流转价格变动趋势与幅度，不断发布基本情况和价格信息，进而解决粮田流转双方信息不对称的现实问题。规范粮田流转市场发展，培育出规范化和法治化的粮田交易市场。②要制定粮田流转政府指导价格，可以称之为标准地租。完善粮田流转价格形成机制，形成复合价格体系，根据经济社会发展情况不断加以修正。要因地制宜制定不同地区、不同类型、不同等级的耕地流转基准指导性价格，可按照土地级差、质差、地区价差，建立价格指导机制。要定期发布粮田流转价格和流转信息，在条件成熟时编制和发布粮田流转价格指数，建立物价指数与粮田流转价格指数关系模型，为双方达成动态协议价格搭建平台，疏通市场供求双方的信息渠道，使流转双方能够及时准确地获取可靠信息，促进粮田资源的优化配置，实现粮田流转双方利益共赢。根据全国各地实际情况，价格监督部门要加强粮田流转价格波动监测，对粮田流转价格实行最高限价和最低保护价格，对粮田流转双方进行保护。③完善粮田流转后续管理工作。形成政府牵头、部门协调、农户参与的土地经营权流出方面再就业培训体系。建立土地经营权抵押、登记、贷款、风险管控金融服务体系。成立粮田流转纠纷调解仲裁组织，及时化解粮田流转过程中的纠纷，切实保护流转双方正当利益。

10.2　对农业农村部门的建议

农业农村部门要明确调控重点，以稳定家庭农场粮田流转价格作为降低粮食适度规模经营地租成本的突破口和着力点。

美国、英国、德国、法国和日本的经验表明，家庭农场是现代化农业的重要组织形式，是农业补贴支持的重要领域。从实际调研中也发现，家庭农场在粮食适度规模经营中是一种比较理想的组织形式，经济效益较好。其主要原因是，家庭农场由于成员主要是家庭成员，利益联系紧密，风险共担意识强烈，能够充分调动成员生产经营的积极性。另外，家庭农场主很多是当地种粮大户，他们对当地的自然条件、风土人情和市场情况了解透彻，由于掌握的农业信息和市场信息完整，所以农业生产经营效益较好，不论丰年还是灾年，都能得到一个较好的社会平均利润。为此，在农村土地承包权第二轮结束后再延长30年条件下，国家要重点支持家庭农场的发展，对家庭农场粮田流转价格要予以重点补贴。要解决好粮食适度规模经营不足和规模经营过大问题，小规模经营由于成本过高，经济效益较差，大规模经营风险大，一旦亏损是灾难性的。应采取多种形式对粮食适度规模经营流转费用予以重点补贴。扶持小规模经营农户发展为家庭农场，推动中等规模家庭农场发展为公司化现代农业企业。

（1）加大对100亩以下的小型家庭农场农机具补贴力度。一方面，小型家庭农场正处于规模扩张阶段，对农业机械需要旺盛，农业机械投资量大。另一方面，粮田流转正处于扩张期，粮田流转价格处于上升通道，如果此时严格控制流转价格，容易影响流出方农户的积极性，所以应该以优先补贴农机具为重点间接降低粮田流转费用。要增加新型农业经营主体的农机具补贴额度，扩大农机具补贴种类，比如无人机也应该纳入补贴行列，无人机对于农业生产打药作用很大，深受农户喜欢。

（2）提高100～300亩的中等规模家庭农场农业保险补贴幅度。从农业经济学分析，100～300亩中等规模粮食生产处于规模报酬递增阶段，农户与粮田配置呈现最佳要素比例。此等规模粮食生产收益与外出农民工年收入相近，理应成为粮食适度规模经营的重点扶持领域。从调研中看，100～300亩家庭农场经营最担心的是天灾和自然灾害，在天灾和自然灾害面前损失较大。虽然部分家庭农场加入了农业保险，但是现在农业保险赔付程序复杂，赔偿金额较低，已经失去了农业保险的本来作用，有些受灾农户反映再也不想参与农业保险，因为赔付的额度太低了。所以要借鉴国际经验，加大对中等家庭农场农业保险补贴力度，以间接降低粮田流转费用。

（3）增加300亩以上大规模家庭农场基础设施建设补贴强度。高标准基本农田建设是维护国家粮食安全的重要物质基础。国家要加大对基本农田基础设施建设的投入，在灌溉设施，机耕道、沟渠路以及电力设施建设诸多基础环节上向大规模粮食适度规模经营者倾斜，让粮食适度规模经营者不用在基础设施建设上投放太多的精力，集中财力和物力发展规模化、集约化和现代化粮食生产经营。对300亩以上粮食规模经营主体，由国家投资进行土地整理、基础设施整理和生态治理，既可以增加投资，拉动农村内需，修复农村生态环境，又可以切实降低粮食适度规模经营的生产成本，大幅度间接降低粮田流转费用。

10.3 对财政和物价部门的建议

财政和物价部门要设立粮田流转价格调节基金，充分发挥好财政补助资金对粮田流转价格的调节作用。

根据《全国农村经济发展“十三五”规划》，“十三五”期间，我国财政支持农业的方向是，重点支持耕地地力保护和粮食产能提升，重点向粮食等重要农产品倾斜，向种粮大户、农民专业合作社、家庭农场等新型经营主体倾斜。有条件的地方探索对农民实行直接收入补贴。2015 年 12 月，财政部发布《扶持村级集体经济发展试点的指导意见》。2016 年，13 个省份开展土地流转财政支持试点，中央财政以奖代补方式支持地方试点工作，省级财政部门加大支持力度，市县给予必要支持。试点在浙江、宁夏、河北、辽宁、江苏、安徽、江西、山东、河南、广东、广西、贵州、云南等 13 个省份进行。着重对试点区域内开展土地流转工作有显著成效村予以奖励和补助，以激励粮田流转，实现粮田规模经营。各级涉农扶持项目向土地流转度高、规模经营好的乡镇、村倾斜。运用财政政策，对粮田流转的各利益主体都给予一定程度的补助，提升农业粮食生产的规模效益。财政奖励补贴政策也带来了盲目大规模经营，而不是适度经营的问题。由于奖励政策鼓励往往按面积进行补贴，这些补贴往往期数短，规模越大额度越高。于是，在土地流转的过程中，很多流入方为了赚取补贴，大规模进行土地流转，流转的数量远远超出了流入方可以承受的范围，部分业主为获取政府土地规模流转的优惠政策和奖励措施，倾向于扩大土地流转面积。流转规模的盲目扩大会加大流转土地的经营风险。

（1）正确定位粮田流转价格补贴功能。这种补贴主要功能是调节功能。就调节功能而言，是经济生活中的一种稳定器。当经济萧条时，利用调节功能促进经济增长；当经济繁荣时，利用调节功能控制通货膨胀。价格基金就是一种很好的市场调节器。当市场价格过低时，生产者受损害，国家给予生产者价格补贴；当市场价格过高时，国家给予消费者补贴，进而达到保护生产者和消费者、稳定市场的目的。应该设立粮田流转价格补贴基金，在粮田价格非理性波动下，根据实际情况，或对流入方补贴，或对流出方补贴，既保护了粮食生产者利益，又能保护小农户利益，促进粮食适度规模经营可持续发展。

（2）在粮田流入方垄断情况下对粮田流出农户流转价格进行补贴。在我国广大中西部地区，由于区位因素、经济因素和土壤因素，租用粮田从事粮食种植经营的大户不多，大量粮田由于农民外出务工需要流转，此时流入大户处于垄断地位，流出土地分散农户处于不利地位，流出方流出价格过低，低于粮田流转均衡价格。为了保护流出农户利益，政府可对流出方予以补贴，补贴到粮田流转标准价格中。这样补贴的结果，既保护了流出方农民利益，又维持了粮田流转的可持续性。

（3）在粮田流出方垄断情况下对粮田流入农户流转价格进行补贴。在我国东部和东北部地区，由于经济发达或种粮经济效益较好，对粮田需要量较大。此时粮田供给方农户处于垄断地位，受城市土地价格上涨因素和工商资本下乡推动粮田流转价格上升影响，流出方农户对粮田流转价格上升抱有较高的预期心理，期望流转价格不断上升。粮田流转价格节节攀升，给粮食适度规模经营大户带来沉重的成本负担，种粮不挣钱必然导致“非粮化”和“非农化”问题，影响国家粮食安全。因此可以对粮田流入方进行流转费用补贴，让过高实际流转价格降至粮田流转标准价格程度，保证种粮大户能够得到社会平均利润，调动和保护好他们种粮积极性。

（4）将粮食种植大户补贴资金调整为粮田流转价格调节基金。2015 年以来实行的粮食适度规模经营补贴资金不具有调节功能，补贴范围狭窄，只考虑了流入方利益，没有考虑流出方感受，粮田流转容易产生纠纷。补贴目的单一，只是增加种粮大户收入，失去财政补贴调节功能。所以可以通过设立粮田流转价格调节基金，达到兼顾流入方和流出方双方利益（一旦粮田流转成交价格趋向粮田流转标准价格，政府就可以不补贴，减轻财政负担）和稳定地租成本的目的。

10.4 对金融部门的建议

金融部门要探索成立土地银行，为粮田流转费用提供低息、足额长期银行贷款。

融资难是农村经济发展头等重要问题，新型农业经营主体资金需要量更大，“融资难”问题更加突出。《中国普惠金融发展研究报告（2016）》显示，在全国贷款总额中，服务于“三农”和小微企业的贷款只占到 8%左右，中国社会科学院于 2018 年发布的《“三农”互联网金融蓝皮书：中国“三农”互联网金融发展报告（2017）》指出，自 2014 年起，我国“三农”金融缺口超过 3 万亿元，农村只有 27%的农户能从正规渠道得到贷款，40%以上有金融需要的农户很难得到贷款。一些有技术、懂管理的种粮大户想转向土地扩大生产经营规模必须要有一定的资金才可行，这也是粮田流转的一个必要前提。但农村绝大部分农民的收入并不高，不太可能完全依靠家庭的资金积累来完成土地的流转，因此在初期通常只能求助于农村金融机构。金融支持是土地流转的逐步多元化和市场化不可缺少的重要环节。土地流转方式、流转规模和实际流转量在很大程度上取决于融资问题。因此，保障资金供给、引导金融资本注入，是促进粮田流转政策的重点。2016 年，人民银行会同相关部门印发了《农村承包土地的经营权抵押贷款试点暂行办法》和《农民住房财产权抵押贷款试点暂行办法》。这两个办法为金融机构和相关部门的“两权”抵押贷款试点工作明确了具体政策要求，使土地经营权和房屋产权不再成为抵押难题，调动了广大农民参与农村信贷市场的积极性，也为涉农金融部门提供了广阔前景。可借鉴广西金融支持粮田流转的经验。广西政府为提高金融机构支持“三农”积极性，鼓励金融机构大力发展农村金融市场，不仅给予涉农贷款贴息政策，还大力实施县域金融机构涉农贷款增量奖励政策，有效引导和带动金融和社会资本支持农村金融发展，涉农贷款总量和增速都在不断增加，与此同时，广西财政还累计筹措资金 8.2 亿元对涉农贷款增量超过 15%的县域金融机构进行奖励，全区 90%的县域金融机构获得近 500 家次的奖励[148]。

（1）构建一种相互激励、相互兼容、协同发展的粮田流转金融组织体系。 完善的金融组织体系是农村金融能够高效运行的前提，在土地流转金融支持体系中发挥着基础性作用。在未成立土地银行之前，作为一种成立农村土地银行过渡制度安排，依靠农业发展银行设立专门的“农用地流转融资部”，由其统一实施全国粮田流转的信贷政策及工作。政府可以采取补贴或者降低农村信用社存款准备金率等方式满足粮食适度规模经营主体粮田流转金融的需要。

（2）加强配套支持粮田流转的金融扶持制度。 首先，要加强新型农业经营主体的经营管理核算工作，与一般小农户相比，规模经营主体更要加强经营核算、进行精细化管理，以降低成本、提高经济效益。只有加强经营管理，使规模经营主体成为规范、独立、稳定的信贷主体，才能吸引更多金融机构放款，激活粮田流转市场；其次，利用再贷款、再贴现、存款准备金等货币政策工具，鼓励金融机构加大支持土地流转力度；再次，要建立奖惩制度，对用于地方经济发展贷款的，对当地发放支持农村产业结构调整的、拿出财政资金予以奖励；最后，要加大对涉农金融机构利率市场化定价机制指导力度，按涉农贷款额度制定差额准备金制度。

（3）丰富粮田流转金融支持产品与服务类型。 丰富和创新相关的金融产品与服务是落实金融支持的关键。要积极推动金融机构制定专门面向流转大户和大规模流转土地的新型农村经营主体的信贷管理办法，规定与它们生产周期和生产规模相适应的贷款额度和贷款期限，区别于一般农户贷款管理，更好满足这些流转大户和新型经营主体的发展需求。可以开办以信用为主的信贷产品，开展权属清楚、风险可控的林权抵押、大型农机具抵押、大额订单抵押、土地流转收益保证贷款、应收账款质押贷款等业务，创新粮田流转供应链金融新品种。特别是金融机构要推出专门针对承包权抵押贷款品种，量化宽松农业土地信贷资源，创新开展粮田经营权抵押业务。

（4）完善农村贷款抵押担保体系。 要明确粮田承包经营权作为贷款抵（质）押标的物，粮田承包经营权抵押的条件；相关联的新型农业经营主体可以成立共同担保基金，地方政府也可以出资成立农业担保公司，由政府牵头出资主要部分，以增强担保公司的担保能力。

（5）利用互联网金融服务支持土地流转。 随着土地流转的不断深化，土流网等土地流转线上平台逐渐兴盛，跨地区的土地流转大数据是其优势。随着数字金融的发展，互联网融资平台将为粮田流转带来便利，农村金融正与数字技术结合，电子银行业务会弥补粮田流转资金不足的问题。同时，众筹等互联网金融平台迅速发展，结合各自优势，以资金供求的高息、小额、跨地区为特色，可以提高粮田流转和资金利用的效率。

10.5 对保险部门的建议

保险部门要开发粮田流转价格险新品种，推进政府强制性保险和商业保险协调发展。

农业面临自然和市场双重风险，农业保险是稳定粮食生产、巩固农民收入，防止农民因灾致贫的重要手段。根据世界贸易组织的规定，农业保险是“绿箱”支持政策，农业保险为世界各国大力使用，100 个以上国家均使用了农业保险补贴项目，在美国，农业保险成为最主要农业补贴项目，2015 年美国农业保险补贴率已经达到 62%，远远高于 1980 年的 20%。探索建立粮田流转保险基金，用以支付粮食适度规模经营主体的保费补贴和农业保险机构的超额农业赔偿款，当土地流转价格低时，保险补给土地流出方，当土地流转价格高时，保险补给土地流入方。财政通过保费补贴扩大农业保险覆盖范围，支持和鼓励商业保险公司进入农业粮田流转保险市场，为农业保险公司提供再保险服务，降低灾害损失。随着粮田流转的加速推进，农业保险已经进入快速发展阶段。2009 年，中国人民银行和中国银行业监督管理委员会联合下发《关于进一步加强信贷结构调整促进国民经济平稳较快发展的指导意见》，明确指出金融机构可以在有条件的地方探索开办土地经营权贷款，可以大力开发符合农村实际特点的“信贷+保险”金融服务新产品。意见在一定程度上解决了土地流转过程中资金困难，同时首次引入保险概念，拉开了土地流转、资金融通和保险保障有机融合的探究序幕。2015 年，农业部、中央农村工作领导小组办公室、国土资源部和国家工商总局联合印发了《关于加强对工商资本租赁农地监管和风险防控的意见》，提出建立健全租赁农用地风险保障金制度，有条件的地方可以探索与农业保险、担保相结合，提供风险保障能力。可借鉴成都市土地流转履约保证保险模式。2015 年以来，成都市以“预流转+土地流转履约保证保险”模式为突破，在全国率先引进现代保险制度，利用保险的风险分散机制。在政策引导下，土地流转履约保证保险在新津、崇州、大邑等 10 余个区县陆续取得突破。土地流转率达到 85%的邛崃冉义镇率先实行。2016 年，成都市财政列支 1 000 万元专项资金，用于保费补贴，进一步在全市推广土地流转履约保证保险，以充分调动土地流转农户和规模经营业主参保积极性。建起了一套现代高效的粮田流转风险保障机制。在政策引导下，2016 年，土地流转履约保证保险在新津、崇州、大邑等 10 余个区县陆续取得突破。土地流转背景下，传统农业保险经营模式已经不能适应新的发展环境，亟待现代农业风险管理机制为粮田流转保驾护航。

(1) 职能部门通力合作，有效整合农业保险，推进粮田流转。首先，在维护国家粮食安全前提下扩大地方政府保险财政补贴资金管理和使用权限，整合保险补贴资金，农业保险公司在财政补贴的基础上，充分发挥农业保险在土地流转中的保证作用，搞好粮田流转保险窗口指导；其次，政府各职能部门联手，分摊风险，降低土地流转过程中可能产生的风险损失，以满足流转土地生产的保险需求；最后，科学引入风险补偿机制，将现有农业保险与土地流转中各种风险融合，推动农业保险新类型、新产品的开发，努力推动粮田流转[149]。

(2) 加快制定专项政策，构建信贷风险补偿机制，全面降低粮田流转风险。首先，从政策层面保障粮田流转保险的有序运行，制定切合实际的粮田流转保险支持政策，改变保险管理体制，引导和激励保险机构增强农业保险供给的积极性，完善政府与保险伙伴关系，帮助保险机构降低运营成本，激励更多保险机构为粮田流转提供保险服务；其次，推行贷款保证保险，促进农村金融的支持力度。由农业保险办公室牵头，银行、人保公司、农资供应商参与，成立保证保险协调小组。通过银企合作、实现企业担保、银行借贷、农业保险综合模式，开拓粮田流转融资新渠道；最后，在粮食主要生产地区开展规模经营农户大灾保险试点，整合提供部分财政资金给予支持，扩面、增品、提标。

(3) 将政府指导和商业运作相融合，完善农业农村各类保险方式、保险品种。土地拥有的特殊的养老保障功能解释了农民并不愿意流转土地的原因。土地对农民有养老、就业等基本生活保障功能价值。因此，要有新的社会保障制度产生，以免除中老年农民的后顾之忧，代替农民传统的养老模式和养老观念，这将在很大程度上能促进粮田流转。首先，要充分调动各家金融机构的积极性，将保险融入粮田流转与农业发展的方方面面，全面降低各类保险的压力，在保障粮田顺利流转的同时，大力扶持农业保险机构及业务，培育有序竞争的农业农村保险运行机制，真正解除农民的后顾之忧；其次，建立健全粮田流转保险体系，保险品种和保险结构，保险金额都要符合粮田流转要求；最后，在扶持粮田流转移中需要突出区域化与差异化特点。差异化产品主要指商业农业保险与政策性农业保险公司、互助保险公司产品相差异。开发精细粮田流转的保险产品[150]。开发关于与农业产业链有关财产保险、人身意外保险等。尽快启动价格指数保险、天气指数保险以及粮田交易价格指数保险等。

(4) 以中介组织为依托，形成多种互助保险组织形式，激活农用地贷款增长。进一步成立互助保险公司，促进农业规模生产与土地小规模流转，加速土地流转和农村的发展[151]。一方面，成立新型农业合作中介组织。新型农业合作中介组织有承上启下的过渡作用，利用农村的乡土、血缘联系，减少业务摩擦。对内，新型农业合作中介组织对成员采取全生产流程的指导，并作为中介方整合土地资源，进行二次包租、转租，并协调农户之间纠纷；对外，互助共济团体能防范道德风险，也可与农业保险公司直接接洽，简化投保流程，协助保险公司的定损、理赔。另一方面，以乡镇农业合作中介组织为单位，作为股东与投保人成立互助保险公司。优势在于，以乡镇农业合作中介组织为单位，在灾情第一时间掌握损失情况，各乡镇可以成立勘损小组，便于保险资金的收缴与发放，以及后续的管理工作，减少组织协调成本。

10.6 对交通、水利等部门的建议

交通、水利等部门要促进政府与社会资本有机结合，大力建设农业农村基础设施，间接降低粮田流转成本。

随着粮田流转规模扩大，粮田水利化、机械化、电气化趋势明显，对农村水利、农村道路和农村电力以及农村信息基础设施建设提出了新要求。高素质农民群体逐渐壮大，对农村住房、医疗、教育、文化生活措施也提出了新的要求。这些都构成了粮田流转的隐性成本。农业农村基础设施建设属于公共品建设，单独依靠私人资本尤其是粮食适度规模经营者提供是不现实的，也是做不到的。实践中，确实存在适度规模经营者自己修水利设施、田间沟渠、农村道路甚至通电的问题，增加了较多的粮田流转隐性成本。从促进粮食适度规模经营可持续发展出发，政府应该出资建设粮田适度规模经营者所需要的农业农村基础设施。这样做，既可以扩大农村内需，拉动经济增长，增加农民就业，还可以间接降低粮田流转费用，政府将农业基础设施整理好的粮田交给新型经营主体经营，会大幅度提高种粮大户收益，维护了国家粮食安全。政府与社会资本相结合的项目融资（PPP）模式是一个较好的农业农村基础设施建设途径。对于粮食适度规模经营主体，政府和社会资本合作的重点是开展粮田整治工作、推进土地保护、实施耕地修复。我国对农业补贴已经接近农业产值的8.5%，逼近世界贸易组织的“黄箱”政策上限。补贴的领域和方式要调整，要将粮食价格和粮食直补资金转换到农业农村基础设施建设中去。对于农业基础设施建设方面的政府和社会资本合作模式的探索，要求提升农村政府公共治理能力，要防止由此产生的政府债务新的风险。

10.7 对自然资源部门的建议

自然资源部门要加强粮田流转后的用途管制，坚决遏制粮田“非农化”。

2017年2月，《国土资源部关于有序开展村土地利用规划编制工作的指导意见》发布，提出要加强农用地利用的精细化管理。从调研中发现，自然资源部门对粮田流转后不得改变农业用途监督管理比较严格，但对粮田流转后是否还用于粮食种植却没有严格执纪检查。在国家加大对粮食适度规模经营者补贴的基础上，自然资源部门要加强基本农田的规划和保护，加强粮田流转后的用途监督检查，“耕地有红线，种粮也有红线”，确保粮田流转后，其粮食种植的用途不得改变。基本农田保护，村级规划是基础。

当前村级粮田规划编制主要问题有：①村级土地利用规划普遍没有启动。村级土地利用规划仍处于起步阶段。如何引导粮田优化配置、提高粮田利用效率、促进粮田节约集约，成为当前亟待解决的重要问题。2017年2月发布的《国土资源部关于有序开展村土地利用规划编制工作的指导意见》指出，要充分认识编制村土地利用规划的重要意义，扎实有效做好村土地利用规划编制工作。2017年暑期，按照团中央和国土资源部的要求，笔者和课题组利用一个星期时间，深入江苏省盐城市所属的盐都区、亭湖区、大丰区、建湖县、阜宁县、响水县、滨海县、射阳县等地，通过与相关政府部门领导座谈、访谈村干部和接触村民，在粮田流转价格补贴调研同时就村级土地规划问题进行了合并调研。此次对盐城所属县区的调研结果显示，土地利用规划目前辐射至乡镇一级，只有盐都区潘黄村仰徐村启动了村级土地规划试点。②群众对村级土地利用规划的积极性与参与度不高。此次调研我们走访了盐城市的几个村，发现村干部和村民对土地利用规划知之甚少，更谈不上对村级土地利用规划的了解，村民在规划方面的参与意识非常薄弱。农民对自上而下的规划表现出了自然而然的抵触情绪，先入为主的排斥村级土地利用规划。有干部向我们反映：“制定村级土地利用规划主要是以政府为主导，根据政府指示来规划。”以政府为主导，容易让村民感觉编制规划与自己相隔遥远，没有话语权，所以参与意愿低。③对土地利用进行规划的成本较高，没有经费支持。编制土地利用规划是一个重大的工程。首先，需要聘请专业人员操作，编制过程中还需要访问专家；其次，需要时间投入，目前国家对于土地利用规划只达到乡级，关于村级土地利用规划非常少，需要实地测量的数据多，耗费时间长；最后，需要技术投入，编制前，在土地勘探、数据测量等方面需要技术设备和仪器，村级处于经济发展落后地区，目前很少拥有这些设备仪器，需要重新购买，花费较大。④与前期规划和其他政策协调问题。以建设用地为例。农民私自在非宅基地用地上建造楼房，造成农民居住地散乱，公共设施的建造选址困难。如若进行集中聚居，则前期的建房成本、基础设施的建造成本都将浪费。村级土地利用规划涉及的内容更细，每一块土地的利用都要规划得合理有效，这可能与其他政策如县级或省级政策有冲突，导致编制有歧义或实施时有阻碍。调研中还发现土地利用上甚至还出现了重城镇、轻农村的现象。为此，提出如下建议：

（1）在试点基础上全面启动村级土地利用规划，划定基本农田永久保护区域。在粮田制度改革不断向纵深推进的大背景下，城乡要素交流越来越活跃，村土地利用规划的编制迫在眉睫，村土地利用规划的编制应该尽快提上日程。推进基本农田保护，规划要先行，加强对基本农田的保护。对于新型农业经营主体建设生产设施和附属设施用地，按农用地指标管理。对于粮田整治、农田水利建设、农业综合开发等重要项目，优先委托给经营规模体承担。

（2）提高农民参与村级土地利用规划的积极性。实施村级规划，主体是村民，村级规划要自下而上编制，充分听取当地农民声音，特别是种粮大户、家庭农场等新型经营主体意见。调动农民参与规划编制、执行、监管的积极性。编制村级规划要以村民为本，尊重村民意愿，全面了解村民生产、生活现状、实际需求与发展愿景，充分听取村民意见和建议并且充分考虑村民意愿，使编制兼具科学性、前瞻性和实用性，保障农民权益不受侵害。要加大土地规划宣传力度，与农民多沟通，让村民意识到土地利用规划带给他们的好处，发动广大群众出谋划策，让农民在村土地利用规划的编制中成为主导者而非旁观者，以此确保村土地利用规划真正成为实现村民意愿的载体平台和土地利用的村规民约，成为村民自己的规划，成为体现民意、汇集民智、实现民权的政策，这样才接地气，能落实，实现成果共享。

（3）严守耕地红线，确保村级规划不损害国家粮食安全。在村级规划编制中，要重视主导产业的开发。首先，政府要为本地的发展搞规划，找特色，搞特色旅游和旅游农业，开发自然旅游资源，吸引城里人来度假；其次，要吸引城市工商业到农村发展，非农产业会开拓农村市场，刺激农村多元化的消费，农民的富裕将带动农村强大的购买力，扩大内需，形成经济发展的新的强大的动力；最后，严守耕地红线，确保村级规划不损害国家粮食安全。村级规划要划分工业区、商业区和基本农田保护区，通过法律规定工业区和商贸区的扩张不得侵害基本农田保护区。

（4）加大村级规划编制、执行、监管力度，特别是基本粮田不得改作“非粮化”用途。在编制和启动土地利用规划时要有灵活性，赋予当地政府更大的自由裁量权，加强部门之间的协作，形成合力。首先，在经费方面，国家应成立专项资金，用于规划的编制、实施以及监督方面；其次，发挥高校力量，协同编制。中央多次强调支持高等学校、职业院校、科研院所通过建设新农村发展研究院、农业综合服务示范基地等方式，面向农村开展政产学研融合发展，要充分利用高校的人才资源，支持专家学者、大学生深入基层，对土地利用规划的编制进行技术支持；最后，针对基本粮田“非粮化”和“非农化”问题，还应该设立惩罚制度，追究不负责任、不作为的各级干部。明确责任主体，奖惩分明，严格对待，把对基本农田的土地利用规划编制和实施落到实处。对良田“非农化”和“非粮化”破坏严重的地方，可以考虑追究刑事责任，加大罚款力度。

（5）严禁工商资本到农村租用基本农田从事养殖业和水产业，稳定粮田流转价格。鉴于土地资源的稀缺性，为保证流转后耕地继续用于种粮，稳定粮田流转价格，防止出现“非粮化”“非农化”，保证粮食产量和土地质量，提高土地产出率，政府应制定限制工商企业直接经营农用地的法律规定，要通过经营风险控制、租地资格准入、土地用途监管、粮田流转价格等环节试点和总结实践经验。控制了工商资本粮田流转价格过快上涨，就能稳定粮田流转实际成交价格，让粮田流转价格回归理性，加快粮田流转步伐，促进农业农村现代化，确保我国粮食安全新战略的实施，让中国人的饭碗始终牢牢端在自己手上。

REFERENCES

参考文献

[1] 郭庆海. 粮食主产区建设与发展：基于一个粮食大省的视角 [M]. 北京：中国农业出版社，2016.

[2] 宗庆后. 关于限制粮食进口、保证国家安全的建议 [EB/OL]. 新华网. (2017-03-03). http://www.xinhuanet.com/food/2017-03/03/c_1120562701.htm.

[3] 中共中央宣传部. 习近平总书记系列重要讲话读本 [M]. 北京：学习出版社，2016.

[4] 冯文雅. 习近平：饭碗要端在自己手里 [ER/OL]. 新华网. (2015-08-25). http://www.xinhuanet.com/politics/2015-08/25/c_128164006.htm.

[5] 钱杰. 以金融创新推进农业供给侧结构性改革 [N]. 金融时报，2017-05-08.

[6] 闫坤，谭秋成. 中国农村发展报告 2017：以全面深化改革激发农村发展新动能 [M]. 北京：中国农业出版社，2017.

[7] 中共中央马克思恩格斯列宁斯大林著作编译局. 马克思恩格斯全集：第 25 卷 [M]. 北京：人民出版社，2001：851.

[8] 马克思，恩格斯. 资本论：第三卷 [M]. 郭大力，王亚南，译. 北京：人民出版社，1975.

[9] 唐焱，王万茂. 近十年中国城市土地估价研究综述 [J]. 中国土地科学，2003，17 (4)：52-57.

[10] 钱忠好. 中国农村土地制度变迁和创新研究：Ⅲ [M]. 北京：中国农业出版社，2010.

[11] 张冀民. 国外补贴政策研究综述 [J]. 南方农业，2015，9 (33)：85-87.

[12] 褚红梅. 农业补贴的理论依据探析 [J]. 现代农业科技，2008 (15)：329-330.

[13] 韩长赋. 着力推进农业供给侧结构性改革 [J]. 求是，2016 (1)：62-63.

[14] 李雅兰. 粮食安全视角下我国耕地资源保护策略研究 [J]. 生态经济，2009 (2)：111-113，156.

[15] 陈怀远. 警惕土地流转"非粮化"倾向对国家粮食安全的影响：基于对安徽省部分市县的调研 [J]. 广西社会主义学院学报，2014 (6)：90-94.

[16] BLALOCK S J，CASTEEL C，ROTH M T，et al. Impact of enhanced pharmacologic care on the prevention of falls：a randomized controlled trial [J]. American journal of geriatric pharmacotherapy，2010，9 (2)：428-440.

[17] 马歇尔 A. 经济学原理 [M]. 彭逸林，王威辉，商金艳，译. 北京：人民日报出版社，2009.

[18] 萨缪尔森 P A，诺德豪斯 W D. 经济学 [M]. 18 版. 萧琛，译. 北京：人民邮电出

版社，2008.
[19] ALONSO W. Location and land use：toward a general theory of land rent [M]. Cambridge，Massachusetts：Harvard University Press，1984.
[20] 科斯 R，阿尔钦 A，诺斯 D. 财产权利与制度变迁：产权学派与新制度学派译文集 [M]. 刘守英，等，译. 上海：上海三联书店，1994.
[21] FEDER G，FEENY D. Land tenure and property rights：theory and implications for development theory [J]. The World Bank economic review，1994，5 (1)：135 - 153.
[22] 诺思 D C. 制度、制度变迁与经济绩效 [M]. 刘守英，译. 上海：上海三联书店，1994.
[23] PENDER J L，KERR J M. The effects of land sales restrictions：evidence from south India [J]. Agricultural Economics，1999，21 (199)：279 - 294.
[24] MACMILLAN D C. An economic case for lander form. land use policy [J]. Land use policy，2000，17 (1)：9 - 57.
[25] GREASLEY D，OXLEY L. The pastoral boom，the rural land market，and long swings in New Zealand economic growth，1873 - 1939 [J]. Economic history review，2009，62 (2)：324 - 349.
[26] BROWN T，GANGULY - SCRASE R，SCRASE T J. Urbanization，rural mobility，and new class relations in Darjeeling，India [J]. Critical Asian studies，2016，48 (2)：1 - 22.
[27] KASSIOLA J J. Coordinated rural - urban development in China：a new social spatial reorganization plan for urbanization，migration，and rural development [J]. Journal of Chinese political science，2017，22 (1)：77 - 95.
[28] YUAN J J，LU Y L，FERRIER R C，et al. Urbanization，rural development and enviromental health in China [J]. Environmental development，2018 (28)：101 - 110.
[29] 喻瑶，段建南，金萍. 影响农村土地流转价格因素分析 [J]. 农村经济，2009 (11)：9 - 11.
[30] 李雪，徐目圣. 农用地流转价格评估方法研究 [J]. 安徽农业科学，2011，39 (18)：11189 - 11191.
[31] 穆松林，张义丰，高建华，等. 村域土地承包经营权流转价格研究 [J]. 资源科学，2011 (5)：923 - 928.
[32] 来阳，乔海鑫，聂英. 农村集体土地使用权流转价值评估 [J]. 北京农业，2013 (33)：310 - 312.
[33] 朱天龙，吕君. 土地利用变化及生态系统服务价值响应 [J]. 财经理论研究，2014 (2)：28 - 33.
[34] 张仕超，李治猛，魏朝富. 论农村土地价值体系 [J]. 中国农学通报，2014 (8)：100 - 107.
[35] 张晓娟，庞守林. 农村土地经营权流转价值评估：综述与展望 [J]. 贵州财经大学学报，2016 (4)：103 - 105.

[36] 彭洁流. 农地流转价格影响因素分析 [J]. 合作经济与科技，2017（7）：50-59.
[37] 骆东奇，任海钰. 我国农村土地流转预期价格影响因素分析 [J]. 西部论坛，2011（3）：12-17.
[38] 王颜齐，郭翔宇. 农村土地承包经营流转价格初探 [J]. 农业经济与管理，2012（3）：19-22.
[39] 王先柱. 现阶段我国土地价格变化因素分析：基于马克思地租、地价理论 [J]. 价格理论与实践，2008（2）：46-47.
[40] 张青，袁铖. 地租视角下农村土地承包经营权流转问题研究 [J]. 湖南财政经济学院学报，2013（4）：18-24.
[41] 袁征，钱琨，邹林军. 投资视角下的土地流转定价问题研究：以安徽省蚌埠市固镇为例 [J]. 北方经贸，2014（6）：59-61.
[42] 阮陈珠. 基于供求关系的农村土地流转价格分析 [J]. 台湾农业探索，2014（6）：59-61.
[43] 刘鹏. 我国农村土地承包经营权流转价格研究 [J]. 价格月刊，2017（11）：74-77.
[44] 张晓娟. 农村土地流转价格影响因素实证分析 [J]. 财经理论研究，2018（5）：12-20.
[45] 苏晓鹏，冯文丽. 论农村土地承包经营权流转价格评估问题 [J]. 价格理论与实践，2009（5）：67-68.
[46] 路婕，江辉，吴克宁. 土地承包经营权流转价格探讨：以河南省为例 [J]. 安徽农业科学，2010（34）：19661-19662.
[47] 国家质量监督检验检疫总局，国家标准化管理委员会. 农用地估价规程：GB/T 28406—2012 [EB/OL]. (2012-06-29). http://c.gb688.cn/bzgk/gb/showGb?type=online&hcno=AA0A2134C2043F4839E8B2BEECC46310.
[48] 翟研宁，梁丹辉. 传统农区农户土地转出行为影响因素分析 [J]. 南京农业大学学报（社会科学版），2013（3）：78-83.
[49] 吴萍. 农地承包经营权流转制度沿革 [J]. 改革，2010（9）：141-145.
[50] 高艳梅，汤惠君，张效军，等. 基于产权价值的区域农地承包经营权流转价格研究：以广州市为例 [J]. 华中农业大学学报（社会科学版），2012（2）：58-63.
[51] 陈洁，龚光明. 低碳经济下我国矿权市场建设研究综述与分析 [J]. 经济学动态，2011（7）：99-102.
[52] 黄艳敏，张岩贵. 机会益贫化视角下农地流转估值模式 [J]. 农村经济，2014（5）：40-52.
[53] 刘寒梅，刘任. 完善土地流转市场定价机制问题研究 [J]. 价格月刊，2013（6）：28-31.
[54] 高宇，林倩倩，邵周岳. 我国农村土地流转价格问题与对策建议 [J]. 价格月刊，2017（10）：79-83.
[55] 刘承智，刘卫柏. 农村土地流转背景下低价转包土地定价的思考 [J]. 企业研究，2012（11）：15-16.
[56] 张成玉. 农村土地流转中意愿价格问题研究：以河南省为例 [J]. 农业技术经济，2011（12）：64-72.
[57] 孙根华，谢留洪. 农村土地流转应理性定价：由农村土地流转价格上涨趋势引发的思

考［J］. 江苏农村经济，2014（3）：42－43.
［58］陈乔娜，孙宁波. 粮食安全视角下的宁夏农地流转非粮化研究［J］. 广东农业科学，2017，44（9）：154－159.
［59］代瑞熙，蔡海龙. 土地流转的现状、问题与政策建议：基于河南和山东两省的调研分析［J］. 农业经济，2016（5）：97－99.
［60］陈利昌，李帅. 农村土地流转的现状及完善对策：基于广州市的调查［J］. 农业经济，2012（12）：90－92.
［61］李继红. 湖南湘西自治州农村土地流转现状与完善对策［J］. 西南民族大学学报（人文社科版），2015（11）：121－124.
［62］刘洪彬，王秋兵，边振兴. 农户土地利用行为特征及影响因素研究：基于沈阳市苏家屯区 238 户农户的调查研究［J］. 中国人口·资源与环境，2012，22（10）：111－117.
［63］曾福生. 建立农地流转保障粮食安全的激励与约束机制［J］. 农业经济问题，2015（1）：15－22.
［64］陈荣柱，刘方国，赵忠志. 土地流转价格对现代农业生产的影响［J］. 农业科技信息，2012（7）：97.
［65］王锡升，于明明. 确定土地流转价格应考虑时间和物价变动因素［J］. 农村经营管理，2014（7）：56－58.
［66］邓大才. 承包土地流转价格低廉的原因分析［J］. 现代经济讨论，2000（1）：10.
［67］刘莉君. 农村土地流转的国内外研究综述［J］. 湖南科技大学学报（社会科学版），2010（1）：5－65.
［68］张振华. 基于收益现值法的农村土地流转价格研究［J］. 中央财经大学学报，2013（12）：58－69.
［69］易行. 推进农村土地经营权规范有序流转的调查研究：以四川省安县为例［J］. 安徽农业科学，2015（14）：295－297.
［70］冯锋，杜加，高牟. 基于土地流转市场的农业补贴政策研究［J］. 农业经济问题，2009（7）：1－2.
［71］吴霞. 广东财税支持农村土地流转的方法研究［J］. 安徽农业科学，2010（25）：14085－14088.
［72］马志远，孟金卓，韩一宾. 地方政府土地流转补贴政策反思［J］. 财政研究，2013（3）：6－7.
［73］宋亚平. 对当前农业形势的几点看法［J］. 江汉论坛，2012（2）：5－13.
［74］黄祥芳，陈建成，陈训波. 地方政府土地流转补贴政策分析及完善措施［J］. 西北农林科技大学学报（社会科学版），2014，14（2）：1－6.
［75］刘笑然. 论中国粮食安全［J］. 中国粮食经济，2010（8）：23.
［76］于晓华，BERNHARD B，钟甫宁. 如何保障中国粮食安全［J］. 农业技术经济，2012（2）：4－8.
［77］李鹏，谭向勇，王玉斌. 从食物保障状况看中国当前粮食安全［J］. 中国农村经济，2005（6）：4－10.

[78] 娄丽. 简论新形势下的粮食安全问题 [D]. 长春：吉林大学，2004.

[79] 李友华，毕家豪. 构建与完善国家粮食安全战略体系及其实施对策 [J]. 农业经济与管理，2016 (5)：5-12.

[80] 刘祚祥，陈文胜. 加强农业基础地位和确保国家粮食安全战略研究综述 [J]. 阴山学刊（社会科学版），2010 (5)：94-99.

[81] 仇焕广，李登旺，宋洪远. 新形势下我国农业发展战略的转变：重新审视我国传统的"粮食安全观" [J]. 经济社会体制比较，2015 (4)：11-19.

[82] 中华人民共和国农业部. 2010 中国农业发展报告 [M]. 北京：中国农业出版社，2010.

[83] 卫嘉. 法媒：粮食风暴即将席卷世界？[N/OL]. 参考消息，2021-3-26. http://www.cankaoxiaoxi.com/science/20210326/2438659.shtml.

[84] 英媒：全球人口 2050 年或达 90 亿 粮食将不够吃 [EB/OL]. (2017-05-17). https://t.qianzhan.com/caijing/detail/170517-145c9a71.html.

[85] 王晓君，何亚萍，蒋和平. "十四五"时期的我国粮食安全：形势、问题与对策 [J]. 改革，2020 (9)：27-39.

[86] 张为付，王允. 促进我国粮食流通产业安全发展的对策 [EB/OL]. (2020-07-18). http://review.jschina.com.cn/sph/202007/t20200718_2595306.shtml.

[87] 肖振乾，贡冯保，白美清，等. 国家粮食安全新战略研究和政策建议（下）[J]. 中国粮食经济，2005 (4)：20-23.

[88] JAMES C. 2015 年全球生物技术转基因作物商业化发展态势 [J]. 中国生物工程，2016，36 (4)：1-11.

[89] 甘丹丽，田强. 我国农村土地经营权制度的变迁与建构：以新制度经济学为视角 [J]. 企业导报，2010 (7)：33-35.

[90] 杨璐璐. 改革开放以来我国土地政策变迁的历史与逻辑 [J]. 北京工业大学学报（社会科学版），2016 (2)：18-28.

[91] 国务院批转农业部关于稳定和完善土地承包关系意见的通知：国发〔1995〕7 号 [EB/OL]. (1995-03-28) [2016-10-19]. http://www.gov.cn/zhengce/content/2016-10/19/content_5121672.htm.

[92] 中共中央、国务院关于"九五"时期和今年农村工作的主要任务和政策措施 [EB/OL]. (1996-01-21) [2007-06-20]. http://www.ce.cn/xwzx/gnsz/szyw/200706/20/t20070620_11846031.shtml.

[93] 速水佑次郎，拉坦 V W. 农业发展的国际分析 [M]. 郭熙保，张进铭，等译. 北京：中国社会科学出版社，2000.

[94] 卢泽羽，陈晓萍. 中国农村土地流转现状、问题及对策 [J]. 新疆师范大学学报（哲学社会科学版），2015 (7)：114-119.

[95] 董峻. 帮助农民·提高农民·富裕农民：农业部部长韩长赋解读《关于加快构建政策体系培育新型农业经营主体的意见》[N/OL]. (2017-06-02). http://www.xinhuanet.com/food/2017-06/02/c_1121073296.htm.

[96] 文新. 新时期农村土地流转：基于构建新型农业经营体系的思考 [J]. 学术论坛，2014 (8)：79-84.

[97] 关于1984年农村工作的通知 [EB/OL]. (1984-01-01) [2008-04-09]. http://guoqing.china.com.cn/zhuanti/2008-04/09/content_14685167.htm.

[98] 曹务坤. 农村土地承包经营权流转研究 [M]. 北京：知识出版社，2007.

[99] 曾凡慧. 粮价上涨背景下的农村土地抛荒问题探讨 [J]. 价格月刊，2009 (1)：24-25.

[100] 阚双双，马绵远，彭成圆. 农耕土地定价的收益还原法的思考 [J]. 绿色科技，2011 (3)：8-9.

[101] 肖文韬，孙细明. 托达罗人口流动行为模型的一个修正及其新解释 [J]. 财经理论与实践，2003 (1)：23-27.

[102] 最全2016年农业补贴新政策来了！[EB/OL]. (2016-04-18). https://www.tuliu.com/read-26707.html.

[103] 李丽杰，刘寒梅. 农村土地流转的区域差异比较：以重庆和广东为例 [J]. 安徽农业科学，2011 (31)：19558-19559，19563.

[104] 张兰，冯淑怡，曲福田. 农地流转区域差异及成因分析：以江苏省为例 [J]. 中国土地科学，2014 (5)：73-79.

[105] 郝宇彪，管智超. 中国农村土地流转价格机制的比较分析 [J]. 区域经济评论，2018 (6)：105-113.

[106] 张婉金. 农村土地承包经营权流转市场化研究 [J]. 乡村科技，2017 (11)：46-47.

[107] 杜挺，朱道林. 中国土地流转价格时空演化与宏观机制研究 [J]. 资源科学，2018 (11)：2202-2212.

[108] 王勇，陈印军，易小燕，等. 耕地流转中过度"非粮化"倾向产生的原因与对策 [J]. 中国农业资源与区划，2012 (6)：14-17.

[109] 吕明伟，孙雪，张媛. 休闲农业规划设计与开发 [M]. 北京：中国建筑工业出版社，2010.

[110] 张飞，孔伟. 基于生态系统服务价值的扬州市农地非农化生态效应测评 [J]. 资源与产业，2010 (6)：173-178.

[111] 安徽省人民政府. 安徽省土地流转发展态势及相关政策 [EB/OL]. (2016-08-19). https://m.tuliu.com/wnews/read-39599.html.

[112] 清华大学中国农村研究院院长陈锡文谈粮食安全 [EB/OL]. (2016-08-01). http://www.sohu.com/a/108481981_260242.

[113] 中国工程院"国家食物安全可持续发展战略研究"项目研究组. 国家食物安全可持续发展战略研究：综合卷 [M]. 北京：科学出版社，2017.

[114] 孙翱翔，刘远风. 当前农村土地流转热的理性思考 [J]. 农业现代化研究，2014 (1)：43-47.

[115] 习近平：做好耕地占补平衡　推进农村土地流转 [EB/OL]. (2015-05-26). http://www.chinanews.com/gn/2015/05-26/7302762.shtml.

[116] 杨群义，茆万东. 农村承包土地流转价格的评估 [J]. 新会计，1996 (5)：43-44.

[117] 钱亮. 2020农村土地流转价格是怎样规定的 [EB/OL]. (2020-01-05). http://www.66law.cn/question/4489738.aspx.
[118] 张雯. 河南农地流转被指片面求政绩：大户“非粮化”达6成 [N]. 每日经济新闻，2014-06-19.
[119] 翟研宁. 农村土地承包经营权流转价格问题研究 [J]. 农业经济问题，2013 (11)：85.
[120] 罗杰，段豫川，丁声源. 如何实现我国耕地资源的可持续开发利用 [N]. 光明日报，2013-07-21.
[121] 曹明宏. 可持续发展背景下的农业补贴问题研究 [D]. 武汉：华中农业大学，2001.
[122] 曹茸，宋修伟. 发展家庭农场：意义重大难题待解 [EB/OL]. (2013-03-08). https://www.chinanews.com/cj/2013/03-08/4627116.shtml.
[123] 习近平. 论坚持全面深化改革 [M]. 北京：中央文献出版社，2018.
[124] 牛丹妮. 安徽已建设高标准农田逾4000万亩 [N]. 安徽商报，2019-06-03.
[125] 李傲. 黑龙江克山试验区：少数人种地多数人受益 [N]. 新京报，2019-05-27.
[126] 王晶. 对粮食安全保障的再思考 [N]. 光明网，2019-07-02.
[127] 卢纹岱，朱红兵. 2010SPSS统计分析 [M]. 5版. 北京：电子工业出版社，2015.
[128] 李晓璐. 农村土地流转价格机制构建：基于土地分组修正的收益现值法 [J]. 内蒙古科技与经济，2016 (8)：50-51.
[129] 国土资源部土地利用管理司地价处. 关于征收农村集体土地补偿价格评估方法研究 [EB/OL]. (2016-10-28). https://www.tuliu.com/read-44951-2.html.
[130] 张峭，王克. 我国农业自然灾害风险评估与区划 [J]. 中国农业资源与区划，2011 (3)：32-36.
[131] 钟士宇，游达明，李中，等. 农村土地流转与社会保障、就业水平：理论与实证 [J]. 系统工程，2014 (7)：108-114.
[132] 张五钢. 我国土地流转中的“非粮化”倾向与对策研究 [J]. 黄河科技大学学报，2010 (9)：54-57.
[133] 高洪洋，黄城. 议价能力、流转增值和农民增收：基于农村土地经营权流转的议价博弈 [J]. 农村经济，2016 (3)：89-90.
[134] 刘吉双，卞长春，程志平，等. 粮田流转标准价格测度与管控机制研究：基于收益还原法视域下分析 [J]. 价格理论与实践，2017 (8)：36-39.
[135] 刘吉双，朱广东，包振山. 生态优先绿色产业发展论：江苏沿海地区经济高质量发展的理论和实践探索 [M]. 北京：中国经济出版社，2018.
[136] 2016年盐城市政府工作报告 [R]，[2020-01-01]. https://www.guanchangxiaoshuo.com/zhengfugongzuobaogao/141185.html.
[137] 刘吉双，蔡柏良，雷权勇. 经济新常态下江苏沿海地区经济增长新动力源泉研究：来自江苏沿海地区的理论与实践 [M]. 北京：中国经济出版社，2016.
[138] 盐城市统计局国家统计局盐城调查队. 盐城市2015年国民经济和社会发展统计公报 [EB/OL]. (2016-03-31). http://www.tjcn.org/tjgb/10js/32648.html.
[139] 倪洪兴. 开放贸易条件下的农业贸易政策选择：入世10年思考与回望 [M]. 北京：

中国农业出版社，2011.
[140] 2016年小麦、稻谷最低收购价政策 [EB/OL]. (2016-03-31). https://www.tuliu.com/read-25011.html.
[141] 农业部产业政策与法规司. 2016年国家落实发展新理念加快农业现代化 促进农民持续增收政策措施 [EB/OL]. (2016-03-30). http://www.ntv.cn/p/199212.html.
[142] 黄季焜，王晓兵，智华勇，等. 粮食直补和农资综合补贴对农业生产的影响 [J]. 农业技术经济，2011 (1)：4-12.
[143] AIGNER D, LOVELL C A K, SCHMIDT P. Formulation and estimation of stochastic frontier production function models [J]. Journal of econometrics, 1977, 6 (1)：21-37.
[144] MEEUSEN W, BROECK J V D. Efficiency estimation from Cobb-Douglas production functions with composed error [J]. International economic review, 1977, 18 (2)：435-444.
[145] WANG H J, SCHMIDT P. One-step and two-step estimation of the effects of exogenous variables on technical efficiency levels [J]. Journal of productivity analysis, 2002 (2)：129-144.
[146] 高鸣，宋洪远，CARTER M，2016. 粮食直接补贴对不同经营规模农户小麦生产率的影响：基于全国农村固定观察点农户数据 [J]. 中国农村经济 (8)：56-69.
[147] 王善高，许昭. 农地流转规模对粮食生产技术效率的影响：基于小规模转入户与大规模转入户的对比分析 [J]. 江苏农业科学，2019，47 (4)：305-309.
[148] 张万里. 土地广西农村土地流转金融支持现状及问题土地 [J]. 新经济，2014 (Z2)：32-33.
[149] 郑军，袁帅帅. 新型城镇化与农业保险发展：路径考察与悖论反思 [J]. 农村经济，2015 (1)：78-82.
[150] 钟晨，张晓朴. 农村金融机构效率提升有助于新型城镇化建设吗 [J]. 财经科学，2017 (7)：30-39.
[151] 赵红丽. 郑州市新型城镇化建设金融支持存在的问题及对策研究 [J]. 湖北经济学院学报（人文社会科学版），2017 (5)：44-45.

POSTSCRIPT

后　记

经过四年的艰苦努力，最终成果为专著一部。本书凝结了课题组成员的集体智慧。其中，我的两位学生韩越和王善高做出了重要贡献，韩越同学撰写了第五章内容草稿，王善高同学撰写了第九章第四节内容，韩越同学还从课题设计、资料收集到文字综合全程参与了课题工作。此外，张跃敏撰写了第二章内容草稿，刘子洋撰写了第四章内容草稿，吴怀军、张晓燕、雷权勇等同事参与了最后章节的草稿撰写。在此对他们的付出表示深深谢意。众多学者的文献为完成这个课题提供了重要前期研究基础，宽松的学术氛围激励我认真完成课题并形成一定研究成果，为繁荣国家的社会科学事业做出一定的贡献。通过这次调研和专著撰写，我深刻认识到自己的思考深度、能力水平、工作质量还有许多有待提高的地方，我将以这次课题的完成为起点，砥砺前行，为我国的社会科学研究做出新的贡献。

刘吉双

2020 年 9 月 27 日

图书在版编目（CIP）数据

粮田流转价格补贴测度与分析研究：基于国家粮食安全战略的视角 / 刘吉双等著. —北京：中国农业出版社，2021.6

ISBN 978-7-109-28170-7

Ⅰ.①粮… Ⅱ.①刘… Ⅲ.①农业用地－土地流转－价格－研究－中国 Ⅳ.①F321.1

中国版本图书馆 CIP 数据核字（2021）第 073514 号

中国农业出版社出版

地址：北京市朝阳区麦子店街 18 号楼

邮编：100125

责任编辑：姚　红　　文字编辑：潘洪洋　蔡雪青

版式设计：王　晨　　责任校对：周丽芳

印刷：北京中兴印刷有限公司

版次：2021 年 6 月第 1 版

印次：2021 年 6 月北京第 1 次印刷

发行：新华书店北京发行所

开本：700mm×1000mm　1/16

印张：12.5

字数：230 千字

定价：58.00 元
